青少年创新思维培养丛书

探索的足迹

尹传红 著

上海科技教育出版社

图书在版编目(CIP)数据

探索的足迹 / 尹传红著. —上海：上海科技教育出版社，2018.12

（青少年创新思维培养丛书）

ISBN 978-7-5428-6881-7

Ⅰ.①探⋯ Ⅱ.①尹⋯ Ⅲ.①科学家—生平事迹—世界—青少年读物 Ⅳ.①K816.1—49

中国版本图书馆CIP数据核字（2018）第287020号

责任编辑　李　凌
装帧设计　杨　静
人物肖像绘制　刘夕庆

青少年创新思维培养丛书

探索的足迹

尹传红　著

出版发行	上海科技教育出版社有限公司 （上海市柳州路218号　邮政编码200235）
网　　址	www.sste.com　www.ewen.co
经　　销	各地新华书店
印　　刷	常熟市文化印刷有限公司
开　　本	720×1000　1/16
印　　张	7.25
版　　次	2018年12月第1版
印　　次	2018年12月第1次印刷
书　　号	ISBN 978-7-5428-6881-7/N·1046
定　　价	118.00元（共3册）

谨以此书
献给
艾萨克·阿西莫夫

在我求知若渴的当口,你给我阅读的酣畅、理性的滋养。在我迷惘彷徨的时候,你是我人生的坐标、精神的向导。

近年来,不时地会看到传红有新作问世。用"目不暇接"来形容,恐亦不为过。他总是忙忙碌碌,怀着对科普事业的满腔热情和超乎寻常的旺盛精力,以报人、策划人、撰稿人、主持人等多种身份,游走于科学传播的各个领域,如鱼得水,如日中天。

迄今,传红出版的作品已逾200万字,涉猎甚为广泛。但不知为什么,在他的诸多作品中,我对他创作的人物传记却情有独钟。这也是我当年主编"爱问科学"丛书时,执意约请他写科学家小传的缘由。2011年,由他担任分册主编并主创的《樱桃树上的梦想》正式出版。书出来后,果然好评如潮,也引起了人们对这位阿西莫夫研究者人物传记作品的广泛关注。传红也借势发力,不断开拓新的选题,深化作品内涵,先后在《知识就是力量》《少年科学画报》《科普时报》等多家媒体上开辟专栏,还把讲座直接开到青少年中间去,这使得他在人物传记和科学随笔方面的写作益发炉火纯青,影响也日益扩大。

最近,得悉上海科技教育出版社以"青少年创新思维培养丛书"立项,精选传红近年来创作的人物传记作品结集出版,我真为自己多年来的等待终于有了回应而高兴,也为在青少年文库中即将增添一种有特色、有深度的励志作品而欣喜。

说到"创新思维",我不禁想起唐朝诗人刘禹锡那句"我言秋日胜春朝"来。是他这句诗,颠覆了自古文人"悲秋"的思维定势,使人们转以平常心态对待大自然的四季轮回,发现并赞赏不逊于春色的秋日之美。

在人类的科学技术发展史上,也有许多敢于突破常规界限的科学家,他们以超常规乃至反常规的思维去思考问题、研究问题，从而发现和创造了一个个改变世界的奇迹。从跳出浴缸、总结出浮力定律，并喊出"给我一个支点，我可以撬动整个地球"的阿基米德，到坐在轮椅上不断思索宇宙规律并取得一个个惊人成就的霍金；从看到苹果落地而萌发出万有引力灵感的牛顿，到一生创意不断，直把苹果手机推向全世界的乔布斯，他们改变世界的壮举都无不从思维创新开始。思维创新是科学大师们认知世界、发现未知世界奥秘的金钥匙，也是他们迸发出无限想象力的源泉。

"青少年创新思维培养丛书"不仅抓住了青少年成长的关键环节，把展示和剖析科学大师们的创新思维作为主要着墨点，而且从取材、叙事形式到编排上，都有许多适合青少年阅读的可圈可点之处。作为人物传记作品，它既尊重史实，又不拘泥于它的系统性和完整性。全书采用化整为零、以小见大的创作手法，把青少年感兴趣且对他们成长有启迪的内容，都融化在一个个故事之中。

传红是一个很会讲故事的人。在这套书里，他不仅用文学的笔触写科学的故事，还纵横捭阖、广征博引，把每个故事都写得十分生动有趣。例如，他写克拉克时，不仅提到他在预言卫星通信和助推气象卫星发展等重大科学事件方面的历史贡献，而且又剑走偏锋，以《克拉克：在太空中"失去"十亿美元》为题，把这位科幻作家为人类无私奉献的精神境界，写得如此灵动而不落一点俗套。像这样有骨有肉、感人肺腑的故事，在这套书里可以说比比皆是，使人读来如沐春风，爱不释手。

在这套书内容的编排上，作者运用了他娴熟的编报技巧，在每个故事的主线之外，穿插了传主小传、名言警句以及读后启示等链接内容，加上精选的图片，使得每题两页的内容不仅显得多样而丰满，而且也便于读者根据自己的兴趣有选择性地阅读。我想，这也是这套书作者和编者的独具匠心之处。

续《樱桃树上的梦想》之缘，我拉拉杂杂地说了这些，权作对传红新作出版的由衷祝贺，也寄托我对他在科学传播道路上再创佳绩的深切期待。

陈芳烈

2018年12月3日，于北京

目录

探索者 / 1

亚里士多德　古代世界最博学的人 / 2

伽利略　用数学语言来描述世界 / 6

牛顿　探寻万物秩序 / 10

莱布尼茨　罕见的科学通才 / 14

史蒂文森　思索"恶之花" / 18

弗洛伊德　人类内心隐秘的探险者 / 22

齐奥尔科夫斯基　点燃"天火" / 26

居里夫人　开启原子时代大门 / 30

卢瑟福　揭开原子内部结构的秘密 / 34

霍奇金　探索分子结构的"晶体魔术师" / 38

费曼　"科学顽童"的探索 / 42

霍金　探寻主宰宇宙的基本规律 / 46

发现者 / 51

毕达哥拉斯　开创认识自然新路 / 52

阿基米德　古代躯体中的现代头脑 / 56

哥伦布　发现新世界 / 60

哥白尼　拉开现代科学革命的序幕 / 64

列文虎克　打开微观世界大门的人 / 68

林奈　编排大自然的秩序 / 72

洛厄尔　沉迷于火星的富翁 / 76

兰德斯泰纳　血液语言的破解者 / 80

魏格纳　超前的思想，迟到的荣誉 / 84

弗莱明　偶然创造奇迹 / 88

哈勃　"星云世界的水手" / 92

麦克林托克　孤独的先行者 / 96

古道尔　力促人与自然的和谐 / 100

后记 / 104

探索者

"探索者"所选人物涉及自然科学和社会科学多个领域的创新者,一些重要概念和学科的形成、产生,与"探索者"探索思考的心路历程交相辉映。了解这部分内容,有助于增进青少年读者对学科历史的了解,并带来有益的启示。

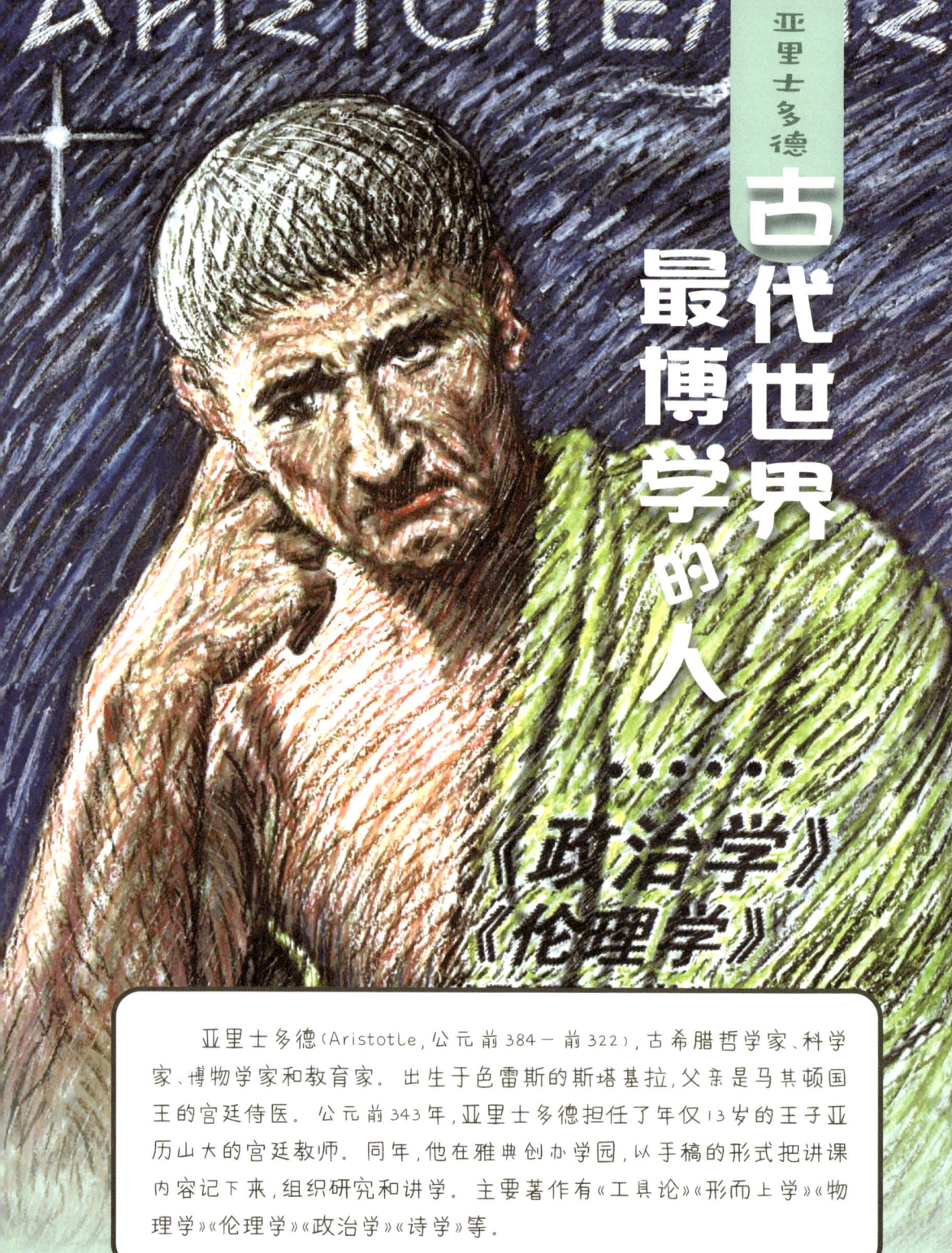

亚里士多德
古代世界最博学的人

《政治学》
《伦理学》

亚里士多德（Aristotle，公元前384—前322），古希腊哲学家、科学家、博物学家和教育家。出生于色雷斯的斯塔基拉，父亲是马其顿国王的宫廷侍医。公元前343年，亚里士多德担任了年仅13岁的王子亚历山大的宫廷教师。同年，他在雅典创办学园，以手稿的形式把讲课内容记下来，组织研究和讲学。主要著作有《工具论》《形而上学》《物理学》《伦理学》《政治学》《诗学》等。

尽管亚里士多德深为后世众生所崇拜与敬仰，被尊为百科全书式的哲人学问家和权威大师，但他年轻时对于自己的职业走向，多少还是有些迷惘。

17岁那年，亚里士多德决定前往文化之都雅典学习。出发前，他占卜询问自己去雅典要学什么，神明的答复是：学习哲学。如果算命的那位给了他另外一种答案，真无法想象西方的科学与人文思想史将会如何发展，今天的这个世界又该是怎样一番模样。

从公元前4世纪一直到公元17世纪的2000多年中，亚里士多德在科学和宇宙观方面处于前所未有、无与伦比的支配地位，其权威性差不多跟基督教教会的权威性一样不容置疑。这一事实，无形中构成了评价他的思想的障碍；甚至，从某种意义上说，形成了人类知识进步的一个严重障碍。

后来的情形，正如英国哲学家罗素所指出的那样："自从17世纪初叶以来，几乎每种认真的知识进步都必定是从攻击亚里士多德的学说开始的；……为了对他公平起见，我们首先就必须忘记他那过分的身后的声望，以及由此而引起的同样过分的身后的非难。"对亚里士多德来说，这当为公允之言。

其实，亚里士多德本人是反对迷信和盲从权威的。在雅典学习时，他因为表现出色而被老师柏拉图称为"学园之灵"。他非常尊重老师，但对老师并不是一味地唯唯诺诺，甚至毫不掩饰自己在思想上跟老师的分歧。他曾经隐讳地说过，智慧不会随柏拉图一起死亡。他还留下了"吾爱吾师，吾尤爱真理"的名言，而柏拉图则沮丧地感叹："亚里士多德驳斥我就好像年轻体壮的小马对抗自己的母亲一样。"

可悲之处在于，亚里士多德著作中一些形而上学和唯心主义的东西，比如神推动世界和地球是宇宙的中心等观点，被各个时代的经院哲学和神学加以利用，将其奉为不能改变的经典和不能超越的权威，进而在很长一个时期内束

亚里士多德名言

法律是没有激情的理性。

法律就是秩序,有好的法律才有好的秩序。

幸福属于满足的人们,幸福就是至善。

真正的朋友,是一个灵魂孕育在两个躯体里。

人生最终价值在于觉醒和思考的能力,而不只在于生存。

学问是富贵者的装饰、贫困者的避难所、老年人的粮食。

教育的根是苦的,但其果实是甜的。

认真想过统治艺术的人都会相信:帝国的命运在于我们对青少年的教育。

没有一个杰出的人物不是一个疯狂的混合体。

在科学上进步而道义上落后的人,不是前进,而是后退。

对上级谦恭是本分,对平辈谦逊是和善,对下级谦逊是高贵,对所有人谦逊是安全。

放纵自己的欲望是最大的祸害,谈论别人的隐私是最大的罪恶,不知自己的过失是最大的病痛。

缚了人们的思想。

亚里士多德一生勤奋治学。他总是试图用自己观察到的事实和实践经验来支持他的观点(这种方法称为"经验式研究"),同时也十分注意将别人的各种认知整理和记录下来,堪称古代世界最伟大的知识搜集者与建构者。其著作包含三个方面的内容:一是前人的知识积累,二是助手们为他所做的调查与发现,三是他自己独立的见解。

亚里士多德哲学的核心,力图解释为什么万物是我们发现它们时的样子。他主张掌握自然事件(现象)背后的终极原因。而他所从事的学术研究涉及逻辑学、教育学、心理学、政治学等许多领域。尤其是他的科学著作,对天文学、动物学、地质学、物理学等广为涉猎,在那个年代里简直就是一部百科全书。他还系统总结了自泰勒斯以来古希腊哲学发展的结果,首次将哲学和其他科学区别开来,开创了逻辑学、伦理学、政治学和生物学等学科的独立研究。

亚里士多德的学术思想对西方文化、科学的发展产生了巨大的影响。我们的哲学和科学至今仍在使用许多由亚里士多德始创与定义的词汇，作为概念之工具，如：范畴、本质与形式、普遍与个别、属与种、属性，等等。

　　事实上，这位思想广度和深度都令人惊讶的智者，对科学和哲学领域里的几乎所有问题，都有所思考、有所阐释并有所解决。"在他那儿，知识仿佛经由上千种途径而被聚集到一起，并整合成对世界的统一认识。"

　　是啊，他的生命中遍布智慧之光。

创新启示 ⚑

　　亚里士多德毕生致力于探索实在、知识、逻辑与因果关系的本质。他总是用事实和实践来支持自己的观点，同时也十分注意将别人的各种认知整理和记录下来，进行系统性总结，并把当时的学科知识综合起来授课。他通过观察和演绎奠定了科学方法的基础。

伽利略
用数学语言描述世界

　　伽利略·伽利雷（Galileo Galilei，1564—1642），意大利物理学家、数学家、天文学家，近代实验科学的先驱者。出生于比萨城一个破落的贵族之家。17岁那年，伽利略按照父亲的意愿进了比萨大学，成为一名医科学生。但他真正感兴趣的是数学、物理学等自然科学。1589年，他担任比萨大学的数学讲师。1592年，伽利略转到帕多瓦大学任教。主要著作有《星际使者》《关于太阳黑子的书信》《关于托勒玫和哥白尼两大世界体系的对话》和《关于两门新科学的谈话和数学证明》。

1737年3月12日，当伽利略的遗体被转移到意大利佛罗伦萨的圣十字教堂中时，为了永久纪念这位科学伟人，人们将他的右手中指从其身体上取下。这根手指目前保留在佛罗伦萨的科学历史博物馆里，它盛放在一个含有圆柱形石膏底座的容器内，附言这样写道：

不要小看这根手指，一位伟人正是靠它才度量了苍穹的路径，并且揭示了地上的凡夫俗子们从未见过的宇宙胜景。因此，这位伟人在摆弄一架不起眼的望远镜的同时，也在挑战甚至是那些勇力超群的年轻的提坦巨神们都无法完成的登天任务。

在今天的科学史家看来，伽利略的出现标志着科学史上的一个转折点，即从那时起，科学探索开始朝着一个新的方向转变，而伽利略的手指代表了"具有科学性的方法"这个模糊的概念。牛津大学教授阿特金斯指出，伽利略虽然并不是第一个或唯一一个提出获取新知的方法的人，但他在提出实证思想的历史上举足轻重。深入研究领域并在严格控制条件的情况下所做的实验观察，极大地避免了我们认识的主观性，并且在原则上使得实验观察可以面对大众的监督。

伽利略还通过对惯性运动和落体运动规律的研究发展了科学简化法，即把问题的本质剥离出来的方法。这种对复杂问题的简化处理，即从复杂性中看到简单性，恰恰像伽利略通过他自制的望远镜从"简单"的天穹中看到其复杂性一样。

回望1609年的一天，伽利略将一架刚刚造好的望远镜对准天空，惊讶地发现了月亮上的山脉和火山口，紧接着又发现了木星的4颗卫星。借助于望远镜，伽利略还先后发现了土星光环、太阳黑子、太阳的自转、金星和水星的盈亏现象、月球的周日和周月天平动，以及银河由无数的恒星组成，等等。这些发现开辟了天文学的新时代。

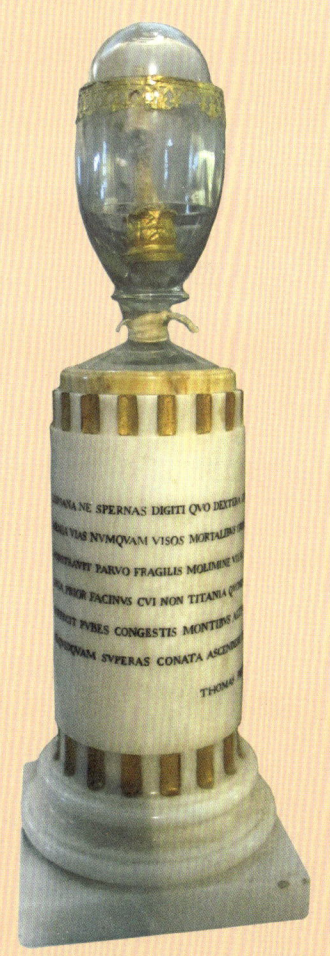

伽利略的手指

关于伽利略的两个"传说"

据说,伽利略于1590年在比萨斜塔上做了"两个铁球同时落地"的著名实验,从此推翻了亚里士多德"物体下落速度和重量成比例"的学说,纠正了这个持续了1900年之久的错误结论。

这个传奇故事记载在伽利略的学生维维安尼于1654年撰写的《伽利略生平的历史故事》(1717年出版)一书中。但是,伽利略、比萨大学和同时代的其他人都没有关于这次实验的记载。这一说法后来被严谨的考证否定了。尽管如此,来自世界各地的人们只要到了比萨都会前往参观。在人们心目中,这座古塔已成了伽利略的纪念碑。

还有一个故事说的是,1583年,年轻的伽利略在比萨教堂里注意到,一盏摆动的悬灯在空中划出看不见的圆弧,不管圆弧大小,吊灯摆一次的时间,总是一样的。随后,他用线悬铜球作模拟实验,确证了微小摆动的等时性以及摆长对周期的影响,由此创制出脉搏计用来测量短时间间隔。但按照维维安尼的说法,这个故事是杜撰的。不过,这种发现在此后几个世纪对我们的文明所产生的深远影响,却是无可否认的。

人们争相传颂"哥伦布发现了新大陆,伽利略发现了新宇宙";哥白尼的宇宙观一下子开始深入人心——地球真的是动的,还绕着太阳转。人们也开始意识到,仅仅依靠自身的感觉,或者积累的常识和经验来了解世界、判断事情已经远远不够了,必须求助数理式的理性。每一个人都可以凭借自己理性的科学思考来认识世界。

伽利略在他科学研究生涯的巅峰时期,致力于设计各种实验来寻找物体运动的规律,并且坚信这个世界是用数学语言来描述的。实验观察与数学推理从此十分紧密地结

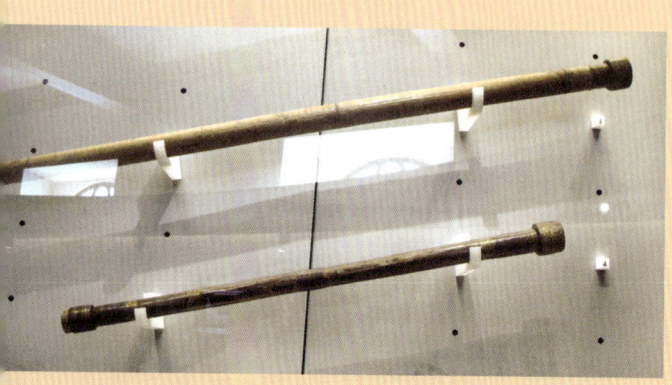

伽利略的望远镜

合在一起,成为真正科学的方法。

在17世纪的科学思潮中,培根提倡观察、实验、分类和归纳法;笛卡儿推崇理性的怀疑精神;而被称为"现代科学之父"的伽利略说出了"大自然这本书是用数学语言书写成的"这一颠扑不破的真理。这三个要素共同完成了现代科学的雏形。

遗憾的是,伽利略自1616年起便因为宣扬哥白尼的"日心说",违背圣经教义,而受到罗马宗教裁判所长达20多年的残酷迫害,甚至被判终身监禁。他晚年几近双目失明,生活非常悲惨。具有讽刺意味的是,300多年后,1979年11月10日,梵蒂冈教皇J·保罗二世代表罗马教廷为伽利略公开平反昭雪,认为教廷在300多年前迫害他是严重的错误。

ⓟ

创新启示 🚩

作为近代实验科学的先驱者、现代物理学甚至是现代科学的奠基人,伽利略最先把科学实验与数学分析方法相结合来研究惯性运动和落体运动规律,为牛顿对第一和第二运动定律的研究铺平了道路,也使得他成为第一个真正意义上的"现代"科学家,在此后几个世纪对人类文明产生了深远的影响。

探寻万物秩序

牛顿

艾萨克·牛顿(Isaac Newton,1643—1727),英国数学家、物理学家、天文学家。出生于英格兰林肯郡小镇乌尔索普的一个自耕农家庭。1661年,以减费生的身份进入剑桥大学三一学院。1665年获学士学位,1669年任剑桥大学数学教授。

1687年,牛顿出版划时代著作《自然哲学的数学原理》。

1699年,牛顿出任皇家造币厂厂长;1703年,当选英国皇家学会主席;1705年,安妮女王封他为爵士。此外,他还当过两届英国议会议员。

牛顿因看到苹果落地而受到启发,导出了万有引力灵感的故事,长期以来流传甚广,为人们所津津乐道。

话说1665年的夏天,在伦敦爆发并造成75000人死亡的大瘟疫蔓延开来,剑桥大学被迫关闭。23岁的牛顿只好回到林肯郡乌尔索普母亲的农庄,那也是他从小生活的地方。

就在那个农场里,一个落到地上的苹果引发了牛顿的思考:这种将苹果往下拉的力会不会也在控制着月球?就人们所见,所有的东西一旦失去支撑,必然就会坠落,可月球并没有支撑,那为什么它并不坠落呢?

经过一番计算,牛顿推导出物体自由下落的加速度与重力的大小成正比,而重力的大小与距地心距离的平方成反比。他进而又得出推论:月球也是会下坠的,不过,由于它在最初形成时的"切向速度"非常大,大到它足以一方面向地心下坠,一方面又恰好保持一定的轨道,绕地球运行,并且与地球保持一定的距离。

然而科学史家注意到,苹果的故事直至牛顿辞世前一年(1726年)才由他本人说出口,这与他做出伟大发现的"奇迹年"相距长达60年。这种传奇故事固然生动、有趣,但它凸显的是灵感、偶然和机遇,而且往往"简化"了科学发现与科学活动的曲折历程,忽略乃至掩盖了做出这些发现的真实历史条件,以及其他探究者所付出的艰辛努力。

德国数学家高斯对牛顿十分钦佩,也很清楚牛顿是经过长期艰苦的准备工作和不间断的思考,才取得他最伟大的成就的。也正因为如此,有关牛顿和苹果的传奇故事让高斯非常愤慨,在做出"愚蠢"的判断后,他又调侃道:

如果你愿意,就相信这个故事好了。但事情的真相是这样的:一个愚蠢的、爱管闲事的人问牛顿,他是怎样发现万有引力定律的。牛顿看出他是在跟一个只有儿童智力水平的人打交道,便想避开这个讨厌的家伙,于是就回答说,有一个苹果掉下来,打在了他的鼻子上。那个人完全明白了,非常满意地走开了。

三一学院的苹果树

普通农家的孩童

关于牛顿的祖先,没有什么足以使攻读遗传学的学生感兴趣的材料。他的父亲被邻居们描述成一个"任性、放肆而软弱的人",在牛顿出生前3个月便已去世。他的母亲是一个节俭、勤劳而能干的女当家,她在牛顿两岁时改嫁给一个牧师,后来所生的3个孩子并没有一个显示出超人的才智。

牛顿是在外祖母的照料下长大的。11岁时,继父去世,母亲便带着和后夫所生的一子二女回到牛顿身边。少年时代的牛顿身体瘦弱、沉默寡言、性格倔强,并不显得特别聪明。他学习也不是太用功,但兴趣却十分广泛,爱好制作机械模型一类的玩意儿,如风车、水车、日晷等。

不过,在生活上他则有些散漫。母亲叫他去照顾羊群、收采玉米,或者到镇里办事,他常常都会误事。按照他受教育程度很低的母亲原本的安排,待牛顿中学毕业后就让他帮助管理农庄,她看不出送孩子上大学会给家里带来什么好处。所幸牛顿有一个毕业于剑桥大学的舅舅,似乎是头一个看出他有些不寻常的人,便竭力说服牛顿的母亲,把她的儿子送往剑桥大学读书。

于是,1660年结束之前,牛顿通过入学考试,阔步走进他终将扬名的世界。

有一种推断认为,牛顿只是想借用苹果故事让别人知道,他比他的竞争对手胡克早20多年就发现了万有引力。为了达到目的,他不惜作假。从牛顿(在一封信的草稿中)写出这个故事又勾去的细节上可以看出来,他当时的心情也很复杂,不过,由于各种原因,这个故事仍旧传开了。对此后人评论说:不管故事的真假如何,很显然,唯有牛顿的眼光,才能看出苹果的掉落和月球的运转是由同一原理主宰;也唯有牛顿的心智,才能将这点洞察放大成为万有引力定律。

晚年的牛顿曾对自己有过如下一个谦虚的评价:"我不知道在别人看来,我是什么样的人。但在我自己看来,我不过就像是一个在海滨玩耍的小孩,为不时发现比寻常更为光滑的一块卵石,或比寻常更为美丽的一片贝壳而沾沾自喜,可对于展现在我面前浩瀚的真理的海洋,却全然没有发现。"

然而,众所周知,牛顿从他那个时代开始,就已经被公认为有史以来最伟大、最重要、最有才智的科学家了。在历史上,还从未有人像他那样,破解过这么多的宇宙真理。

对于牛顿在科学方面的成就,美国科普巨匠阿西莫夫有一个精辟的概括:"他由于研究出微积分而为高等数学奠定了基础;他由于进行了把阳光分解为光谱色的实验而奠定了现代光学的基础;他由于发现了力学上的三大定律并推导出这些定律所起的作用而奠定了现代物理学的基础;他由于研究万有引力定律而奠定了现代天文学的基础。"

牛顿逝世后,以国葬待遇安息于西敏寺,当时法国大文豪伏尔泰正在英国访问,不禁感慨道:英国纪念一位数学家,就像其他国家纪念一位国王一样隆重。牛顿墓碑上的拉丁碑铭最后一句写的是:"他是人类的真正骄傲,让我们为之欢呼吧!"著名诗人蒲伯则为牛顿写下了著名的诗句:"大自然和它的规律,隐匿在黑暗之中。上帝说,'让牛顿出世!'于是一切都沐浴在光明之中。"

西敏寺中的牛顿墓

创新启示

牛顿从力学的基本概念和基本定律出发,运用微积分数学论证了万有引力定律,并且把经典力学确立为完整而严密的体系,把天体力学和地面上的物理力学统一起来,实现了物理学史上的第一次大综合。他借助自己的天才大脑和深刻洞察力,不仅为人类创造了无与伦比的智慧工具,更向所有人证明,宇宙所受制的普遍法则,是能够为人类理性发现并利用的。

莱布尼茨
罕见的科学通才

戈特弗里德·威廉·莱布尼茨（Gottfried Wilhelm Leibniz，1646—1716），德国哲学家、数学家。出生于神圣罗马帝国的莱比锡，毕业于莱比锡大学和阿尔特多夫大学，获法学博士学位。1677年起，任汉诺威布伦瑞克公爵府法律顾问兼图书馆馆长，后担任宫廷议员。倡导并参与筹建柏林科学院，于1700年出任首任院长。主要著作有《单子论》《神正论》《人类理智新论》《论形而上学》《物理学新假说》等。

莱布尼茨降生于战火纷飞的年代,史称"三十年战争"(1618—1648)之战事在他出世两年后方告终结。

莱布尼茨家族先后已有三代人在萨克森公国诸侯府供职。他的父亲是莱比锡大学的哲学教授,兼营公证人业务,母亲是位路德新教的虔诚教徒。1562年,6岁的莱布尼茨失去了父亲,出身于教授家庭的母亲独自担起了抚养、教育他的职责。

中学时代,莱布尼茨迷上了古代世界最伟大的知识搜集者与建构者亚里士多德,对其逻辑学和将知识条理化的探求特别感兴趣。研习中他渐渐发展了自己关于人类思想的符号系统观念,即通过获取一整套简单概念,所有真理都能得到证明。这也是通向他的思辨哲学的线索。

15岁那年,莱布尼茨进入莱比锡大学念哲学,后又选修法学。在广泛阅读时他第一次知晓了开普勒、伽利略和笛卡儿等自然哲学家所拓展的新世界,并意识到,他们使用了数学的语言来分析自然的数量关系,只有熟悉数学的人才能懂得这种新哲学。于是他便在1663年的夏天,去往奥地利的耶拿大学听数学讲座,学习几何及代数学课程。数学论证的严密性给他留下了十分深刻的印象。

这一天真的来到了

在莱布尼茨谢世一个多世纪之后,英国数学家布尔掌握了莱布尼茨关于普适符号推理的想法并创立了"布尔代数",在现代科技领域得到许多应用。布尔提出:代数符号和代表逻辑演算的符号之间有着极其近似的关系。他设计出一套非常简单的分析系统,把人们的思维过程分解成一个一个的小步骤,每一个步骤都要求判定一个陈述为真或为假。如果为真,答案则取值1;如果为假,答案则取值0。

如此一来,就实现了通过简单的概念来得到复合的表述,"符号推理"的重要性由此可见一斑。美国数学史家贝尔评述说:"……只是到了20世纪,当怀特海和罗素继19世纪的布尔之后的工作,部分实现了莱布尼茨的普适符号推理的理想时,对于一切数学和科学思想最重要的数学的组合方面,才成为像莱布尼茨预先肯定的那样重要。"

回到莱比锡大学后,年方20岁的莱布尼茨开始酝酿论文,为他的法学博士学位和可能的法学教授生涯做准备。令他万万想不到的是,学校里的教授老爷们因为嫉妒他的博学和才华,竟然借口他过于年轻而拒绝授予他法学博士学位。莱布尼茨一气之下转往纽伦堡的阿尔特多夫大学。后者顺利接受了他的论文,授予他法学博士学位,还表示愿意聘他为教授。但他婉拒了这个职位,只道自己有全然不同的抱负。

大约就在这一时期,莱布尼茨忽然对炼金术这种所谓的"隐秘哲学"(或称"隐秘科学")产生了兴趣,同时注意到纽伦堡有一个名叫玫瑰十字架兄弟会的炼金术士团体。他很想学习一些炼金术知识,对这种据说能够将常见贱金属转化为黄金的神妙技术深感好奇。可怎么让这个秘密团体接纳自己呢?

玫瑰十字架兄弟会

为此莱布尼茨颇费了一番心思。他从几本炼金术著作中摘出一些晦涩难懂的术语,加上连他也不明就里的词句,穿插在写给该组织首领的一封信中,谎称自己对炼金术了如指掌,有意一试身手。计谋得逞了。他受邀加盟,并出任拿薪水的秘书一职。

正是通过炼金术士的这一秘密团体,莱布尼茨结识了"德意志神圣罗马帝国"中最有权势的选帝侯之一美因茨大主教的首相博因堡男爵,并由其推荐担任了选帝侯法律顾问助手的职位,从此开始了他的政治和外交生涯。

1672年,美因茨选帝侯授权莱布尼茨随其侄子出使巴黎办差。莱布尼茨后来以官方职位继续留居巴黎,因而得以结识学术界的一些重要人物,获悉许多新发现和新见解。特别是受到荷兰著名物理学家惠更斯的点拨,数学技能突飞猛进,一脚跨入了近代数学领域。

这期间,他作出了他一生中最重要的数学发明——微积分。不幸的是,随后他就因为发明微积分的优先权问题,跟英国著名科学家牛顿发生剧烈争吵。1673年初,他还两次造访伦敦,拜会英国皇家学会,广泛接触科学界和哲学界人士。其中的一次,他在皇家学会的会议上演示了他设计的机械计算器。这种类似机械化算盘的机器通过发条和各种齿轮装置传动,可以进行加减乘除及开方运算。此项发明的瞬间灵感,源自莱布尼茨所看到的一种便携式自动记录徒步者步数的设备,由此他联想到数学运算很容易受到类似机械的影响。

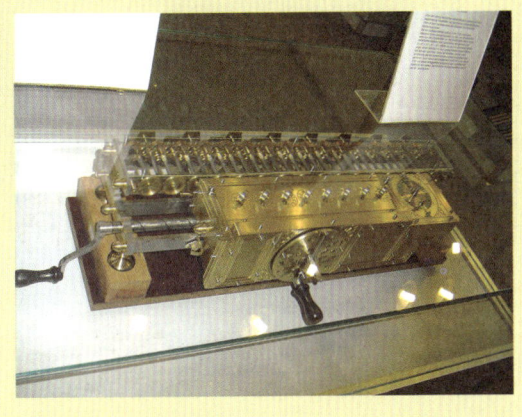

莱布尼茨的计算器

几乎就在提出微积分通用理论的同时,莱布尼茨还论证了二进位制算法——仅仅基于0和1这两个数字而建立起来的数字系统,考虑过用二进位制表达逻辑演算方法的思想。大约在1680年,他还草拟了一个用二进位制数字进行计算的计算器设计方案。这些工作已经非常接近于(现代)计算机的发明了。

莱布尼茨还拥有无液气压表、空气压缩机、风车、抽水机等许多发明和技术设计方案。他对光学、声学、力学、化学、生物学、地质学等也进行过专门研究。此外,他在政治学、法学、伦理学、神学、哲学、历史学、语言学诸多领域都留下了著述。

莱布尼茨是一位可以一心多用的天才,他在他所涉足的每一个领域,都做了足够一个普通人干一辈子的事情。也因此,他被誉为"罕见的科学通才""17世纪的亚里士多德"。

创新启示

莱布尼茨一生都在不知疲倦地探索、思考。他从对亚里士多德逻辑学和知识条理化的探究,发展出了自己关于人类思想的符号系统观念。他独立于牛顿发明了微积分,并且创立了优越的符号系统,引导了近代数学的发展。他博采众长,把他那个时代和古代的主要哲学思潮结合成为一个新的整体,在数学、物理学、生物学、哲学、语言学等诸多领域都做出了不朽的贡献。

史蒂文森 思索"恶之花"

罗伯特·路易斯·史蒂文森(Robert Louis Stevenson, 1850—1894),英国作家,出生于爱丁堡的一个灯塔建筑工程师家庭。1867年,他"奉命"进入爱丁堡大学攻读土木工程,后改学法律。但他对文学一直十分钟情。在从事文学创作之前史蒂文森曾有过短暂的律师生涯,据说他只受理过4笔业务,全部收入没超过10英镑。除《化身博士》外,他还创作了《新天方夜谭》《金银岛》《黑箭》等作品,另外写过不少诗歌、随笔。

"Jekyll and Hyde"（杰基尔和海德）——什么意思？莫非只是两个并列的名字？

不妨先来看看，美国前总统尼克松在回忆1972年美苏首脑会晤时写下的一段话："勃列日涅夫刚才还开玩笑地拍了一下我的后背，这时却开始愤怒地谴责我为结束越南战争而作的努力，并指责我通过我们与中国的新关系向他施加压力，我即刻想起了杰基尔博士和海德先生……"

《化身博士》海报

其实，翻开中型以上的英语词典，一般都能查到"Jekyll and Hyde"一词的释义："有两种不同面目（善恶双重人格）的人"。如今在西方，杰基尔博士和海德先生可谓家喻户晓。他（们）是英国著名作家史蒂文森创作的幻想小说《化身博士》中的主人公，实际上系同一个人。

《化身博士》自1886年发表后即被大量出版、翻译，并多次出现在电影、戏剧中，在世界上颇有影响。这部小说早在20世纪30年代就有了中译本（李霁野译），如按原题直译，篇名应为《杰基尔博士与海德先生奇案》。40年代，根据该作品改编摄制的美国影片《化身博士》曾在我国上映，人们熟悉并接受了"化身博士"这个称谓。

《化身博士》讲述的是一向受人尊敬的医生杰基尔为了探索人内心善与恶两种不同的倾向，服下了他发明的一种药物。这样，他创造了一个名为海德的化身，并将自己内心的全部恶念都"分"给了海德。不料，这个化身竟干出了骇人听闻的杀人勾当；后来因为药物失控，海德更是恣意妄为、难以控制。杰基尔心力交瘁，失去了心灵的平衡，最后只得以自杀了结。

在离奇的故事中，史蒂文森实际上探讨了善念与恶念在人的内心相互搏斗的哲理性问题。作者借小说主人公之口作了这样的表述：人无非是由形形色色自相矛盾而又各自独立的居住者组成的一个政治实体，有着十足而原始的两重性。"我认识到，在我的意识领域内有两种本性在斗争"；"尽管我具有如此深刻的两重性，但我绝不是伪君

"返工"造就的名作

关于《化身博士》诞生的背景,作家的亲人回忆道:1886年,史蒂文森因肺病复发咯血不止,为此家人几乎不让他讲话,来访者大多也都被"挡驾"。在此期间,心情郁悒无所事事的史蒂文森决计写一部新小说。"……整整两天,我搜肠刮肚构思情节,第二天夜里梦见了发生在窗口的一幕,以及海德为逃罪责当着追捕者的面服药变形的一幕(后来分成两场处理)……"梦醒后,史蒂文森像着了魔似的,执意要把梦见的"有趣的故事"写出来。

经过了3天苦干,3万多个词的初稿写出来了,史蒂文森自己非常满意。然而,他那位颇有文学修养的妻子范妮看后却直率地指出:小说缺乏深刻的主题思想,只是"一个单纯的故事"而已。

史蒂文森毫不犹豫地将手稿扔进了火炉里,毅然决然地开始了"返工"。又一个3天过去,第二稿写出来了。这一回不仅史蒂文森本人颇感自得,就连范妮也甚为欣赏。果然,作品发表后轰动英国,大受好评。

子:我的两个方面都是极其真诚的。我在光天化日之下努力钻研学问或减轻别人痛苦的时候,甩开一切约束、一头扎进丑事堆里的时候,同样都不是作假……"

《化身博士》的成功之处在于:第一次深刻地刻画了"双重人格",使杰基尔和海德脱离书页成了一种典型。海德(Hide,意即隐藏、掩饰)一词最明显的意思之一,就是杰基尔的一个藏身之所,绅士与恶棍同时存在。在某种意义上,海德是杰基尔的寄生虫。当杰基尔处于善与恶的混合状态时,恶可以被分离出来作为海德,使他成为纯粹的恶的沉淀物。

俄裔美国作家纳博科夫分析说,就化学意义而言,当吉基尔以海德的外貌进行活动时,由于构成吉基尔的那些因素依然存在于这一沉淀物之中,所以他会对海德极端厌恶,并感到十分惊讶。但吉基尔并非真正转变成了海德,而是使经过沉淀的、纯粹的恶突出地表现出来,而这个恶才是海德。海德的个子要比身材高大的吉基尔矮许多,这暗示了吉基尔具有较多的善。所以,纳博科夫认为,《化身博士》中实际上存在着3个人物——吉基尔、海德和一个第三者,即当海德刚刚显现、吉基尔的残余部分依旧存在着的那个时候的人。

史蒂文森自幼体弱多病，大半辈子忍受着肺结核与神经衰弱症的折磨。在11岁的时候，史蒂文森的父母送他到爱丁堡学校就读，准备将来进入爱丁堡大学，计划让他成为灯塔工程师。在这段时期，史蒂文森广泛地阅读文学书籍，他特别喜欢莎士比亚、约翰·本仁的作品与《一千零一夜》。

史蒂文森在西萨摩亚的住所

史蒂文森25岁时通过了进入律师界的考试，但因为身体状况不好一直都没有开业。不过他生性乐观、勇敢，喜好旅行、猎异。他写道："我有这么多东西来让生活更加甜蜜，不过我没有健康，这似乎是很可惜的。但是你将会很生气地听到我这么说，至少我相信这已经是再好不过了。我相信那些悲惨的日子已经过去了，而且我现在不会因为宣布这件事而感到羞愧。"即使手帕上沾着血且扶手摆放着药瓶，乐观的精神仍然让史蒂文森继续前进，于是他创作出了一生中最著名的作品：《金银岛》与受到广泛赞赏的《化身博士》。

史蒂文森于1890年迁居南太平洋西萨摩亚首府阿皮亚，与当地居民相融甚洽。4年后的一个冬日，他突然中风，并于当晚离开了人世。这位"新浪漫主义"作家如愿安葬在可以俯瞰大洋的瓦埃亚山，墓碑上刻下了他生前写就的诗句：在那寥廓的星空下边，挖一座坟墓让我长眠。我活得快乐，死得欢喜，怀着这样一个心愿：请把下面的诗句给我刻上——他安卧在自己心向往之的地方，好像水手离开大海回故里，又像猎人归心似箭下山冈。

创新启示

史蒂文森的经典作品《化身博士》，以极富想象力和寓言性的笔触，探讨了善念与恶念在人的内心相互搏斗的哲理性问题，并且第一次深刻地刻画了"双重人格"，使杰基尔和海德脱离书页成了一种典型，开创了心理小说和刻画多重人格之文艺创作的先河。

弗洛伊德
人类内心隐秘的探险者

西格蒙德·弗洛伊德（Sigmund Freud，1856—1939），奥地利精神科医生、心理学家，精神分析学派的创始人。出生于一个犹太人家庭，父亲是个羊毛商。1873年弗洛伊德入维也纳大学学医，1881年获医学博士学位。随后他开业行医，担任临床神经专科医生，终生从事精神病的临床治疗工作。

主要著作有：《梦的解析》《日常生活心理病理学》《精神分析引论》《图腾与禁忌》《论无意识》《自我与本我》等。

在心理学的历史上,没有哪位人物会像弗洛伊德那样,既备受赞赏、追捧,又惨遭辱骂、诋毁;既被抬举为开一代新风的学派宗师和杰出、伟大的科学家,又被贬斥为披着科学外衣搞"不纯洁的研究"、推行"伪科学"的江湖骗子。

弗洛伊德的心理分析研究(方法)屡受质疑的地方在于:它仅仅是对病人的临床观察和对生活经验的总结,再掺杂着理论上的推断,有些(比如"恋母情结"的概念)甚至是弗洛伊德自己心理的一种投射,因而它不是严密的科学实验,也没有严谨的"模式",在方法论上是不可靠的。至于他那过于强调"性本能"、给他背上不雅声名的"泛性论",更是招来了众多的非议,乃至愤怒。

现在我们知道,实验并不是进行科学探索的唯一方式,通过观察进行推理也是可以得出科学的、符合客观实际的结论的。弗洛伊德的精神分析学说所创立的"无意识"理论,展现的是一个不受意识控制的精神区域,它揭示了有意识和无意识之间的平衡,并把出现的结果与精神疾病联系起来。实际上,该理论间接地证明了人性是复杂多变、捉摸不定的,进而让我们看到了人类心灵当中一个鲜为人知或者说难以启齿的层面。

弗洛伊德的出生地

如今,人们都能感受到,弗洛伊德的理论无论是对还是错,已经并且仍在冲击和影响着我们社会生活的方方面面。德新社2006年4月27日从弗洛伊德家乡维也纳发出的一则电讯称:世界卫生组织估计,全世界大约有4亿人患有严重的精神疾病,需要精神病专家或心理医生帮助的人就更多了。近年来,欧洲的心理医生大量增加,弗洛伊德治疗心理疾病的方法已被越来越多的人接受。

对付精神疾病,有所谓的"心理学路径"与"生物学路径",后者借助于有关大脑、神经和基因科学的发展越来越受到追捧,在某种程度上甚至形成了对前者的"打压"态

梦的解析

弗洛伊德认为，人类的心理活动有着严格的因果关系，没有一件事是偶然的，梦也不例外。他把梦的实质理解为"一种愿望达成，它可以算是一种清醒状态精神活动的延续"，是由高度错综复杂的智慧活动所产生的。在睡眠时，超我的检查松懈，潜意识中的欲望绕过抵抗，并以伪装的方式，乘机闯入意识而形成梦。

换句话说，梦是对清醒时被压抑到潜意识中的欲望的一种委婉表达，是通向潜意识的一条秘密通道。通过对梦的分析可以窥见人的内部心理，探究其潜意识中的欲望和冲突，还可以治疗神经症。

弗洛伊德还引用大量梦的例证证明梦的意义在于愿望的满足。他指出，使愿望在梦中得到满足可用以维持精神的平衡，同时也是为了保护睡眠不受干扰。为此他多次进行自我实验，比如故意吃很咸的食物，控制饮水，在口渴的状态下入睡，晚上他便梦见喝水，痛饮甘泉。他从梦中醒来也确实想喝水，而梦中的喝水可以缓解他的渴，他就不用醒来，睡眠得以保证。再如，他年轻时经常晚上工作到深夜，早上贪睡而懒于起床。早上到来时，梦见自己起床梳洗，心理上有了交代，继续睡下去也就觉得心安理得了。

势。因此有人调侃说：神经科学得意忘形的时候，是精神病学垂头丧气的时候，也是临床心理学谨慎乐观的时候。

然而，实际情况是药物对一些人有效，而心理治疗对另一些人管用，两者结合也许最妙。美国心理学家米勒戏称，有一些"小气的"、狭隘的唯物主义者抱有这样的观点：如果主观经验尚不能与大脑的某个特殊区域或神经传递介质或基因联系起来，那经验就可能不是真实的。在他们看来，当我们发现了与某种疼痛相关的大脑区域时，那疼痛才真正具有科学的意义。

事实上，年轻的弗洛伊德正是从研究神经系统开始他的科学生涯的。早年的他曾雄心勃勃地要利用在大脑里发生的生理学现象来解释精神过程。但他很快便意识到，已有的大脑研究工具不足以实现他的理想，于是他明智地转向了纯粹的心理学方法。

在1895出版的《梦的解析》一书中,弗洛伊德精辟地分析了梦的机制:在梦中,一件事情被凝缩成别的事情,一个人被另外一个人所置换,梦者的愿望常以乔装打扮的形式来满足。1912年,他系统地阐述了潜意识的理论,认为一种想法被意识界所压抑时,仍存在于潜意识界之中,并可成为隐藏的动机。他的心理学观点使我们对人类思想的观念发生了彻底的革命,他提出或创造的概念和术语今天已被普遍使用,例如本我、自我、超我、压抑、升华、恋母情结、自由联想、神经官能症、死亡冲动,等等。

一个世纪过去了,神经科学今天的进展恐怕是弗洛伊德料想不到的。目前的神经科学已经证明,人类的确存在着无意识的精神活动。弗洛伊德九泉下有知,对此应该感到欣慰。这位名声跟爱因斯坦一样响亮的大人物,在晚年曾对自己的一个崇拜者说:"我不是一个伟人——我只是作出了一个伟大的发现。"

考虑到他的这个伟大的发现展现了以前从未有人涉足的一个思维领域,永久地扩大了现代心理学的视野并改变了它的方向,我们也许应该这样说,弗洛伊德作出了一个伟大的发现——可只有一个伟大的人物才可能做到这一点。

创新启示

弗洛伊德发现了人类自身的一个隐秘而又宏大的未知世界,他精辟地分析了梦的机制,系统地阐述了潜意识的理论。在探寻精神病病源方面,他抛弃了当时占主流的生理病因说,创立了一个设计人类心理结构和功能的精神分析学说。由他创立的学说,开创了一个全新的心理学研究领域,并从根本上改变了人们对人类本性的看法。

点燃"天火"

齐奥尔科夫斯基

康斯坦丁·齐奥尔科夫斯基（Konstantin E.Tsiolkovsky, 1857—1935），俄国科学家，现代航天学和火箭理论的奠基人。由于家里条件不好，齐奥尔科夫斯基没有受过多少正规的教育，他靠自学掌握了丰富的科学知识，并进行了大量的思考和研究。他有关火箭的许多设计思想，以及作为宇航基本公式的火箭运动方程等，都是纯粹用笔和纸独立做出来的。用他自己的话说，"我常常发明或发现一些早已被人所知的东西"。

"地球是人类的摇篮,但人类不可能永远被束缚在摇篮里。他首先小心翼翼地探索大气层的边缘,然后将把控制和干预能力扩展到整个太阳系。"上面这段经常被引用的名言,出自现代航天理论的奠基人齐奥尔科夫斯基之口(1911年8月12日致《航空评论》杂志一位编辑的信)。

齐奥尔科夫斯基有着"宇航之父"的美誉,然而他却认为"科幻之父"凡尔纳才算得上是宇宙航行真正的先驱,因为他本人的科学名著《利用喷气装置探测宇宙空间》,最初就是从凡尔纳的科幻小说《从地球到月球》中受到启发,再作进一步的研究之后写成的。

齐奥尔科夫斯基1857年9月17日出生于俄罗斯瓦特干的一个林业职员家庭。

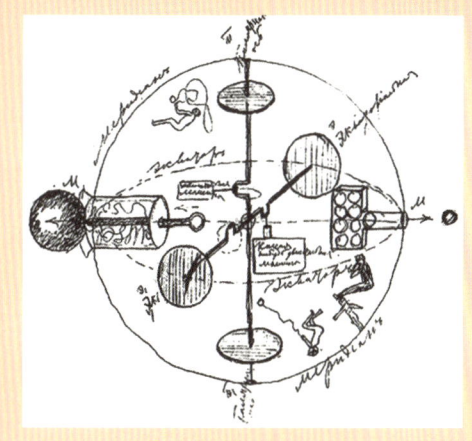

齐奥尔科夫斯基手绘的飞船草图

10岁时,他因患猩红热而导致听力受损,被迫辍学,此后终生耳朵半聋。13岁那年,他又不幸失去了母亲。1873年,这个刚满16岁的孤独少年只身来到莫斯科,借助图书馆丰富的藏书,自学了多门中学和大学课程。他的有关宇宙航行的思想,就是在这一段艰苦的自学生涯中萌生的。他回忆道:当他回到家乡瓦特干时,"家中人很高兴,但又因我的黑瘦而感到不安。事情很简单,因为我吃掉了自己全部的脂肪"。

第一颗人造地球卫星

后来,齐奥尔科夫斯基做了一名中学教师,同时继续按自己制订的计划自学,并开始了独立的研究工作。1881年,他琢磨出了气体的分子运动理论。由于兴趣广泛,类似的"成果"他出了不少。可因为缺乏系统的教育,"我常常发明或发现一些早已被人所知的东西"(他曾这样感慨)。后来他的兴趣转到了宇宙空间的研究上。

梦幻之旅

19世纪末20世纪初，凡尔纳和威尔斯的登月幻想故事在世界上广为流传，迷住了无数对宇宙航行、未来世界充满好奇的人，其中也包括齐奥尔科夫斯基。这位自学成才的航天先驱在提出了一系列有关宇宙航行的细微设想后，大概仍觉得不太过瘾，于是便开始撰写科学幻想小说，向人们讲述旅行家们进入未来宇航时代的幸福体验。

他从1896年着手创作、1916年开始在一家杂志连载的科幻小说《在地球之外》，讲述两位旅行家乘一辆四轮车在月面上着陆，观赏到了从来没有见到过的奇妙景色，见识了一些奇异的动植物，还采集到了不少矿石和宝石样品。随后，他们又点燃火箭离去，与在环绕月球轨道上等候的母船会合。

齐奥尔科夫斯基的整个梦幻之旅，除了月球景象纯属臆造之外，其他部分都经过了他的严格推导，所以跟后来实际的登月飞行有着大量的惊人相似之处。实际上，在整个20世纪，他的后继者们也正是沿着他指引的方向前进的。

更早些时候，1883年，齐奥尔科夫斯基还写过一部中篇科幻小说《在月球上》。它借一名少年的梦境，用第一人称详细地描绘了月面上的种种奇妙景象，还讲述了"我"与一位物理学家朋友，在月球上"实地"考察并讨论在不同重力作用下物体运动的情况，如研究枪里放出的子弹在月球上是怎样运动的，读来饶有趣味。

1883年，齐奥尔柯夫斯基在一篇名为《自由空间》的手稿中首次提出了利用反作用装置作为外太空交通工具推进动力的可能性，即如何在引力弱小、无空气阻力的宇宙空间中飞行的设想。

他画出了飞船的草图，把飞船设想成一个贮有压缩气体的大桶，当把桶的一端打开后，强烈的压缩空气便不断喷射出来，由此产生的巨大推力使飞船不断向前运动。1895年，他论证了宇宙航行的可能性；1897年，他推导出了著名的火箭运动方程式（它正式发表于1903年，即莱特兄弟的飞机上天那一年）；1898年，他谈到了用液体燃料推动火箭的必要性，提出了有关多级火箭的可行性和火箭采取流线型的必要性论证。他还根据万有引力定律，对未来的宇航发展过程或步骤做了大胆的想象，甚至还研究了太空飞行对人类社会的重大影响等问题。这意味着,他已经找到了一把开启太空大门的钥匙。

从1903年开始,齐奥尔科夫斯基在为一家航空杂志撰写的一系列文章中,相当完整地描述了关于火箭技术的理论,从而建立了他作为宇航先驱者的声望。他的德国同行、著名火箭专家奥伯特在致他的一封信中充满激情地写道:"你已经点燃了天火,我们决不能让它熄灭。一定要实现人类最大的梦想。"

齐奥尔科夫斯基目睹了他的杰出思想被大量应用于以后的航天实践中,并且赢得了人们的广泛尊敬。在他逝世后的

《在月球上》插图　　Ⓟ

第22年(1957年),苏联政府曾计划于他百年诞辰那一天发射世界上第一颗人造地球卫星。虽然实际发射日期比预定日期晚了29天,但仍不失为对他最隆重的纪念。更可以告慰他的是,他所构想的太空飞行(包括载人太空飞行目标),都是在他的故乡得以率先实现的,而他在宇航方面的大部分预言也已变成了现实。

创新启示 🚩

齐奥尔科夫斯基堪称一位超越于时代的"追梦人",他纯粹用纸和笔独立完成了有关宇宙航行及火箭推动力的许多理论,奠定了现代宇宙航行的基础,启发和激励了一代又一代航天人进行更深入的探寻。

居里夫人 开启原子时代大门

　　玛丽·居里（Marie Curie，1867—1934），原名玛丽·斯克罗多夫斯卡。波兰裔法国籍物理学家、化学家。出生于华沙，父母均从事教育工作。1893年与1894年在巴黎大学分别获得物理学学士学位和数学学士学位，1903年获得物理学博士学位，同年获诺贝尔物理学奖；1908年任巴黎大学教授。1911年获诺贝尔化学奖。一生中共获得过来自7个国家的24项奖金和奖章。

1894年春,刚获巴黎大学数学学士学位的玛丽·斯科洛多斯卡,接受了一项由国家工业促进委员会提供的有偿任务——研究钢铁的磁性,以补充留学费用的不足。可眼下让她犯愁的是,找不到合适的实验室供她用于分析各种矿物。

恰在此时,玛丽的一位波兰同胞兼同行到访,提议可以找他熟悉的一位朋友帮忙,并约定次日晚上一块到其住处碰面喝茶。27岁的玛丽就这样结识了35岁的皮埃尔·居里——巴黎工业理化学校的实验室主任,一切顺理成章。一年多以后,她成了居里夫人。

居里夫妇携手追寻科学的梦想之时,适逢科学史上的两项重大发现陆续公之于世:

1895年11月8日,德国物理学家伦琴在研究阴极射线时,无意中发现了一种能够穿透玻璃、木头乃至人体等许多不同类型物质的神奇放射物,他将其命名为X射线(后被证实是波长比可见光短的电磁辐射的一种形式),从而引发了科学界探究这一新现象本质的热潮。

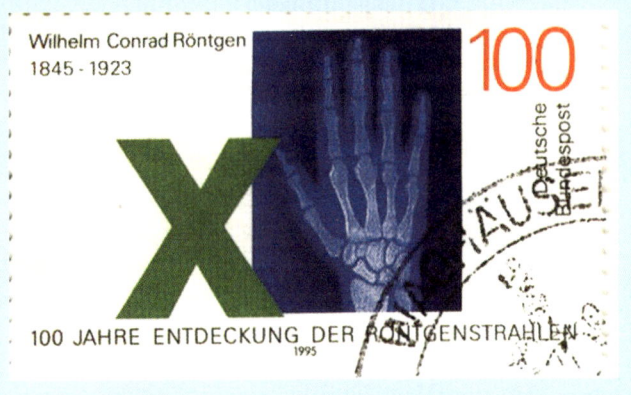

纪念伦琴的邮票　　　　　　Ⓟ

几个月后,法国物理学家贝克勒耳在进一步研究X射线时十分偶然地发现,铀盐(含铀矿物)也会发出某种穿透性很强的未知射线。这种自发放射出的"铀射线"和X射线一样,能把周围的空气变为导电体,使验电器放电。

"铀射线"引起了居里夫妇极大的兴趣,他们思索:铀化合物不断地以辐射形式发出的能量来自哪里?这种辐射的性质究竟是什么?居里夫人决心把它当作攻读博士学位的研究题目,深入这一全新的领域。

她首先对新射线做精确的定量测量,即利用验电器放电的特性进行测量。几个星期后有了初步结果:这种射线的放射实际上是铀元素的原子特性之一,而与铀盐的物理和化学性质无关;任何铀盐,所含铀元素越多,它放出的射线也就越强。

一种新的自然界的力量被发现了。居里夫人把这种放射现象称为"放射性",而像

居里夫人自述留学生活

我住在顶层的阁楼里。巴黎的冬天特别冷,我取暖的炉子又小,屋子里怎么也烧不暖和,而且还经常缺煤,所以屋子里脸盆中的水夜晚常常结冰。为了睡得暖和些,我把所有的衣服全都压在被子上。

做饭,我用的是一盏酒精灯,其他的炊事用具就谈不上了。为了省钱省时间,我的饭常常是一点面包加一杯巧克力茶,再加几个鸡蛋和一个水果。我独自处理家务琐事,没有任何人帮助。取暖用的煤,也是我亲自弄上了楼的。

这种生活在别人看来也许过于艰苦,但我却自得其乐,每天都心情愉快地埋头于学习之中。这段生活经历也让我充分地体会到自由与独立精神弥足珍贵。

我的精力全部集中在学习上,特别是在开始时,学习上有着一定的困难。确实,我以前的基础知识很弱,虽然来之前作了一些准备,却是很不充分的,与法国同学相比有着较大的差距,尤其数学的差距更大。我不得不付出巨大的努力去弥补自己的不足。

我把白天的时间分别用于课堂、实验室和图书馆,晚上则一个人躲在阁楼陋室中刻苦努力,常常学到深夜还不停手。每每学到新的东西,我便会兴奋、激动起来。科学奥秘如同一个新的世界渐渐地展现在我的面前,我因而也就可以自由地学习它们、掌握它们,这真的让我非常开心。

铀这样有特殊"辐射强度"的物质,就叫"放射元素"。

铀是自然界中最重的元素。居里夫人不禁想到:自然界中第二重的元素钍是否也有放射性呢?答案是肯定的。正当她准备对铀和钍的放射性作进一步的研究时,又发现了一个新的很有意思的现象:一种沥青铀矿的放射性强度是铀的三四倍!合理的推测是:在这些矿物中一定含有一种未知的元素,其放射性远远超过了铀和钍。

居里先生同意夫人的推测和判断。他也意识到了这项研究的重要性,于是决定暂时停止自己在结晶体方面的研究,全力投入到对新物质的找寻工作中去。他们在极其困难的条件下,不辞劳苦地对沥青铀矿进行分离和分析,终于在1898年7月和12月先后发现了两种新元素：钋和镭。镭的发现从根本上改变了物理学的基本原理，对于促进科学理论的发展和在实际中的应用，都有十分重要的意义。而居里夫妇一向拒绝从自己的科学发现中获取任何物质利益，因此，他们毫无保留地把提取镭的方法立即公之于众。

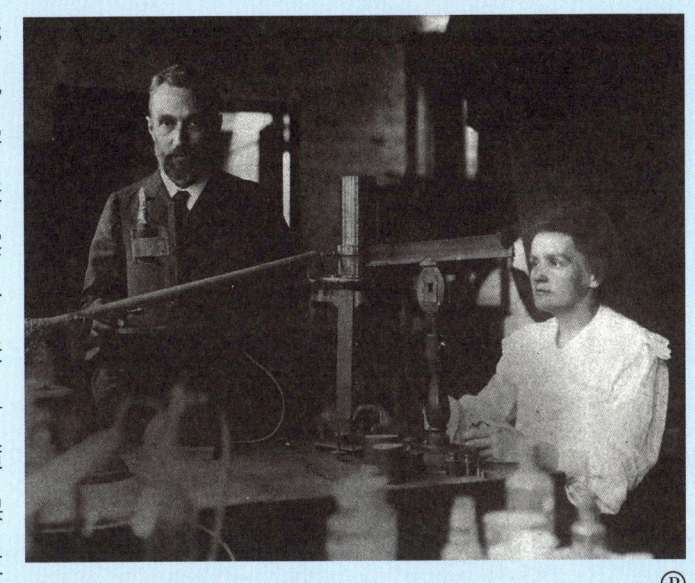

1903年，居里夫妇和贝克勒耳因对发现"天然放射性"所做出的贡献，被授予诺贝尔物理学奖。8年之后的1911年，居里夫人又因成功分离了镭元素而获得诺贝尔化学奖。

爱因斯坦曾经评价说，居里夫人的品德力量和热忱，哪怕只有一小部分存在于欧洲的知识分子中间，欧洲就会面临一个比较光明的未来。

创新启示

创造力的过程常常始于有某个谜题需要解开，或者某个任务需要完成的感觉。在贝克勒耳的发现并没有引起科学界太大的反应时，只有玛丽敏锐地感觉到这是一个非常有前景的研究课题。她靠着大胆的直觉，也靠着在难以想象的极端困难情况下工作的热忱和顽强，证明了发射性元素的存在并将它们分离出来，奠定了现代放射化学的基础。

卢瑟福 揭开原子内部结构的秘密

欧内斯特·卢瑟福(Ernest Rutherford,1871—1937年),英国物理学家,出生于新西兰纳尔逊附近的布莱沃特。毕业于坎特伯雷学院,获得文学硕士和理学学士学位。先后在英国剑桥大学卡文迪什实验室、加拿大麦基尔大学、英国曼彻斯特大学从事物理学的研究与教学工作。1908年获诺贝尔化学奖。1925年当选为英国皇家学会会长。著有《放射性》和《放射性转变》。

外表粗犷、性情豪放、留着一把海象似胡须的卢瑟福,怎么看都不像是一个做学问的人。在他功成名就之后,他的一位得过诺贝尔奖的学生查德威克对他有过这样一番描述:"卢瑟福看起来更像是一个成功的商人,或是大农场主,而不像是学者……"而他本人年少时曾希望长大以后当一个农民。

作为英国移民的后代,出身于新西兰的卢瑟福一贯成绩优异,并表现出超常的实验动手能力。课余时间,他喜欢摆弄钟表、拆解东西、制造各种模型。他在坎特伯雷学院拿到了文科硕士学位,同时获颁数学和物理学两个一等荣誉,并因此受到资助鼓励继续攻读,又取得了理学学士学位。

1895年,他赶上英国为英属地青年学者设立的一项奖学金,进入剑桥大学卡文迪什实验室,在实验室主任、著名物理学家汤姆孙手下做研究。这是卢瑟福人生事业的一个重要转折。也就在这一年的岁尾,物理学领域出现了一个石破天惊的意外发现:X射线。

这是一个崭新的、任何物理学家都未曾预见过的发现,它将人们引向了一个完全陌生的微观世界。仅仅几个月过后,法国物理学家贝克勒耳又在含铀矿物中,发现了穿透性很强的未知射线。居里夫妇把这种放射现象称为"放射性"。

这一时期,卢瑟福对放射性的研究也取得了重要进展。当居里夫人找到化学方法分离铀的时候,他另辟蹊径发明了物理技巧去标定与放射性有关的辐射。他既分析包含有多种成分的辐射,也分析放射性物质自身的变化。

在实验中,卢瑟福用多层铝箔包裹铀,以此检测"铀射线"的穿透力。他发现,铀放射源发出了两种不同的射线。一种不太活跃,穿透力弱,辐射范围小;一种比较活跃,穿透力强,辐射范围大,而且不易被空气吸收。他把前一种射线命名为"α射线",后一种命名为"β射线"。由于这两种射线都是由高速粒子组成的,所以常常又称它们为"α粒子"和"β粒子"。

卢瑟福进一步研究确认,α射线带正电,实则是

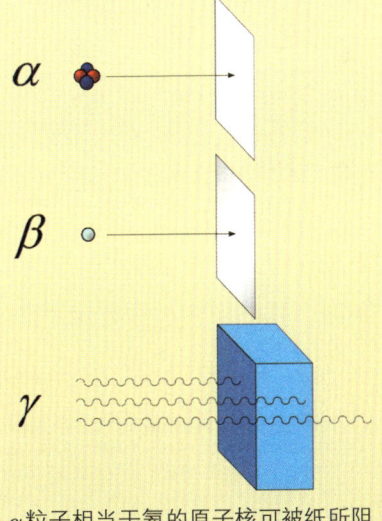

α粒子相当于氦的原子核可被纸所阻挡,β粒子相当于电子可被铝箔所阻挡,γ射线则具有高穿透性。 ①

从物理学家"蜕变"成化学家

因为"对元素蜕变以及放射化学的研究",卢瑟福荣获1908年诺贝尔化学奖。在作领奖演说时他打趣道:"在我的一生中,经历过各种不同的变化,但最快的一次变化要算这次了,一夜之间我从物理学家蜕变成了化学家!"(他在1911年提出的原子模型足以再获诺贝尔奖——如被授予的话,当是物理学奖。)

卢瑟福对科学贡献巨大,也可谓"桃李满天下",他的学生和助手有近10位摘取了诺贝尔奖桂冠,在科学界传为佳话。个性独特的卢瑟福亦留下不少逸闻趣事。他平常说话的声音很大,就像打雷似的,据说有段时间实验室里安装的计数电路对噪声非常敏感,只要他走近说话那些装置就会出故障。

卢瑟福对自己的能力也相当自信,有一天他对同事说:"刚才我在读我早期的一篇论文,读完后我对自己说,'卢瑟福,这小伙子,你可真是太聪明了!'"还有一次,有一位同行恭维他说,他总是处于科学研究的浪尖上。他接过话茬道:"说得很对!不管怎么讲,是我造出了这个浪,难道不是吗?"然后他又加上一句:"至少在某个范围内。"

一种高速运动的氦离子流,即失去了电子的氦原子流;β射线带负电,实则是一种高速运动的电子流。1900年,法国物理学家维拉德发现,在镭的辐射中还有一种不受磁场影响(而发生偏转)的成分,其穿透力比β射线更强。卢瑟福通过实验证明这种射线是高能量的电磁波,并命名为"γ射线"。

1901年,卢瑟福与英国化学家索迪合作,把铀和钍进行化学处理并研究它们的辐射过程,证实铀和钍在整个辐射过程中依次转变成了一系列的中间元素,直到变成一种稳定形式(即没有放射性的另一种元素)。进而,他们在1902年提出了原子嬗变假说,认为放射性物质由一些不稳定的原子组成,每单位时间都有确定的一部分原子通过发射(α、β、γ)射线而衰变成不同性质的另一种新原子。

1911年,卢瑟福发现了原子的核式结构,即几乎所有的原子质量都聚集在原子中央一个非常细小的"原子核"内(这一原子结构的"行星模型"理论后来由他的学生、丹麦物理学家玻尔完善)。1919年,卢瑟福利用α粒子轰击氮原子,成功地将氮原子核

美国原子能委员会使用卢瑟福原子结构的模型作为标志

转变成氧原子核,在人类历史上首次通过实验实现了原子核的人工转变,也是第一次成功地、有目的地使一种元素转变成另一种元素,标志着核物理学的肇始。

1937年10月19日,卢瑟福逝世,享年66岁。他被安葬于伦敦威斯敏斯特大教堂,牛顿墓近旁。为纪念他,第104号元素(一种人工合成的放射性元素)被以他的名字命名为Rutherfordium,符号为Rf。

创新启示

卢瑟福总是充满激情地投入他所热爱的工作。他勇敢地打破了元素不会变化的传统观念,使人们对物质结构的研究进入到原子内部这一新的层次,开辟了一个新的科学领域——原子物理学。在元素的放射性衰变被证实后,人们尝试用各种方法达成元素的人工衰变,又是卢瑟福独辟蹊径地通过粒子轰击原子核,实现了第一次成功的原子核人工转变。

霍奇金 探索分子结构的"晶体魔术师"

多萝西·克劳福特·霍奇金（Dorothy Crowfoot Hodgkin，1910—1994），英国生物化学家。出生于埃及开罗。1932年在牛津大学获得学士学位，后担任牛津大学讲师。1937年在剑桥大学获得博士学位。1947年当选为伦敦皇家学会会员。1957年成为牛津大学教授。由于使用X射线结晶分析方法测定出青霉素、维生素B12等重要物质的化学结构，被授予1964年诺贝尔化学奖。1965年，获英国功绩勋章。

"一生为化学和晶体所俘虏"

那是一个昏暗、沉闷的房间，里边的哥特式窗户高高在上，看起来就像是修道士的密室一样。窗户下面，是个只有借助梯子才能爬上去的阳台摄影室。霍奇金常常要爬上去，为她的晶体做X射线分析。

眼下，她着重研究的是青霉素，一种由特异青霉产生、远远超过以前任何已知抗生素药效的药物。它是战场上的救命"神药"，可其分子结构尚未明了，人工方法合成和大规模生产无从谈起。

12年间经过大量的实验分析和上千次计算，霍奇金终于在1945年测定了青霉素的晶体结构。这是人类首次利用X射线晶体学技术测定一种大分子生物化学物质，标志着结晶学进入了一个崭新的时代——生物学时代。这一成就同时也为研究抗生素的作用方式提供了重要的线索。

"那真是美好的一天，我们首次以三维空间构建其模型，我们打电话通知亲朋好友来看看青霉素真正的样子。"霍奇金后来回忆说，她曾经这样笑谈自己："我这一生为化学和晶体所俘虏。"

实验室里的桌子上放着一架试管和其他一些化学器皿，瓶子里装着各种晶体、粉末和溶液。11岁的多萝西·玛丽·克劳福特（即后来的霍奇金）屏住呼吸，把小小的酒精灯火焰里的白金丝转了一下，它的一端渐渐出现了一粒彩色的珠子。

"哇！太奇妙了！"三个小女孩惊奇地望着这一切。过了些日子，多萝西又和同学们制取明矾和硫酸铜溶液，并在此后的几天里瞧着溶液慢慢蒸发，晶体逐渐显现，像珠宝一样有许多切面，闪耀着光芒。多萝西被科学课上看到的奇异现象深深地迷住了。

在多萝西15岁生日那天，母亲为她精心挑选了一份礼物：用X射线研究物质微观结构的先驱布拉格爵士（1915年诺贝尔物理学奖获得者）撰写的两本小册子——《关于事物的本性》和《老行当与新知识》。多萝西读后非常激动，激起了洞悉晶体结构的强烈愿望。

让X射线穿过晶体，研究原子对X射线的衍射——她为这种知识获取的方式而着迷。渐渐地，一度钟情于考古学的多萝西，其兴趣转向了与生物有关的化学。恰在这个时候，她的一位远房表哥查尔斯·罗伯特·哈林顿，由于发现对调节人体新陈代谢十分重要的甲状腺素而出了名,多萝西便在母亲鼓动下给他写信,请他推荐一本生物化学方面的著作。

哈林顿推荐的是帕森斯所著《生物化学基础》。书中很有远见地写道:要研究生物体内发生的化学变化,再没有比从研究参与组成所有的细胞与组织的最重要、最富特色的物质——蛋白质的性质与行为开始更合适的了。

正是这本书,引领多萝西踏上了科研的正途。

1928年10月,多萝西进入牛津大学萨默维尔学院学习化学,毕业后去往剑桥大学,师从运用X射线晶体学研究生物分子的先驱人物伯纳尔。

此时,X射线晶体学尚是一门融合数学、物理和化学的相对较新的交叉科学。X射线晶体学技术被化学家用来获取与分子的原子结构相关的信息:被X射线照射的物质必须首先被结晶化。当一束X射线穿过晶体时,一些光波会向不同的方向散射,从而形成一种晶体内的原子呈现独特排列的模式。

显微镜下的蛋白质结构

知道原子是如何排列的,就能反推分子的结构和形状,进而推测出其功能。多萝西最初取得的成就,是与伯纳尔合作,在完成蛋白质晶体成像之后,对胃蛋白酶这种小分子蛋白质的构造做出预测。这项工作除了实验,还要进行大量复杂的数学计算和精密分析。

他们的实验第一次表明,酶都有特殊的结构,这样每一个原子在合适的空间中都占有特殊的位置,而且可以"猜测"出它们在蛋白质分子中是如何排列的。他们还发现,给蛋白质拍摄X射线的秘诀是使其保持湿润(晶体在空气中干燥时失去了水分,而水分对维持其结构非常重要)。如今,大多数蛋白质X射线晶体学家都认为,这是本学科诞生的时刻。而蛋白质晶体学研究的开始,也是多萝西一生中最重要的科学阶段之一。

1937年,多萝西获得剑桥大学博士学位,并与非洲事务专家托马斯·霍奇金结婚,名字改为多萝西·克劳福特·霍奇金。这一阶段,正处于事业上升期的霍奇金饱受严重的类风湿关节炎的折磨,还有大学里对女性科研人员的歧视,但她仍坚持科学研究。

第二次世界大战爆发后,许多科学家都投入到与战争相关的一些研究工作之中。霍奇金的研究重点也发生了改变。

霍奇金发现青霉素包含一种与众不同的成分,叫β内酰胺环。她坚信,青霉素分子的核心是3个碳原子和1个氮原子组成的环。可当时化学界却普遍认为,这种结构极不稳定,根本不可能存在。其中,有位名叫康福思的澳大利亚化学家恼怒地声称:"如果那就是青霉素的分子式的话,我将放弃化学研究,转行去种蘑菇。"

青霉素的分子模型

过后不久,霍奇金推测的分子式被证明是正确的,这成了从化学上合成改良青霉素的起点。而那位口出狂言的化学家则承认自己失言,继续从事化学研究,并在30年后因酶催化反应的立体化学的研究,获得了1975年诺贝尔化学奖。

由于运用X射线技术测定了重要生化物质的结构,霍奇金获得了1964年诺贝尔化学奖,成为63年来化学领域的第3位女性获奖者,也是第一个获此殊荣的英国女性。

1994年7月29日,霍奇金在家中病逝,享年84岁。

创新启示

霍奇金在蛋白质晶体学研究方面融合了多个学科的前沿知识,并且更讲究"方法",这是她在专业研究领域迅速取得重要进展的关键要素。而她在X射线结晶分析方法方面所做的开拓性工作,对理解生物的化学组成及特性意义重大,同时也为合成青霉素、维生素B_{12}等重要物质铺平了道路。

费曼 "科学顽童"的探索

理查德·菲利普斯·费曼（Richard Phillips Feynman, 1918—1988），美国物理学家。出生于纽约小镇法洛克维。1939年毕业于麻省理工学院，随后参与研制原子弹。1942年获得普林斯顿大学物理学博士学位。1945—1949年在康内尔大学任教，1952—1988年在加州理工学院讲授物理学。因在量子电动力学方面做出的贡献获得了1965年诺贝尔物理学奖。

1965年诺贝尔物理学奖得主、有"科学顽童"之美誉的费曼,一生都在向人们讲述他的传奇故事,诸如玩转大学同窗、捉弄女服务生、跟数学家抬杠,还有闪电般的演算速度、开绝密保险柜的技巧、敲打邦戈鼓的激情、解读古玛雅经文的手段,以及边看脱衣舞表演边思考物理学问题的嗜好,等等。

早年在加州理工大学工作过的曼罗迪诺,于1981—1982年间,曾跟身患绝症、来日无多的同事费曼,围绕科学与人生两大话题,展开了长达两年的深入对话。事隔20多年后的一天,曼罗迪诺在家中无意间发现了一盘旧录音带,里面录下的正是20年前他和费曼的一些谈话内容。于是,他据此把这段尘封多年的对谈整理成书,命名为《费曼的彩虹》。

在此书开头部分,面对曼罗迪诺"我是否具备成为一名科学家所需要的资质?"的提问,费曼的看法是:别把科学家想得那么特别,普通人跟科学家的差距没么远。"其实我们所做的事再正常、平凡不过,唯一不寻常的是,科学家做这些事的频率非常密集,以至于多年来,在某一个特定的主题上所获得的经验都会累积起来。"

在莱顿记录的费曼故事《科学家是怎样做成的》一文中,费曼谈到,他不能同意他的一位艺术家朋友对于花的观点。那位艺术家说:"你看,作为艺术家,我用欣赏的眼光看出一朵花儿有多美,可是你们科学家,用分析的方法把花儿剖析开来看,就把它弄得索然无味了。"

就此,费曼评论道:尽管他的审美眼光可能没有那位艺术家那么精致,但一朵花儿的美他还是能够欣赏的。"与此同时,我从这朵花中所见到的东西,却要比他多得多。我能想像到其中的细胞,那些细胞里面复杂的运动也自有一种美。不光在厘米的尺度上有美,在更小的尺度上或者内部的结构上,也同样有美。"

进而费曼讲道:花为了吸引昆虫来授粉而进化出色彩,这本身就是很有意思的事情——它意味着昆虫能够看到色彩。这又引出了另一个问题:这些较为低等的生命形式也有美感么?颜色为什么会引起美感呢?所有这些有趣的问题,表明科学知识只会增加你

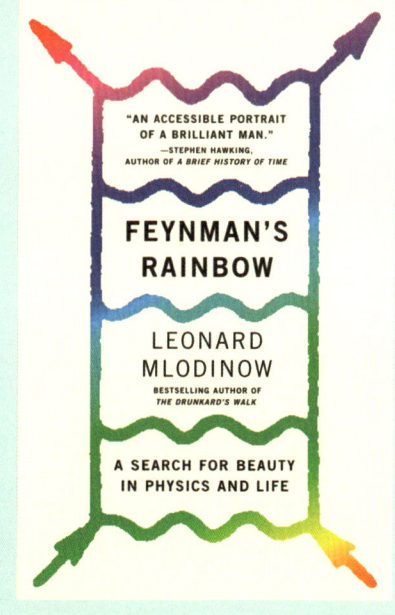

《费曼的彩虹》封面

传奇人物是这样"养成"的

费曼还坐着婴儿椅的时候，他的父亲就特意带一些小瓷砖回家，在小家伙面前摆成一排，呈现出蓝白蓝白或者蓝白白蓝白白的序列，引导他去认知这种视觉上的韵律。有时还让他把小瓷砖推倒，重新排列，组合出复杂的图案。当时他母亲抱怨说："让他自己玩吧，他爱放蓝的，就让他放蓝的。"父亲则说："不行，我正在教他认识'模式'，体会模式的趣味。这是他的数学启蒙课。"

费曼的传记作者称，后来费曼在物理学研究中非常善于用图形说明问题，还发明了令所有物理学家惊讶且受益的"费曼图"，有可能与这种早期强调图形教育有关。

费曼的父亲还特别注意培养他仔细观察的习惯和思考问题的方法。有一次，一个玩伴嘲笑费曼不懂得一种鸟的名字，"你爸什么也没教你！"但事实恰恰相反，父亲教过他，介绍过这种鸟的名字，还有它在几个语种中的叫法，不过那番话的重点在后边："你可以知道这只鸟在世界上各种语言里的名称，可是你知道了以后呢，你对这只鸟本身还是一无所知。你所知道的，仅仅是不同地方的人怎么称呼这种鸟而已。现在，我们不妨来仔细观察这只鸟，看看它在做什么，这才是最重要的。"

所以，费曼很早就学会了，什么是知道一件事情的名称，什么叫懂得那件事情。科学界中最具传奇性的一个人物，就是这样"养成"的。

对花的兴味、神秘感，甚至敬畏。"我真的无法理解艺术家们的想法——科学知识怎么会有损于美呢？只会增进美！"

作为20世纪后期物理学的偶像，费曼对这个领域的主要贡献是全面发展了将量子理论应用到当代前沿研究领域所使用的独特方法。他提出的费曼图、费曼规则和重正化的计算方法，是研究量子电动力学和粒子物理学不可缺少的工具，并且由此对这个领域的当代图景产生了重大的影响。而他的风格在很大程度上来自他的个性。

费曼撰写的多部著作和教材广受欢迎。他笔下的文字一如他的个性，亲切友善，而且擅长引导人们思考。譬如他谈到，我们在科学中关心的事物有千变万化的形式和多种多样的属性，好奇心让我们提出问题，使我们试图把这种多样性，理解为或许是由比较少的基元事物和作用力，以无穷多种方式组合而引起的。

例如：沙粒和岩石是两种东西吗？如果我们了解岩石，是不是也了解了沙粒和月亮？风是不是空气的流动，就和海里的水流相似？不同的运动有哪些共同的特征？有多少种不同的颜色？等等。

面对物理世界所呈现出来的一系列迷人的难题和挑战，费曼似乎总

费曼著作的各种版本

是在玩着思想的游戏。在他看来，物理学就像是试图找出神灵们下棋时的游戏规则。可他在以一种优雅的骑士风度追求自己的兴趣和发现时，又显示了对严格的形式体系的极端蔑视。正如他的同行戴维斯所评价的那样，他一辈子都是一个爱开玩笑的人，他对权力当局和学术权威，就像他对呆板的数学形式体系一样不尊重。他绝不是一个甘心被愚弄的人，只要他发现现有的规则是专横无理或愚蠢荒谬的，他就毫不客气地打破它们。

1988年2月，费曼那富于传奇色彩的辉煌人生走到了尽头。他说他最后一个发现就是：死亡的情形。他告诉一位朋友，他从7岁起就知道会有这一天，他没有必要从现在才开始抱怨。他说，他会觉得这种体验很有趣。在第一次因癌症而做手术时，他对医生说，如果看起来他不能康复的话，他希望不要被麻醉，以便他能够"看到离去时的状况"。他认为处在麻醉的状态下是对于死亡的欺骗。如果他快死了，他想看看那是一种什么样的情景。

费曼终于有了他最后的发现，时间是在2月15日、距他70岁生日只剩几个月的时候。就在那一天，他短暂地从昏迷中醒来，嘟囔了一句："死的过程真烦人。"接着又陷入昏迷状态。这便是费曼的临终遗言了。当天晚上10点34分，他安详地离开了人世。

创新启示

费曼对科学有着异乎寻常的"感觉"，能够用洞察事物内在本质的方式来理解物理学。他还有着别具一格的思维风格，极其蔑视严格的形式和呆板的体系。他的这种风格为科学研究注入了无与伦比的活力。

霍金 探寻主宰宇宙的基本规律

斯蒂芬·霍金（Stephen Hawking，1942—2018），英国理论物理学家，剑桥大学应用数学和理论物理系终身教授。先后毕业于牛津大学和剑桥大学，获剑桥大学哲学博士学位。1974年成为英国皇家学会最年轻的会员，1979年被提名为剑桥大学卢卡斯数学教授。1978年和1988年先后获得物理学界两项大奖——阿尔伯特·爱因斯坦奖与沃尔夫奖。1989年获英国爵士荣誉称号。著有《时间简史》《果壳中的宇宙》《大设计》等。

"方程式是永恒的"

人们通常把霍金看作是爱因斯坦之后最伟大的科学家,但他本人并不接受这种说法。他认为他一生的贡献是在经典物理学的框架里,证明了黑洞和大爆炸奇点的不可避免性,黑洞越变越大;但在量子物理的框架里,他指出,黑洞因辐射而越变越小,大爆炸的奇点不但被量子效应所抹平,而且整个宇宙正是起始于此。

报纸上曾登有这样一幅照片,画面上仅有三个人,其中一位是当时世界上最有权势的人——美国总统克林顿,一位是当今科学界的泰斗级人物——坐在轮椅上的霍金。克林顿侧脸站在霍金身旁,向他鼓掌致意。照片旁的注释"一时的政客与永恒的学者",印证了爱因斯坦的一句名言:"政治只看眼前,而方程式是永恒的"。

虽然在许多人看来霍金遭受了"人生之大不幸",可也就在这跟"不幸"搏击的艰难历程中,印证了他的同胞、大诗人弥尔顿所言:"头脑是它自己的住所,它在其中可制造地狱的天堂,也可制造天堂的地狱。"

霍金出生那天——1942年1月8日,正好是现代科学的重要奠基人伽利略逝世300周年忌日。这是许多有关霍金的传记文字都会提及并津津乐道的一件事,似乎这预示了某种科学使命或超人天赋的传承。

霍金成长于英国北伦敦的海格特,他的父母都毕业于牛津大学。出身于佃农世家的父亲是研究热带病的专家,出身于医生家庭的母亲则从事过税务稽查员、秘书等多种职业。他们一家独来独往,不爱交际,在当地人眼中是一个比较古怪的家庭。

少年时代的霍金并没有显出什么特异之处,他在班级里的成绩从未位列前面一半(那是一个所有学生都非常聪明的班级),他总是很不整洁的作业常常让老师摇头。12岁那年,霍金班里曾有两位同学用一袋糖果拿他打赌说,他将一事无成。可是,却有其他同学"看到了一些好征兆",给他起了个"爱因斯坦"的绰号。

然而,进入牛津大学攻读物理学之初,霍金并不是一个勤于探索的好学生。他和多数同学都有厌学倾向,觉得没有任何东西值得努力追求。给他的人生带来巨大变化的转机,出现在读研究生的时候——他被确诊患上了肌萎缩性脊髓侧索硬化,一种以运动神经细胞功能丧失为特征的不治之症。

那是在1963年。21岁的霍金意识到,病情会不断恶化而医生也无能为力,自己也许都活不到完成博士论文。出院后不久,霍金做了一个自己将被处死的梦。这使得他"忽然意识到,如果我被缓刑的话,还有很多我能做而且也值得做的事情"。

幸运与奇迹随之出现。霍金跟一个名叫简·王尔德的姑娘订了婚——他是在被确诊患病之后邂逅了简,这给了他生活与奋斗的动力和目标。自此,霍金在一生中头一次开始用功,思考博士论文的有关问题。他的导师适时介绍他认识了彭罗斯。这位数学家将其最新发展起来的拓扑数学方法运用到爆炸的星体中,证明恒星坍缩到一定程度后将会成为一个奇点(空间–时间中密度为无穷大的点)。这一结论激发了霍金的思想火花:能否将彭罗斯的奇点理论推广于整个宇宙?

那一时期,宇宙的起源成为研究的热门,各种新奇的观点时有呈现。1965年到1970年间,他与彭罗斯合作,研究黑洞、奇点,以及它们的性质,特别是黑洞的辐射机制。

检测黑洞,"有点儿像在一个煤窑里寻找一只黑色的猫",霍金这么形容。不过,1974年,他将黑洞的引力和虚粒子的行为统合考察,做出了令人吃惊的证明:黑洞不是完全"黑"的!它们也能发热,黑洞越小发热越多。当人们顾及物质的小尺度行为时,粒子和辐射可以从黑洞漏出来,黑洞正如同一个热体似地发射辐射(这一过程后来被称为"霍金辐射")。这一发现转变了人们对黑洞的全部观念,事实上也是第一次将

①

20世纪物理学的两大基础理论——量子力学和相对论结合一起。这一年,32岁的霍金被授予英国皇家学会会员资格,成为获此殊荣的最年轻的科学家。

学术上声誉日隆的霍金后来病情渐渐加重,已无法自己走动,只能坐在轮椅上。1985年,由于肺炎发作,霍金动了一次气管切口手术,从此完全失去了说话的能力。然而,他依然在思考、研究、出成果,并且广受瞩目。他表达思想唯一的工具是一台电脑声音合成器。他用仅能活动的几个手指操纵一个特制的鼠标器在电脑屏幕上选择字母、单词来造句,然后通过电脑播放声音。

《时间简史》封面

霍金以其创造性的学术思想与一本有关宇宙学的著作《时间简史:从大爆炸到黑洞》,增进了大众对黑洞的了解和对科学的兴趣,也深化了关于宇宙起源的讨论。他认为宇宙学的激动人心之处在于,它是哲学和常规科学的结合部。在他看来,宇宙由秩序所制约,我们现在能部分地,而且在不太远的将来能完全地理解这种秩序。也许这种希望只不过是海市蜃楼,也许根本就没有终极理论,而且即便有我们也找不到。但是,努力寻求完整的理解总比对人类精神的绝望要好得多。

"如果你的身体有残疾,那么就不可能再让你的精神也残疾了。"霍金曾这样说道。尽管他被"囚禁"在没有多少自由空间的轮椅上,但他却是我们这个时代最富于勇气、才智和成就的空间旅行者。

创新启示

从宇宙大爆炸的奇点到黑洞辐射机制,霍金的研究改变了人们对黑洞的认识,增进了大众对黑洞的了解和对科学的兴趣,也深化了关于宇宙起源的讨论。他在统一20世纪物理学的两大基础理论——爱因斯坦创立的相对论和普朗克创立的量子力学方面迈出了重要的一步。

发现者

"发现者"对影响人类科技进步和文明发展的一些重要发现做了精要的介绍,同时也对促成这些发现的社会、文化前景进行了翔实的描述。了解这部分内容,有助于青少年读者拓宽视野,探寻丰富多彩的世界。

毕达哥拉斯
开创认识自然新路

Pythagoras

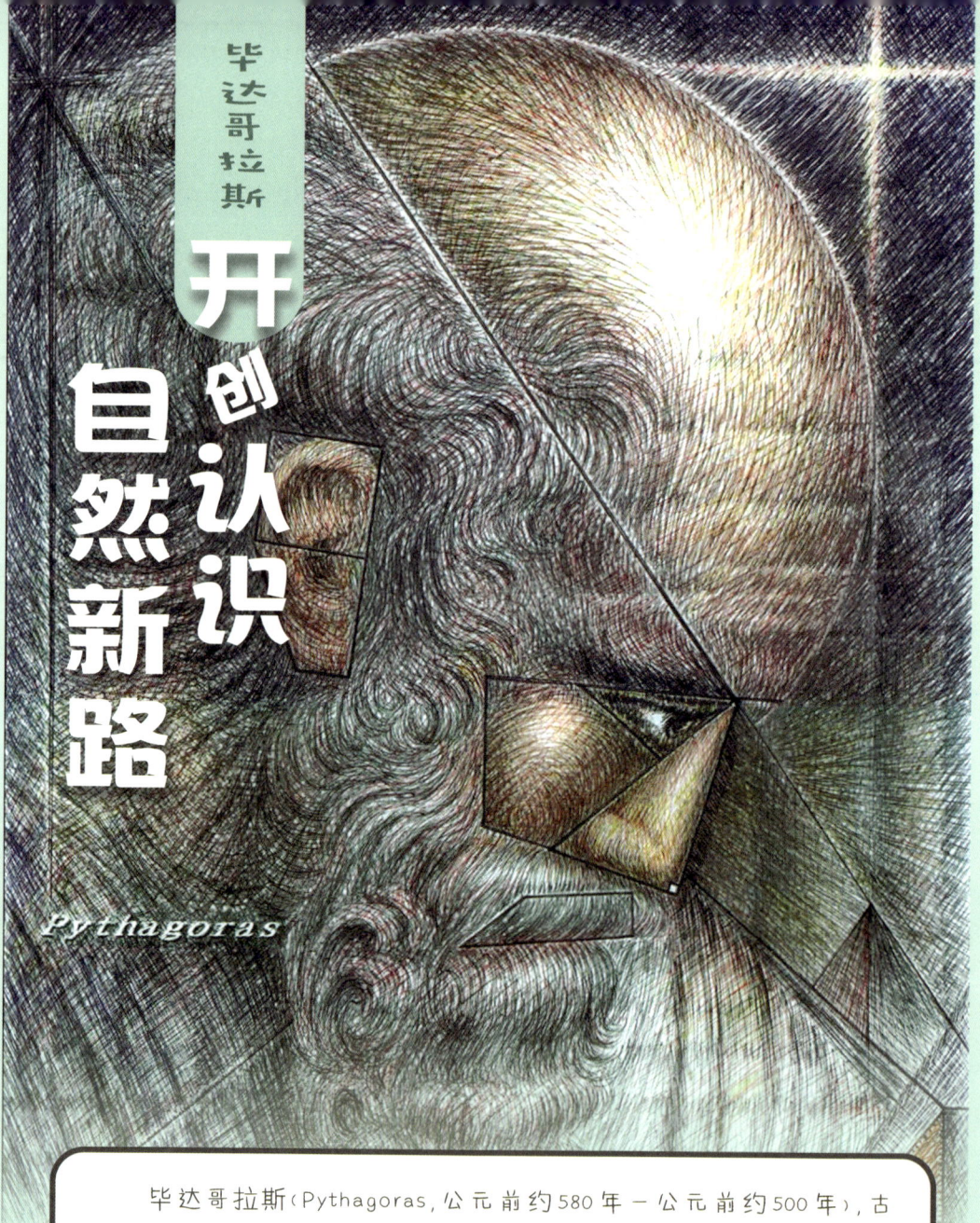

毕达哥拉斯（Pythagoras，公元前约580年－公元前约500年），古希腊数学家、哲学家、神秘主义者。出生于爱琴海中的萨摩斯岛（今希腊东部小岛）一个富商家庭，自幼受到良好的教育，曾师从泰勒斯、阿那克西曼德。

人们认为他最早创造了"哲学家"一词，并最先用"宇宙"一词指大千世界。他还从球形是最完美几何体的观点出发，认为大地是球形的，提出了太阳、月亮和行星作均匀圆运动的思想。

毕达哥拉斯或许是科学史上最有趣味而又最难理解的人物之一。

公元前520年左右,为了摆脱当时君主的暴政,毕达哥拉斯与母亲和唯一的一个门徒离开萨摩斯,移居西西里岛,后来定居在意大利南部的克罗顿。在那里,他广收门徒,建立了一个宗教、政治、学术合一,颇有神秘主义色彩的团体。加入这个团体必须要经历一系列神秘的仪式,以求达到"心灵的净化";成员不论男女地位一律平等,一切财产都归公有;成员都必须具备一定的学术水平,遵守一些规范和戒律,并宣誓永不泄露学派的秘密和学说。

毕达哥拉斯学派宣讲关于灵魂投胎的教义,制定的一些规矩也十分怪异,比如:禁食豆子;东西落下了不要捡起来;不要用铁拨火;不要吃整个的面包;不要在大路上行走;房里不许有燕子,等等。传说毕达哥拉斯曾明令门徒不得打狗,因为他从狗那里听出了他死去的朋友发出的声音。当然,这也可能是其敌对势力编造出来污蔑他的笑话。

出于敬意,毕达哥拉斯的追随者们倾向于把他们个人的聪明才智奉献给集体,把他们自己的思想和荣誉归功于该学派的创始人及精神领袖。

毕达哥拉斯及其门徒最早把数的抽象观念提高到突出的地位。他们相信数不仅是抽象的概念、秩序的来源,而且还是实在世界的基础。换句话说,他们最早洞察到可以用数学来表示整个宇宙,或者说,物质宇宙的一切构造都可以用数学来表示。在特别"抬举"数学的同时,他们也遁入了某种神秘主义。

从毕达哥拉斯学派关于数的理论中,可以看出其神秘的自然观:1是无维的点,所有数的起始;2个点能连成一维的线;3个点能画成一个二维的三角形;4个点能连成

毕达哥拉斯学派与数的研究

毕达哥拉斯学派对数作了许多研究，将自然数区分为奇数、偶数、素数、完全数、平方数、三角数和五角数等。在毕达哥拉斯学派看来，数为宇宙提供了一个概念模型，数量和形状决定一切自然物体的形式；数不但有量的多寡，而且也具有几何形状。在这个意义上，他们把数理解为自然物体的形式和形象，是一切事物的总根源。

在几何学方面，毕达哥拉斯学派证明了"三角形内角之和等于两个直角"的论断；发现了正五角形和相似多边形的作法；证明了正多面体只有5种——正四面体、正六面体、正八面体、正十二面体和正二十面体；提出了数的"平方"与"立方"的概念，从而把几何学的概念运用于算术。

毕达哥拉斯还研究了黄金分割问题，准确地给出了黄金分割比例，并揭开了一个美学规律：自然界充满着黄金分割比例，比如在人体上，人的肚脐、咽喉、膝盖和肘关节基本上就是黄金分割点。而很多贝壳上的花纹也符合黄金分割比例。还有树木、叶片、动物的斑纹……

但毕达哥拉斯同时也任意地把非物质的、抽象的数夸大为宇宙的本原，认为"万物皆数""数是万物的本质"，是"存在由之构成的原则"，这就有点儿过了。

一个三维空间的立体构造，例如金字塔。通过这样的方法，他们把数转化成了"图形"。有了数，才有几何学上的点，有了点才有线面和立体，有了立体才有构成万物的元素，所以数在物之先。自然界的一切现象和规律都是由数决定的，都必须服从"数的和谐"，即服从数的关系。

毕达哥拉斯把证明引入数学，这是他最伟大的功绩。在他之前，人们并未清楚地认识到证明必须由假定开始，几何学主要是凭经验得出的规律；对于这些规律之间的相互联系，没有作任何明确的说明，也丝毫没有猜测到这些规律能从一些数量相对少的公设推出。

因此，数学，在证明式的演绎推论的意义上的数学，是从毕达哥拉斯开始的。他发明了证明方法，使之成为说明知识见解正确有理的一种工具和模型。其中最著名的就是关于直角三角形的命题:直角两夹边的平方的和等于另一边的平方,即弦的平方。虽然古巴比伦人、中国人也相对独立地发现了这个定理,但最早给出精确证明的,学术界一般公认是毕达哥拉斯。

毕达哥拉斯也是最先把数学运用于哲学的伟大思想家。对毕达哥拉斯学派的人来说,数学还是一种自然哲学,他们比以往任何时候都更有力地表达出了这样的思想:自然是有秩序的、规则的、和谐的,自然规律能被人类的智慧认识。他们的思想为未来希腊数学和哲学奠定了基础,特别是对柏拉图产生了较大的影响。

毕达哥拉斯还通过说明数和物理现象间的联系,来进一步证明自己的理论。他率先揭开了音乐中和谐的奥秘,他发现,音与音之间的频率比是简单的整数比时,效果最和谐,由此揭开了和谐音程的秘密。这是人类首度成功将"质"简化为"量"。英国科学史家劳埃德认为,这种在事物中寻找数的研究方法非常重要。可以说,是毕达哥拉斯最早试图为有关自然的知识提供量化的数学基础。这对日后科学的发展,无疑至为重要。

创新启示

毕达哥拉斯学派最早把数的抽象观念提高到突出的地位,并以数的概念为核心来建构他们的自然观,使之成为说明知识见解正确有理的一种工具和模型,从而开创了一条认识自然的全新思路,这对日后科学的发展至为重要。

阿基米德
古代躯体中的现代头脑

  阿基米德（Archimedes，公元前287年—公元前212年），古希腊数学家、物理学家。出生于西西里岛的叙拉古，父亲是数学家兼天文学家。阿基米德在大约11岁时被送到当时的文化中心亚历山大里亚城去学习。他兼收并蓄了东方和古希腊的优秀文化遗产，在其后的科学生涯中作出了许多重大贡献。著有《论平面平衡》《抛物线求积》《球体和圆柱体》《测圆术》《论螺线》《论浮体》《圆锥体和椭球体》《数沙者》等。

阿基米德无疑是古希腊乃至整个科学史上最富传奇色彩的科学家,而他一生的全部冲突和悲剧都集中在他生命的尽头。

公元前212年,当古罗马军队攻进叙拉古城时,统帅马塞勒斯出于对阿基米德才能的敬佩,曾下令不准伤害这位旷世绝伦的大师。而沉迷于数学世界的阿基米德此时似乎并不知道城池已破,直到一个罗马士兵的影子落在了他画在炭灰地上的图形上。

一种传说是,那个冒失的士兵一脚踩在了图上,阿基米德气冲冲地喊道:"别碰我的圆!"另一种说法是,罗马士兵喝令阿基米德去见马塞勒斯,遭到了他的严词拒绝——他要首先解出自己的(数学)问题。不管是哪一种情况,最终都由那个暴怒的士兵用剑做了快速了结。一个75岁高龄的人类奇才就这样撒手人寰。

阿基米德之死

2000多年后,英国数学家、哲学家怀特海发出如是感慨:没有一个人会由于全神贯注于对一个数学图形的冥想而丧生。

故事没有讲完。马塞勒斯对于阿基米德的死深感悲痛。他处决了杀死阿基米德的士兵,并为阿基米德修了一座陵墓。在墓碑上,根据阿基米德生前的遗愿,刻上了球内接于圆柱的几何图形。阿基米德的主要兴趣是在纯几何方面,他自认为发现圆柱体体积和它的内接球体的体积比例,是他平生最大的成就。这一立体几何难题求证的是:当一个球体内接于一个圆柱体时,它的体积是圆柱体体积的三分之二,而这一球体的面积是其外切圆柱体表面积的三分之二。上述定理是从球面积等于其大圆面积的4倍这一定理推来的。

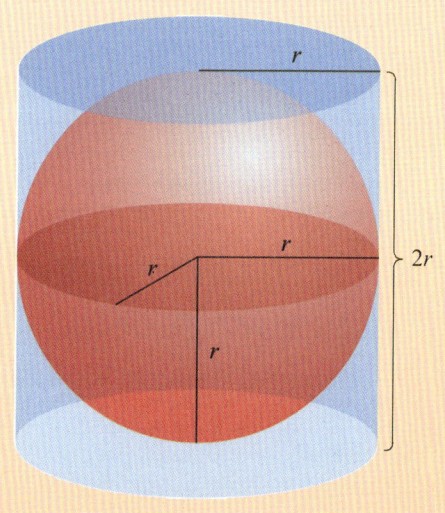

内接于圆柱体的球体

验证阿基米德"火烧战船"

传说在公元前215年，罗马将领马塞勒斯率大军乘战舰攻打古希腊名城叙拉古。危急情况下，阿基米德利用凹面镜的聚光作用，把阳光集中到一点照射到入侵的罗马战船上，由此产生的高温引起熊熊大火，击溃了敌军。这个传说是真是假？

2005年，美国"发现"频道的"传说终结者"节目，出钱赞助美国麻省理工学院等名校的学者模拟了当时的场景。试验者用300平方英尺的黄铜和玻璃制成了一面巨大的凹面镜，然后在150英尺之外把强烈的光线聚焦到一艘老木船上，试图把这艘船点着。但令人失望的是，虽然这艘老木船被烤得冒烟，但始终没有燃起火苗。随后，科学家们又把这面凹面镜移到了距木船75英尺的地方，这回火苗倒是按预期燃起来了，但小得可怜，并且一会儿就自动熄灭了。

参与实验的麻省理工学院教授瓦雷斯表示，尽管实验没有取得传说中的效果，但从理论上说，利用聚光点燃物体是绝对可能的，那么谁又能肯定阿基米德没有用凹面镜来攻击罗马战船呢？他说："在历史上，阿基米德是一个非常伟大的数学家，我们不能因为实验的结果而低估他的智慧和能力。"

阿基米德是希腊科学的杰出代表，在数理科学和工程技术上建树颇多。他对科学的特殊贡献在于，他曾利用实验或是发明来测试理论，而且他认识到可以用数学方法描述的基本原理是物理现象的基础。也正是他第一次把数学应用到物理上，创造了力学这门科学。

在科学史上，阿基米德由于最先表述了几个基本定律而闻名，它们都跟现实生活的应用大有关联，而且还留下了不少佳话。比如，他为辨别金王冠是否掺假而苦苦思索，在洗澡时从溢出的水获得灵感，发现并总结出浮力定律，同时也解答了国王的困惑。

再如，他利用扎实的杠杆原理知识，设计制造了一套精细的杠杆和滑车，不借助任何外力而将一艘满载货物的大船从港口一直拉到了岸上。当马塞勒斯率领的罗马军队第一次进攻叙拉古城时，阿基米德设计的巨型投石机抛出一连串大石块，砸毁了敌军的8条大木船。他还利用滑轮和杠杆原理设计了一种军用机械，可以用铁"嘴"把敌船"叼"起来,在空中摇晃并猛摔在悬崖上。

阿基米德的著作明显反映出他对现代科学的预知。常常有一种说法:假如那时阿基米德能运用一套合适的数学符号的话(那个年代里阿拉伯数字系统和代数符号尚未问世),那么他就会早于牛顿2000年发现微积分。

阿基米德"火烧战船"想象图

美国数学史家贝尔指出,全部历史上任何3个"最伟大"的数学家的名单都将包括阿基米德的名字。通常与他相联系的另外两个名字是牛顿和高斯。要是考虑到在这些巨人各自生活的时代,数学和物理学的相对充足或贫瘠,并依据他们所处的时代背景来评价他们的成就,一些人会将阿基米德排在首位。要是古希腊的数学家和科学家追随阿基米德而不是追随欧几里得、柏拉图和亚里士多德,他们可能在2000多年前就轻而易举地进入了笛卡儿和牛顿在17世纪肇始的现代数学时代,以及由伽利略在同一世纪开辟的现代物理学时代。

一切都只是因为,阿基米德有着那个"古代躯体中的现代头脑"。

创新启示

阿基米德对几何学和物理学作出了许多原创性特殊贡献,他利用实验或是发明来测试理论,而且认识到可以用数学方法描述的基本原理是物理现象的基础。也正是他第一次把数学应用到物理上,创造了力学的科学,堪称古代世界最伟大的数学家和"实干科学家"。

发现新世界

哥伦布

　　克里斯托弗·哥伦布（Cristoforo Colombo,约1451—1506），意大利航海家。出生于热那亚的一个纺织匠家庭，从小没受过多少正规教育。青年时代在商船上当水手，曾到过西班牙、葡萄牙、英国、法国及冰岛一带，积累了丰富的航海经验。1476年，哥伦布加入一支法国的海盗船队，在一次攻打意大利船只的战斗中跳海逃生，到了葡萄牙，并在那里结婚生子。在此期间，学习了很多航海知识。后来在西班牙国王支持下，先后4次出海远航，开辟了横渡大西洋到美洲的航路。

曾有人调侃说,发现的经典模式是这样的:你寻找你知道的东西(比如到达印度的新方法),结果却发现了一个你不知道的东西(美洲)。

1484年末,当哥伦布把他所谓的"印度群岛的冒险事业"向葡萄牙国王若奥二世游说时,人们已认为向西航行也许不仅是到达印度群岛的更短航道,而且也是唯一航道。其实,整整10年以前,若奥二世的前任阿方索五世就在打这条通道的主意了。为此他特意征求意大利一位著名的医师、天文学家和地理学家托斯卡内利的意见,得到了十分肯定的答复,而托斯卡内利对东方世界的绮想主要来自马可·波罗的精彩游记。

在1481年末或1482年初,获悉若奥二世与托斯卡内利通信内容的哥伦布,满怀激情地给托斯卡内利写了一封信,希望得到更详尽的资料。后者回信恳切地说:"咱们拉丁人应该去探访亚洲,不仅是因为可获得巨额的金银珠宝,以及我们所没有的香料,还因为那里有许多学识渊博的人,有智慧高超的哲学家和星象家,他们以英才和谋略统治许多地大物博的省份。"

哥伦布早就跃跃欲试了。他深信自己的名字"克里斯托弗"(意即"基督的使者")已经赋予他神圣的任务,就是要去寻找一片"新天新地"。他写道:"……因此,上帝向我显示,从这里向西航行到印度是可行的;它并且赐我一颗炽热的心去完成这个使命。"

然而,或许是哥伦布过于夸夸其谈了,或许是他索要的回报太高,西班牙、葡萄牙、英国和法国等几个国家的国王,面对哥伦布的冒险计划都心存疑虑。经过8年的挫折,哥伦布的计划才在1492年得以实施。这一年的8月3日,哥伦布受西班牙国王派遣,带着给印度君主和中国皇帝的国书,率领3艘百十来吨的帆船,从西班牙巴罗斯港扬帆出大西洋,直向正西航去。

这是一次极其艰苦的航行。越往后越要更多地面对怀疑、动摇、绝望乃至反叛的哥伦布,不惜使用

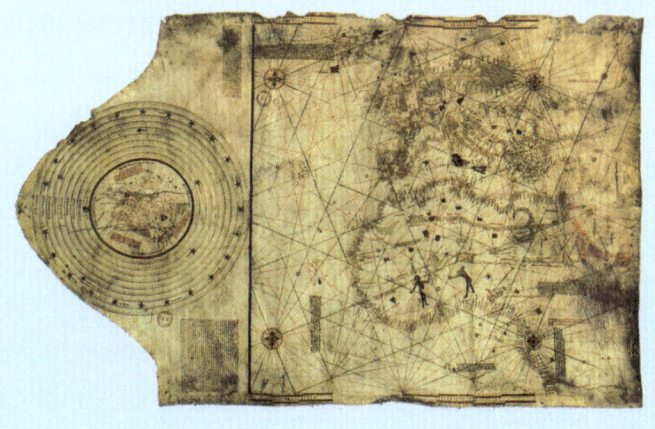

哥伦布的航海图

地理大发现的几个关键

1434年，葡萄牙人在亨利王子的组织下，一举越过非洲西海岸的博哈多尔角，迈出了地理大发现关键的一步。

1492年，哥伦布率领西班牙船队向西出发，进入当时完全未知的大西洋海域。经过37天胆战心惊的航行，他们到达了今天的美洲大陆。

1497年，达·伽马绕过好望角，开辟了通往印度的海路（这条海路就是哥伦布本来想要寻找的），实现了葡萄牙朝野几十年的宏愿。他们带回相当于整个远征队费用60倍价值的船货，在香料贸易中取得了巨额财富。

1519年，麦哲伦船队从西班牙的塞维利亚起航，绕过南美大陆的合恩角，横跨太平洋，又经过好望角返回西班牙。出发时的5条船只，只剩下了1条，260名水手，只有18人生还。他们历时3年，完成了悲壮的环球首航。

这些地理大发现，引发了欧洲在地球上大部分区域内的扩张。此外，它还导致了经济财富、政治权力和文化中心向环大西洋的西欧附属国的转移。更"实际"地看，新航路的开辟进一步地推动了世界各地之间的经济和文化交流。美洲的橡胶、玉米、烟叶、番薯、可可与马铃薯等物产，都是通过西班牙人带回欧洲后传遍世界各地的。而欧洲移民则把大麦、黑麦、燕麦、水稻等植物，以及马、牛、骡等牲畜带入美洲，这大大丰富了东西半球的文明交流。

不正当的甚至是欺骗的方法使船员们鼓起勇气，献身于共同的事业。为了避免由于航期拖长而使船员们感到惊恐并失去信心，他一开始就准备了两本航海日志：一本记录他估计的每天驶过的实际距离，是秘密的；另一本记载的航程比实际航程小得多，是公开的。但是，哥伦布并没有意识到自己总是把航速估计过高，所以他那本给船员们看的"假"日志，倒比"真"日志更接近实际。

1492年10月12日凌晨，哥伦布他们终于发现了陆地。

欧洲人的新一波探险热情再次被点燃。

新大陆的发现为欧洲提供了巨大的商品市场和剩余劳动力的广阔输出地。以现在的眼光来看，这就是欧洲财富和力量迅速增长的秘诀，也是欧洲征服非洲、亚洲和澳洲的秘诀；而整个美洲的历史在1492年哥伦布的伟大冒险之后，也焕发出巨大的潜

哥伦布登上美洲大陆

力,尽管旧大陆的得利是由新大陆的受害换来的——人们一般公认,哥伦布发现新大陆具有非正义基础上的客观进步性。

这些伟大的探险任务还带来了更重要的影响,那就是大大激发了西方人的想象力,使得他们能够以更开阔的视野来看待五大洲、七大洋,乃至于整个地球。美国学者费瑞斯指出,到了1600年,人类已知的世界范围已经加倍于前。人们的想象力不仅游走全世界,而且向上深入天空。一个世纪之后,一个名叫弗罗伯纽斯的德国探险家写道:"我们的眼光已经不再局限于地球表面上的某一点空间,而是扩及整个地球……地平线的消失意味着一个全新的局面。"

令人感慨的是,雄心勃勃的哥伦布在忧郁、失望和贫病交加中度过了自己的晚年。他至死都以为自己的登陆地是印度,他只是一条新航线的开辟者,而根本不知道他的伟大航行实际上做出了一个让他享誉后世的大发现。

创新启示

哥伦布的伟大航行开创了到新世界探险和殖民的时代,终结了东西半球的彼此隔绝,启动了人类全球化的最初进程,并成为人类历史发展的重要转折点。

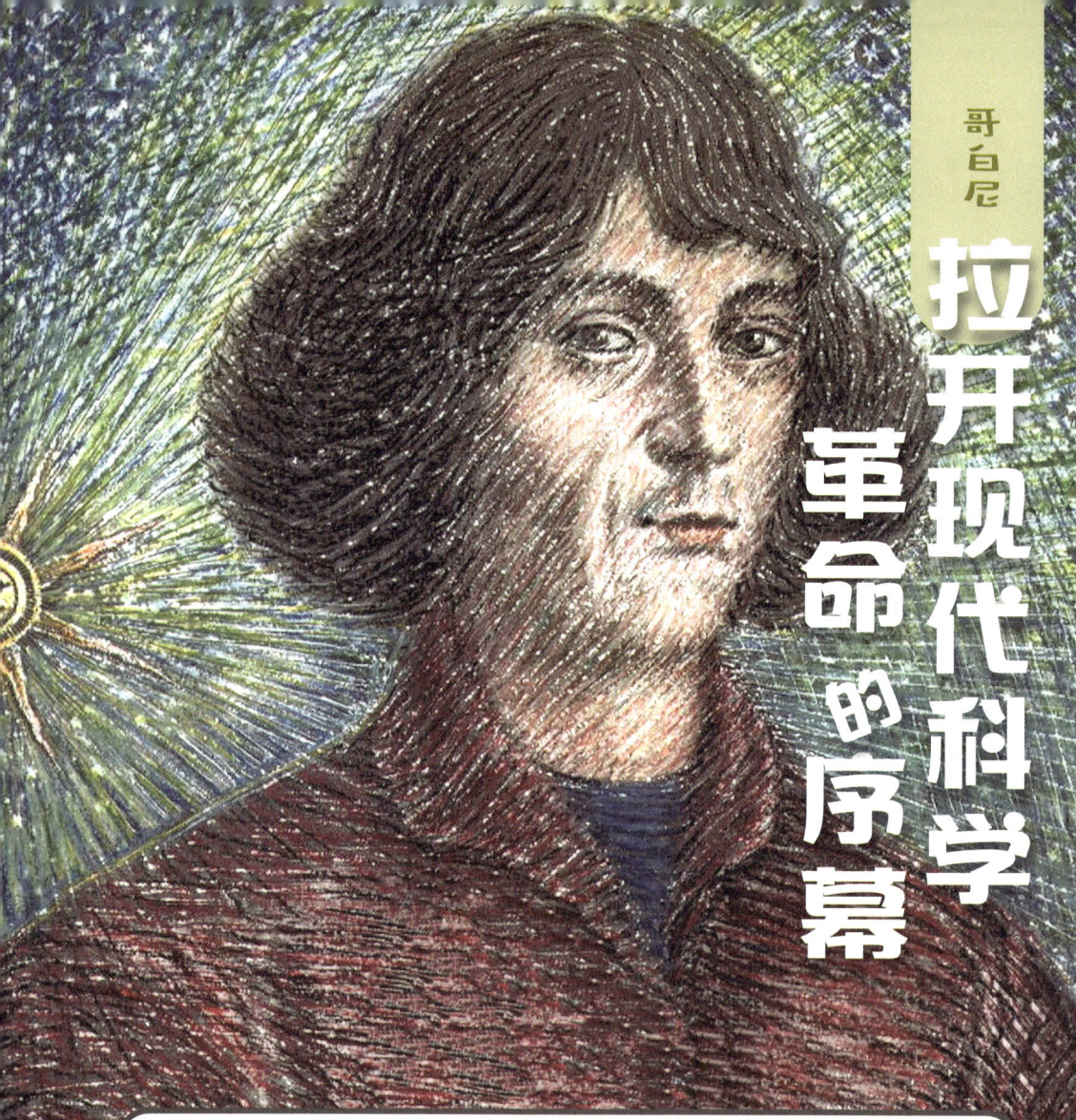

哥白尼 拉开现代科学革命的序幕

尼古拉·哥白尼（Nicolaus Copernicus,1473—1543），波兰天文学家。出生于维斯杜拉河畔托伦市的一个富裕家庭。18岁时进入克拉科夫大学学习医学，在此期间对天文学产生了兴趣。1496年，哥白尼来到文艺复兴的策源地意大利，在博洛尼亚大学和帕多瓦大学攻读法律、医学和神学，后来在费拉拉大学获宗教法博士学位。1506年回国后在天主教会任职。约在1515年前后，哥白尼为阐述自己关于天体运动学说的基本思想撰写了一篇题为《浅说》的论文，1543年他临终时正式出版《天体运行论》一书。

一部彻底改变历史但却"无人读过的书",是怎样的一部书?大约50年前,匈牙利裔著名作家克斯特勒出版了一本畅销的关于早期天文学史的著作《梦游者们》。书中,开普勒被塑造为一个科学英雄的形象,并被定论为近代天文学革命中最关键的人物;而哥白尼"成了倒霉的牺牲品",他的《天体运行论》因技术性太强而被断定为"无人读过的书"。

克斯特勒颇具争议的叙述和观点,激发了年轻的金格里奇对这段历史的极大兴趣,后来拿了天体物理学博士学位并成为哈佛大学天文学和科学史双料教授的他,一直心存疑问:克斯特勒所言确实如此吗?《天体运行论》真的是如此专业以至于没有人认真读过它吗?

《天体运行论》第二版

1970年11月,金格里奇偶然看到一本第一版的《天体运行论》,并注意到书中字里行间有着十分丰富的评注。他顺藤摸瓜做了一些"侦探"工作,竟然"挖"出了这一存本的匿名注释者。此后30年间,他行程数万英里,探察每一本现存的《天体运行论》印本——亲阅近600本现存的前两版《天体运行论》,数次卷入珍本书失窃案,与藏书家、古书商、造假者、窃书贼甚至联邦调查局打交道,获得了许多新奇独特的发现,并以一个个确切的事实否定了克斯特勒的断言。实际上,《天体运行论》在16到17世纪不仅读者甚多,而且被研读得很深、很细。

不仅如此,金格里奇还揭开了笼罩在《天体运行论》上的一些历史之谜。比如,究竟是谁、又是在怎样的情况下,为《天体运行论》加上了不符合哥白尼本意的"致读者"导言?同时,纠正了关于托勒玫体系复杂、哥白尼体系简洁的错误传说,认为哥白尼革命在很大意义上是出于美学上的追求。

现在广为人知的一个事实是:在哥伦布准备起航去发现新大陆的同时,也就是1492年,哥白尼在克拉科夫开始了他的学业,但他重要的天文学著作是在16世纪的头10年形成的。在这部巨著中,他反对当时人们所持有的地球稳固地居于宇宙中心的观念。取而代之,他提出太阳才是不可动摇的中心,而地球与其他的行星一起围绕

哥白尼理论的真义

虽然古希腊哲学家阿里斯塔克斯早在哥白尼之前1700多年就提出了日心说的假说，但他只是凭借灵感做了一个猜想，并没有为他的理论提供充足的细节，从而使它具有科学价值。美国学者哈特认为，当哥白尼在细节上解决了这一假说的数学问题时，就把它转变成了一种有用的科学理论——一种可以用来预测、检验其他的天文观测结果，可以用来同较早的那种认为地球是宇宙中心的理论进行有实际意义的抗衡的理论。

很显然，哥白尼的理论引发了我们宇宙观上的一次革命，它使人们的整个世界观都发生了重大变化。但是，在估价哥白尼的影响时，我们还应该注意到，天文学的应用范围不如物理学、化学和生物学那样广泛。从理论上来讲，人们即使对哥白尼的理论一无所知，也会造出电视机、汽车和现代化的化工厂。但不应用法拉第、麦克斯韦、拉瓦锡和牛顿等人的理论则是不可想象的。

哈特指出，仅仅考虑哥白尼的理论对科学技术的影响就有可能完全忽略了它的真正意义。哥白尼的书对伽利略和开普勒两人的工作是一个不可或缺的序幕。而这两人又成了牛顿的主要先驱。正是他们的发现才使牛顿能够确定运动定律和万有引力定律。从历史的角度来看，《天体运行论》不仅是现代天文学的起点，而且也是现代科学的开始。

日心说示意图

着太阳运转。

哥白尼从不怀疑自己的思想对于构筑未来人们信仰以及后世宇宙观的意义。事实上，没有任何一本书曾在历史上掀起一场比"哥白尼革命"更伟大的革命，尽管这个变革的始作俑者并没有丝毫想要造反和颠覆的本意。美国科学史家库恩指出，"哥白尼革命是一场观念上的革命，是人的宇宙概念以及人与宇宙之关系的概念的一次转型。……现代天文学中许多主要的成就都基于这一变换。所以，天文学基本概念的变革是哥白尼革命的首要含义。"

耐人寻味的是，哥白尼"日心说"核心中如此革命的思想没被扼杀在萌芽阶段，要归功于哥白尼的谨慎和小心。他把这本书写得除了当时博学的天文学家之外谁也读不懂，并且在他去世那一年才出版（传说他在弥留之际才收到他毕生心血的第一个印刷本）。宗教权力的守护者们后来也慢慢意识到，哥白尼的天文学理论改变了人与宇宙的关系，由此也改变了人与上帝的关系。一直到1616年，教会才以"亵渎神明"为由对哥白尼著作进行查禁，并延续到1835年方予解除，但那已是哥白尼学说为大多数人广泛接受很久以后的事了。

哥白尼棺木

英国哲学家恩格斯在《自然辩证法》中对哥白尼的《天体运行论》给予了高度的评价。他说："自然科学借以宣布其独立并且好像是重演路德焚烧教谕的革命行动，便是哥白尼那本不朽著作的出版，他用这本书(虽然是胆怯地，而且可说是只在临终时)来向自然事物方面的教会权威挑战，从此自然科学便开始从神学中解放出来。"

创新启示

哥白尼大胆地推翻了当时人们固有的地球居于宇宙中心的观念，提出了太阳才是不可动摇的中心，地球与其他行星一起围绕着太阳运转的日心说。他运用数学语言，揭示了表象世界背后另一个本质的世界，引发了人类宇宙观的革新，使人们的整个世界观都发生了重大变化，现代科学革命的序幕由此拉开。

列文虎克

打开微观世界大门的人

> 安东尼·范·列文虎克（Antonie van Leeuwen-hoek, 1632—1723），荷兰生物学家、显微镜学家。出生于代尔夫特市的一个手工艺人家庭。6岁时丧父，在母亲的抚养下读了几年书。中年以后成为市政管理员。这份工作收入颇丰且很清闲，让他可有充裕的时间从事喜爱的磨透镜工作，并观察微观世界。
>
> 然而直到列文虎克逝世100多年后，人们才真正认识到列文虎克对人类认识世界所作出的伟大贡献。

1673年的一天，成立时间不长的英国皇家学会收到一封用荷兰文书写、带有许多插图的信函，信的标题是《列文虎克用自制的显微镜，观察皮肤、肉类以及蜜蜂和其他虫类的若干记录》。一开始学会的学者们颇有点儿不以为然，毕竟这位研究者名不见经传，"论文"的标题又是如此冗长、直白。

　　但是，看着看着，学者们都睁大了眼睛，因为文中所描述的事物实在令他们感到震惊，简直是闻所未闻：

　　大量难以相信的各种不同的极小的"狄尔肯"……它们活动相当优美，它们来回地转动，也向前和向一旁转动……

　　一个粗糙沙粒中有100万个这种小东西；而一滴水——在其中，"狄尔肯"不仅能够生长良好，而且能活跃地繁殖——能够寄生大约270多万个"狄尔肯"。

　　列文虎克发现的"狄尔肯"（拉丁文中"细小活泼的物体"的意思）就是后来人们常说的微生物。其实，这个业余的研究者起初只是自己关起门来，利用自己的巧手建造的显微镜观察小玩意，颇有自娱自乐的味道。后来，在他的一位医生朋友格拉夫的劝说下，他才决定把自己的发现向英国皇家学会报告。

　　这一非同小可的事情促使皇家学会马上安排人寻找高质量的显微镜来验证。很快地，列文虎克的这份记录被译成英文在皇家学会的刊物上发表并轰动了英国学术界。

　　1675年，雨水成了列文虎克的观察对象，他描述道："我用4天的时间，观察了雨水中的小生物，我很感兴趣的是，这些小生物远比直接用肉眼所看到的东西要小到万分之一……这些小生物在运动的时候，头部会伸出两只小角，并不断地活动……如果把这些小生物放在蛆的旁边，它就好像是一匹高头大马旁边的一只小小的蜜蜂……"雨水中的小生物其实就是原生动物。

　　1677年，列文虎克发现了人以及狗和兔子的精子。实际上，他是借助显微镜最先描绘精子的人。1683年，牙垢成了列文虎克关注的对象，他

列文虎克的显微镜　①

两个奇异的世界

利用透镜使物体放大,古已有之。13世纪末,出现了矫正视力的眼镜。后来,欧洲西海岸的荷兰逐渐成为眼镜制造业的中心。1590年左右,一个叫作詹森的眼镜制造商发现,当把两块凸透镜前后放置,并调整两块透镜的距离时,人眼透过两块透镜观察到的原来很小的物体就被放大了。于是,詹森在一个中空的长管两端分别装上透镜,制成了世界上第一架复式显微镜。不过,人们并没有意识到它的科学价值,只是把显微镜当成玩具而已。

在17世纪以前,人类所知的最小生物是微小的昆虫。尽管差不多所有的文明都以不同的方式确信,有一种超自然的力量可以使生物隐而不见,但却没有人想到,自然界中居然还会有小得看不见的生物。

显微镜几乎与望远镜同时面世。它们的出现打开了宏观和微观两个世界的大门,从而大大扩展了人们的视野。有意思的是,并非所有的人都愿意接受这类新仪器。

例如,伽利略的许多同时代人就拒绝通过他的望远镜来进行观察。他们崇尚理性胜于相信经验,甚而担心人类易犯错误的感官,到头来只能受非天然器具的欺骗。一位名叫施旦海姆的瑞典诗人曾好心地说服一位牧师用放大镜去看跳蚤,不料却差点招来杀身之祸——那位牧师看到放大镜下跳蚤的非自然形态时惊恐万状,认定施旦海姆就是一个男巫,一个无神论者。如果没有克里斯蒂娜女皇干预,这位诗人想必就会被当作巫士给烧死了。

列文虎克之所以能够做出伟大的发现,一方面是因为他认真仔细且勤于钻研、思考,一方面是因为他制造显微镜的技艺很高。他制作的透镜微小而又接近球形,具有很高的放大本领——最高水平的透镜可以把物体放大到原来的275倍。

发现人的口腔中竟然躲藏着许多小动物:"这些小家伙几乎像小蛇一样用优美的弯曲姿势运动……在人的口腔牙垢中生活的动物,比整个荷兰王国的居民还要多。"这就是人类第一次观察到细菌时发出的感叹。1684年,他准确地描述了红细胞,证明马尔皮基推测的毛细血管层是真实存在的。

1702年,列文虎克在细心观察了轮虫以后,指出在所有露天积水中都可以找到微生物,因为这些微生物附着在微尘上、飘浮于空中并且随风转移。他追踪观察了许多低等动物和昆虫的生活史,证明它们都自卵孵出并经历了幼虫等阶段,而不是从沙子、河泥或露水中自然发生的。

列文虎克与英国皇家学会的通信联系长达50年,全部信件竟达372封之多。从他写给英国皇家学会的200多封附有图画的信里,人

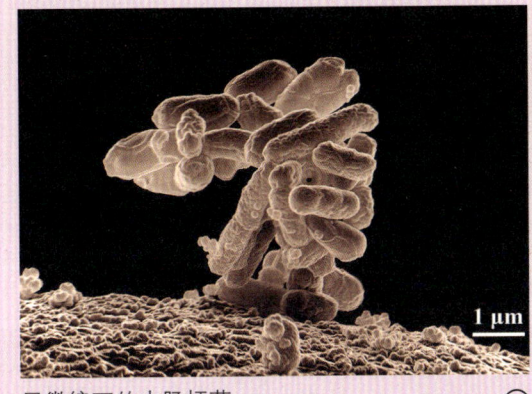

显微镜下的大肠杆菌

们可以断定他是全世界第一个观察到球形、杆状和螺旋形的细菌和原生动物的人,他还第一次描绘了细菌的运动。在50年时间里,列文虎克观察到了梦幻般的原生动物和细菌的微观新世界。

1723年8月27日,91岁高龄的列文虎克在代尔夫特的老家安静地离开了人世。此后不久,英国皇家学会收到列文虎克生前拟就的两封信和一大包东西。一封信详细地写着显微镜的制作方法,另一封信这样写道:"我从50年来所磨制的显微镜中,选出了最好的几台,谨献给我永远怀念的皇家学会。"

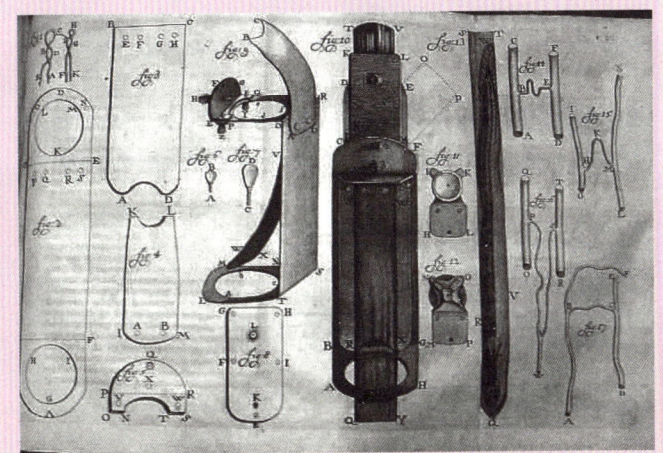

列文虎克显微镜制作图纸

创新启示 🚩

正如伽利略在17世纪的早期用望远镜扩大了人类对天空和宇宙世界的认识那样,好奇心十足且锲而不舍钻研的列文虎克,用他的显微镜对准日常物质,展示了另一个人们做梦也想不到的维度,从而开辟了一个全新的研究领域,永远地改变了人类对自然的认识。

林奈
编排大自然的秩序

卡罗鲁斯·林奈（Carolus Linnaeus, 1707—1778），瑞典植物学家、博物学家，现代生物学分类命名的奠基人。出生于瑞典东南部地区的一个贫困乡村。从1727年起，林奈先后进入隆德大学和乌普萨拉大学，学习植物学以及采制生物标本的知识和方法。在系统地整理了自己多年的考察资料后，他发表了《拉普兰植物志》《植物种志》《自然系统》等著作，把前人的全部动植物知识系统化，创造出统一的生物命名系统，成为18世纪最杰出的科学家之一。

那或许是全瑞典风景最美的地方,成年以后的林奈一直对它念念不忘。

斯滕布罗赫特地处这个北欧国家的东南部,位于默克尔恩大湖之畔,南有美丽的山毛榉树林,北依塔克萨斯山脉,东北有松林,西南是迷人的草原和绿叶浓密的大树。夏天,人们坐在那里,可以听到布谷鸟和其他鸟类的鸣声、各种昆虫的啾唧声,还可以看到五彩缤纷的花朵,深深地陶醉其中。

林奈就在这绿色婆娑、充满诗情画意的环境里长大。

他的祖辈都是农民。做牧师的父亲对自然特别钟爱,是个业余的植物学爱好者,他把自家花园装扮成了所属行政区内最漂亮的花园。他甚至还给自己新造了一个姓Linnaeus(林奈),以此纪念长在家族老宅旁的一株令家人时常怀想的椴树——这种欧洲椴树在当地方言里读作linn,加以拉丁化后便成了Linnaeus。

1727年,20岁出头的林奈进入隆德大学学医。第二年,他转到条件和学术声誉更好的乌普萨拉大学念医学。这所大学拥有一个著名的植物园,既供研究、教学之需,又兼欣赏和种植草药之用,林奈十分喜欢。

林奈的家乡

在乌普萨拉大学里,林奈结识了学医但对植物学也怀有浓厚兴趣的阿特迪。此时,伴随着航海大发现人们地理视野的拓宽,大量动植物新品种被带回欧洲。特别是,植物新种的数量递增可观。但是,任何一种植物都没有约定俗成的科学名称,也没有一种恰当的分类方式和一个统一的命名法则,以致在命名上出现了同物异名、异物同名、名实不符等混乱现象。

林奈和阿特迪决定合作开展研究,将所有的生物进行分类,即把所有有生命的事物以一种系统、简约、有序的方式进行整理和分类。

在对植物的性别系统做了深入研究之后,林奈发展了以性器官为主进行分类的思

分类的意义

分类学即是将具有共同特征的一类生物归类。林奈所概括的生物命名法和分类系统，使自然界中已发现的千百万种植物和动物，排列成有规律可循的完整系统，从而使分类学确立为科学。这也是后来发展了的分类法和命名法的基础。这样的系统对于人们理解生物的功能有多么复杂，以及了解如何利用和保护有关物种是非常必要的。

现代分类法建立在更加复杂的种、属和目的关系基础上。现在，对物种的命名都严格地按照《植物命名法国际法则》和《动物命名法国际法则》的规定进行，规定适用于分类过程中对各个层次或等级的命名。从最特别的到最普通的，一般都划分为：种、属、科、目、纲、门、界。

20世纪80年代以来，分类又以对物种的某些特性进行比较的方法为基础，以区分它们是来自共同的祖先，还是新近才演化出来的。尤其要考虑动植物的种族史（即物种的构造）和胚胎进化方面的知识。而通过比较它们的基因来进行分类，也导致了分类学上的又一次重大进步。

想。他认为，如果自我繁殖的物种是基本物种，那么以每种植物的生殖器官或性器官为分类标志，就是很自然的了。"知识的第一步，就是要了解事物本身。这意味着对客观事物要具有确切的理解；通过有条理的分类和确切的命名，我们可以区分开认识客观物体……分类和命名是科学的基础。"

1735年，林奈出版了给他带来巨大声誉的《自然系统》一书，建立了一套条理分明的生物分类法（此书不断地修改和补充完善，在林奈生前一共出了12版）。他把自然界分为三界，即动物界、植物界和矿物界，列出了包含植物、动物和矿物的分类明细表。这一开创性贡献奠定了其学术地位，使之成为生物分类学的奠基人。

首先，林奈把生物分成由界、纲、目、属和种组成的等级体系（后人再添门和科两个分类单元）。例如，对植物界，他依据雄蕊和雌蕊的类型、大小、数量以及相互排列的特征，将植物分为24纲、116目、1000多个属和10000多个种。

其次，他确立并完善了双名制命名法，即以"属名"加"种加词"来命名一个物种。这个既实用又方便的命名系统采用了当时国际上通行的科学语言——拉丁文。名字

乌普萨拉大学植物园

中的第一个拉丁词给出了属或者一般特征,这种共同点通常表现为一种结构、体型或某种特定的繁殖方式;第二个拉丁词则给出了种的名称,强调的是属中不同成员的独特方面。这一分类学语言的革命堪与18世纪末法国化学家拉瓦锡的化学命名法相媲美,并一直延续了下来。

林奈俨然成了他那个国家的一位传奇人物、他那个时代最伟大的植物学家,生前在国内外学界享有崇高的威望。1762年他被册封为贵族并被任命为瑞典贵族院议员。1778年1月10日林奈逝世,安葬时,这个平民之子得到了只有皇族成员才能获得的全部荣誉。

创新启示

林奈对植物的性别系统做了深入研究,创造了以性器官为主进行分类的思想,并超越语言界限提出动植物双名制命名法,创立了生物分类体系,为世人统一了生物学的"世界语"。

沉迷于火星的富翁

洛厄尔

珀西瓦尔·洛厄尔（Percival Lowell, 1855—1916），美国天文学家。出生于马萨诸塞州波士顿一个殷实的家庭，从小就对数学和天文学感兴趣，自称是个旅行家、作家和幻想家。他在1876年从哈佛大学毕业后，一度做过生意并到远东旅行。1894年，他在亚利桑那州自建天文台进行观测、研究。著有《火星及其运河》《作为生命栖居地的火星》等书。

1887年8月,正当美国天文学家霍尔忙乎着搜索火星卫星的时候,一位极有耐心的意大利天文学家斯基亚帕雷利则在用一架性能优良的望远镜观察火星,全力以赴地捕捉着火星表面的细节。随后,他绘制了一幅非常精致的火星表面图并撰文指出:火星是一个变化着的星球,它不断融化着的极冠好像形成了一个暂时的海洋环绕在北极周围,而那里的水通过水道网络长距离地流散开去。

其实,早在1869年,另一位意大利天文学家塞奇就已注意到这种情形,并将那些暗纹称为canali,意思是"水道"——沟通两片大水域的一条细长水道的普通说法。斯基亚帕雷利也同样使用了这个名称。应该指明一点:canali在意大利语里有"自然河道(水道)"与"运河"的双重含义,当年斯基亚帕雷利取的显然是前一个意思。

可问题在于,canali这个意大利语词汇被译成英语时却成了canal(运河),而不是更确切的channel(水道)。这样,人们就按"运河"来理解了。但运河是指人工挖成的可以通航的河,或者说是人工建造的非自然形成的水道。

从水道到运河,这一误译迅速打开幻想之门,引发了人们对火星文明世界的丰富联想。在许多人眼里,地球以外存在智慧生命的证据终于找到了,火星很可能也是生命的栖居地。于是,火星观测史上一个交织着种种幻想、臆测和争论,并且经久不息的"奇怪时代"开始了。

这个时候,一个对火星情有独钟的名叫珀西瓦尔·洛厄尔的美国富翁激动不已。他积极加入探测火星运河的行列中来,甚至比专业人士还要着迷投入。

1894年,火星又将到达大冲的位置上(即地球与火星和太阳在同一条直线上)。洛厄尔自掏腰包,在亚利桑那州弗拉格斯塔夫附近的小山上,建造了一座装备精良的私人天文台。远离城市灯光的"火星山"(洛厄尔给它取的名字)空气洁净,能见度极好。在那里,洛厄尔孜孜不倦地观察火星运动,拍摄火星照片,绘制火星详图。他用15年时间拍下了数以千计的火星照片,在他详细绘制的火星图上有超过500条运河。他绘制的一些火星图甚至比斯基亚帕雷利绘制的还要精致。他以自己丰富的想象力,描绘

洛厄尔"学说"的余波

洛厄尔花费了后半生的大部分时间来观测火星，搜集运河存在的证据，他始终相信自己的仪器，相信自己的眼力，相信自己作出了重大发现。这位对火星着了迷的富翁，其实早就从财富的追求者变成了科学的信徒。

可洛厄尔毕竟还是弄错了。今天，人类发射的探测卫星已经进入环绕火星的轨道，"海盗号"也已在火星表面着陆，它们拍摄的火星照片比洛厄尔的观测结果要详尽得多，但人们并没有发现被大肆渲染的运河网的任何支流、任何水闸。特别是"水手9号"于1971年12月拍摄的照片，彻底证实了火星上真的没有什么运河。现代天文学家认为，洛厄尔等的观测结果之所以引出了错误的结论，部分原因也许是由于他们先入为主地带着"火星上存在生命"的框框去思考问题。

现在来看，"火星运河"就是那个时代的飞碟，用科学怎么也难以消退人们对它的热情乃至痴迷。从文化史和社会心理的角度来观察，这个现象似乎又是能够跟当时的社会现实对接得上的：19世纪末正是地球上开凿运河的激动人心的伟大时代，如今著名的苏伊士运河、巴拿马运河以及其他一些大型水利工程，都处在动工或设计阶段。另一方面，人们往往也习惯于把地球上的事物"移植"到其他天体上，似乎就有一种"天下大同"的心理在作怪。

了一幅火星智慧生命面对干旱争取生存的悲壮画面。

1894年8月，洛厄尔发表了他的第一篇关于火星的文章。在描述了他对火星运河的观测之后，他写道："运河的存在有这样一个理由，那就是在缺少雨水的春季，这样的灌溉系统是其广阔大陆上的生物生存的需要。"他还认为，火星上发现的一系列斑点应该是人工开垦的土地，就像在沙漠中建造的绿洲一样。而火星表面暗区的季节性变化，是由于植物的生长和衰败造成的。

洛厄尔的"学说"使许多人信以为真，并很快被公众接受。事实上，从1894年到1916年这23年间，在有关火星智慧生物问题的讨论中，洛厄尔一直是最受公众瞩目的人物和极有说服力的发言人。当然，来自科学界的异议也不少。一些学者认为，洛厄尔看到的运河是在视力分辨极限条件下，对一系列小的地形特征和峡谷产生的错觉。

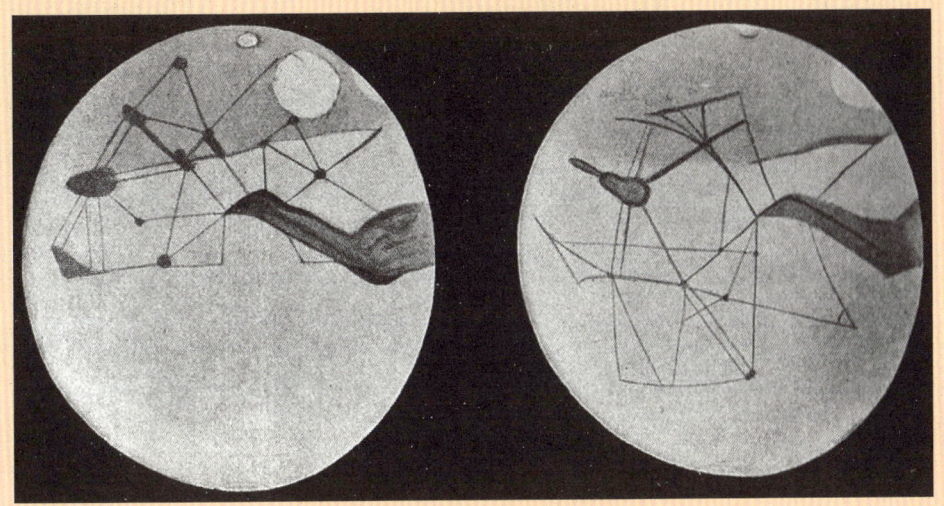

洛厄尔绘制的火星水道

不消说，探索火星上的智慧生物，是科学史上最能激发科学家和公众的灵感及想象力，同时也极富争议的重大事件——这当中充满了假象、困惑和谬误，而其中心人物非洛厄尔莫属。

20世纪70年代，火星探测器在火星上软着陆后证明，洛厄尔的观点是不正确的。不过，公道地说，尽管洛厄尔由于个人认识和观察手段的局限，在火星问题上得出了错误的结论，但他研究火星的努力，以及由此而引发的世人对这颗行星的关注和进一步的探索（"液体火箭之父"戈达德年轻时曾听过洛厄尔有关火星智慧生物的演讲并深表赞赏），却使得他所做的工作所承载的历史价值永不褪色。

创新启示

洛厄尔对火星的持续观察和研究，让他从财富的追求者变成了科学的信徒。尽管由于他个人认识和观察手段的局限性，得出的关于火星的结论是错误的，但他确实引发了世人对这颗行星的高度关注和进一步探索。

兰德斯泰纳 —— 血液语言的破解者

卡尔·兰德斯泰纳(Karl Landsteiner,1868—1943),奥地利病理学家、免疫学家。1891年毕业于维也纳大学,获医学学位。1911年任维也纳大学病理解剖学教授。1922年后在美国纽约洛克菲勒医学研究所工作。因发现血型而获得1930年诺贝尔生理学或医学奖。著有《血清反应的特异性》。他还阐明了突发性血红蛋白尿和接触性皮炎的发病机理,确定出小儿麻痹症的病毒起因等。

兰德斯泰纳生长于"音乐之都"维也纳。他的父亲利奥波德·兰德斯泰纳是一位著名的新闻记者,在他6岁时就去世了,他由母亲抚养成人。

大学里兰德斯泰纳读的是医科,但1891年他从维也纳大学获得医学学位时,却决定投身于科学研究,而不是做医生治病救人。出于对化学的兴趣,他先后在瑞士苏黎世大学、德国维尔茨堡大学和慕尼黑大学接受有机化学方面的训练,后来又回到维也纳大学,任病理解剖学系助教。在将近10年的时间里,他作为助手或亲自动手参与的尸体解剖实验,多达3639次。

1897年前后,兰德斯泰纳开始研究血清学和免疫学,探索血液和其他体液(如泪液、唾液、汗液和精液)的免疫功能,即人体在遭受病原微生物或其他异物侵袭时如何做出反应。由于有着医学和化学的双重知识背景,他对血液成分和输血反应极感兴趣,并且一直怀有一种强烈的好奇心,想要弄清楚:为什么有时候输血会致人死亡,有时候又不会?

对于输血问题的研究,德国生理学家兰德斯的著作最早引起了兰德斯泰纳的注意。1875年,兰德斯将从羊羔的血浆中分离出来的红细胞,跟狗的血清混合,并使混合物保持在人体温度,然后用显微镜观察其融合过程。他发现,红细胞会迅速凝集,在两分钟内就破裂了。

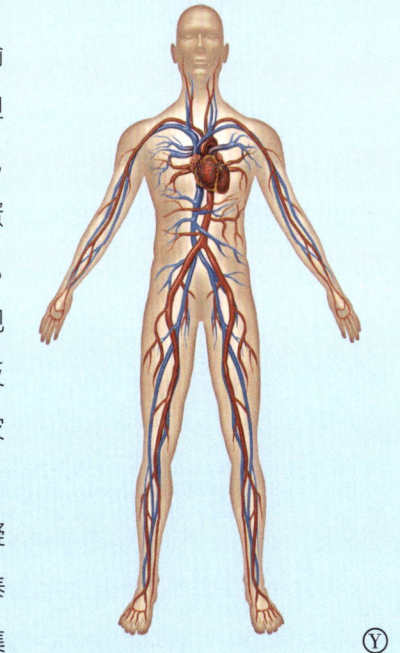

兰德斯泰纳在1900年前后也发现,在人类输血过程中同样会出现兰德斯观察到的那种反应,但不是全部都会反应,只有一部分输血会发生反应。而且,输血反应的患者休克时,经常会出现血红蛋白尿的状况。这说明尿中存在游离的血红蛋白。而此种情况发生之前会出现上述血液凝集的现象。按照早前兰德斯的解释:当活体中发生这种反应时,凝块会破坏红细胞,进而阻塞小血管,造成灾难。这或许就是导致输血失败的原因所在。

比利时生理学家勃尔德在兰德斯发现血液凝块20多年后提出的一个观点,也引起了兰德斯泰纳的思考。勃尔德证明,兰德斯观察到的那种凝集

人体输血简史

1665年,英国牛津大学的医学研究者罗尔公布了他在狗与狗之间输血的案例(他做此实验的初衷只是为了证明血液与生命的密切关系)。两年后,罗尔用特制的管子将羊的颈动脉与人的肱动脉相连,把羊血输给了人,据说也获得了成功,但并没有引起注意。同年6月15日,法国国王路易十四的御医让-巴蒂斯特·丹尼斯部分复制罗尔的实验,将一只羊羔的血,直接通过静脉输入一个15岁男孩体内,以此治疗其长时间不退的高烧(另说是躁狂症),输血后孩子病情好转。据称,这是首次将输血应用于临床,或者说,第一次人体输血。

1818年,英国产科医生布兰德尔提出,输血应使用同一物种的血液。1829年,布兰德尔尝试为那些产后大量出血的产妇输血,救活了数位病人,这被认为是首次在人和人之间进行输血。可是,后来的多数输血实践却以失败告终。19世纪末,多数欧洲国家已禁止输血。兰德斯泰纳正是在这当口潜心于血液研究,试图揭开输血反应的秘密。

现象,实际上是一种免疫反应。输血者血液中的某些蛋白质,被受血者血液中血清所含有的某类物质识别为非自身物质,并黏附其上,同时向免疫系统传递信号报警,令其破坏那些被标记的"异体"蛋白质。被破坏的"异体"蛋白质能以白色的固体或以沉淀的形式从血清中分离出来,所以勃尔德将那种"进攻"物质叫作沉淀素,即现在所说的"抗体";而前者,一类可诱发免疫反应的物质,后来被称作"抗原"。

血液反应的研究舞台,轮到兰德斯泰纳出场了。1900年,兰德斯泰纳发表了一篇有关自然抗体的论文。在这篇论文的脚注中,他提到了一项重要观测:"健康人的血清不但使动物的红细胞凝集,而且还使来自其他个体的人类红细胞凝集。"1901年,兰德斯泰纳发表论文《论正常人血液的凝集》,描述了人的3种血型:A型、B型和C型(后来改称O型),并解释了为什么有些血型相互混合后会发生凝集反应,而有些血型混合却不会。在他看来,同一血型的两个人,因红细胞含有相同的蛋白质(抗原),所以其血清中的沉淀素(抗体)不会与之起反应。A型血的人和B型血的人,含有不同的抗原。正常情况下,人的血清中都含有沉淀素(抗体),它一般只针对抗原发生免疫反应。

这就是说，当相互对抗的抗原、抗体相遇时，便会发生血液凝集反应。因此，如果一个A型血的人和一个B型血的人之间进行输血，那么，受血者血清中的沉淀素（抗体）就会攻击携带"异体"蛋白质（抗原）的供血者红细胞，出现凝集现象。而O型血的人，其血中的红细胞表面不含任何抗原，所以O型血的人给其他血型的人输血很少发生凝集现象，被称为"万能供血者"。

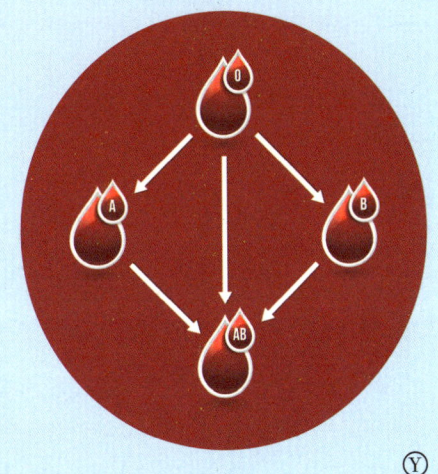

1902年，兰德斯泰纳的学生和同事又鉴定出第四种血型——AB型。兰德斯泰纳后来与其他科学家测定：40%的人是A型血，15%的人是B型血，40%的人是O型血，5%的人是AB型血。更进一步的研究发现，血型具有遗传性。在大约80%—85%的人身上，决定血型的蛋白质不仅存在于血液中，而且还存在于唾液、精液和其他体液中。这一发现为破案和亲子鉴定等提供了十分有益的帮助。1927—1928年，兰德斯泰纳与莱文一起描述了稀少血型M、N及MN型；1940年，他又与威纳一起描述了Rh血型的抗原物质的存在。

1930年，兰德斯泰纳因发现血型而被授予诺贝尔生理学或医学奖。1943年6月24日，兰德斯泰纳在实验室中突发心脏病，两天后逝世，享年75岁。

创新启示

杰出的成果通常倾向于回答被发现的问题，而不是被提出的问题。兼有医学和化学双重知识背景的兰德斯泰纳，通过对血液反应的精细研究，最终发现血型并阐明了安全输血的原理。他的科学贡献影响并推动了免疫学、法医学、遗传学、病理学和临床医学等许多学科的发展，也因此打开了成功进行器官移植的大门。

魏格纳 超前的思想 迟到的荣誉

阿尔弗雷德·魏格纳(Alfred Wegener,1880—1930),德国气象学家、地球物理学家。出生于柏林。他从小就喜欢幻想和冒险,向往北极探险。1905年,他以优异成绩获得气象学博士学位,到林登贝格航空气象台工作,致力于高空气象学的研究。1906年,他加入著名的丹麦探险队,去往格陵兰岛,从事气象和冰川调查。后来,先后任职于汉堡海洋气象台、汉堡大学、格拉茨大学。1930年11月在格陵兰考察冰原时遇难。

1910年春的一天,躺在病床上的魏格纳,无意中扫了一眼对面墙上挂着的世界地图,他注意到一个平日里不曾思考过的奇特现象:大西洋的两岸——欧洲非洲的西海岸遥对北南美洲的东海岸,其轮廓竟然有着极大的对应性。特别是巴西东端的直角突出部分,与非洲西岸凹入大陆的几内亚湾非常吻合。如果移动这两个大陆,使它们靠拢,两块大陆岂不是正好就能镶嵌在一起?

这位拿到气象学博士学位仅仅5年、正热衷于远征探险的德国科学家顿时意识到,这恐怕不是一个巧合。结合自己在格陵兰岛等地的考察经历,他心里萌生了一个大胆的设想:这两块大陆曾经是一个整体,只是到后来才因破裂、漂移而分开。接下来,他开始认真研究这个问题,并努力从各方面搜集地学资料,查找海陆漂移的证据。

1912年1月6日,魏格纳在德国法兰克福地质学会上做了题为"大陆与海洋的起源"的演讲,提出了著名的"大陆漂移说"。过后不久,他应征入伍参加了第一次世界大战并身负重伤。养病期间,他于1915年出版了《海陆的起源》一书,系统地阐述了大陆漂移理论。

这一理论实际上并不是魏格纳的新"发明",因为大陆浮动的猜想古已有之。古希腊哲学家泰勒斯曾设想大地是浮在水上的圆盘,古代中国人也有"地若浮舟"的说法,而大陆犬牙交错、相互对应的情况早在几百年前就进入了人们的视线。例如,英国哲学家培根和德国地理学家洪堡,都已注意到大西洋两岸轮廓的相似性,并认为这并非偶然现象。

然而,魏格纳是第一个发表了有明确证据且符合逻辑的有关大陆漂移理论的科学家。其大陆漂移理论思想的续篇——板块构造理论,如今已被视为支持地球大陆起源、结构和动力的首要理论。魏格纳最根本也最有创造性的贡

魏格纳1912—1913年在基地研究

魏格纳的特异之处

魏格纳当年以"从事地质学研究的气象员"身份提出大陆漂移理论,难免让所谓的"专业人士"起疑。当时的一位权威人物曾断言:"一个门外汉把他掌握的事实从一个学科移植到另一个学科,显然不会获得正确的结果。"

然而,恰恰就是以这种"跨学科方式",使用其他学科的数据和观点进行研究,引领魏格纳获得了成功,这也正是魏格纳与众不同之处。而魏格纳为大陆漂移说提供的最好的证据,恰恰来自他在气候领域所做的工作。他在不少研究项目中发现,一些化石和岩石的种类与当时这些大陆的气候并不匹配。比如,在北冰洋的斯瓦尔巴群岛上发现了许多动物化石,而这些动物在过去只能生活在热带地区。如果不是斯瓦尔巴群岛"漂移"到目前的位置,那么,它在过去如何会"赶上"热带气候呢?

另一个例子也令人称奇:人们在撒哈拉沙漠发现了一种叫做冰碛岩的沉积矿床。这是由移动的冰河留下的奇特的沉积物。魏格纳在格陵兰也观察到了同样的冰碛岩。为什么冰河沉积物会出现在热带沙漠里?这种现象就连对大陆漂移说持怀疑态度的地质学家也困惑不已。

献在于,他首次揭示了陆地大规模水平运动的可能性,对当时占优势的海陆固定论形成了重大冲击;他还首次提出了大陆和海底是地表上的两种不同类型的地壳,它们在岩石构成和海拔高度上是彼此不同的一个概念。

可是,魏格纳超前于时代的思想在当时受到了广泛的嘲笑、敌视和抵制。法国地质勘探局主任特迈挖苦说,魏格纳的理论仅仅是"一个漂亮的梦,一个伟大诗人之梦",当人们"试图抱住它"时,将发现"他怀抱的只是一个泡沫或一缕轻烟";美国哲学学会前任主席斯科特则公然抨击魏格纳的学说为"十足的该死的愚蠢想法"。

大陆漂移说的主要问题在于,它不能给出令人信服的解释——大陆移动的动力是什么?而且,魏格纳关于大陆移动速度的计算被证明是建立在不完善的测量基础之上的。魏格纳本人也明白,大陆漂移的动力这一难题的真正答案仍有待发现,并且"可能需要很长时间才能找到"。他曾在著作中感慨:"漂移理论的牛顿还没有出现"。

回头来看,当魏格纳提出大陆漂移理论时,他的理论被拒斥的部分原因是他对大陆运动提出的解释机制与当时的地球物理学主流观念不相容。或者说，他没能为大陆漂移理论提供满意的力学解释。只有当20世纪60年代海底扩张理论和板块构造理论创立时，大陆漂移才真正被理解。海底扩张理论很好解决了魏格纳生前一直没有解决的漂移动力问题，使地球科学在一个新的高度上获得了全面的综合。

可以这样说，在海底扩张理论基础上形成的板块构造理论既肯定了大陆漂移的事实，又基本上解决了它的致命弱点——漂移的动力问题，使人们认识到板块运动是地球运动的一种基本形式。由此，地球科学

1930年魏格纳在格陵兰（左）

也进入了一个新的发展阶段。大陆分久必合、合久必分，海洋时而扩张、时而收缩，已成为人们广为接受的地壳构造图景。

到了20世纪80年代，人们已然确信，从大陆漂移理论的提出到板块构造理论的确立，最终促成了一场名副其实的地球科学领域的伟大革命。板块构造理论在地球科学中的地位，就像血液循环理论对于生理学、进化论对于生物学一样重要，而魏格纳大陆运动的思想在地球科学革命中的地位，正像哥白尼的日心说在天文学革命中的地位一样。

生前饱受争议的魏格纳，其人生结局令人感慨。1930年11月2日，他在进行第4次格陵兰考察时，不幸遭遇强大冰雪和风暴的袭击，倒在茫茫雪原上。他的遗体直到第二年4月才被发现——已经冻得像石头一样，与环境浑然一体。为纪念这位"大陆漂移说之父"，月球及火星上有以他名字命名的陨石坑，小行星29227也是以他的名字命名的。

创新启示 🚩

魏格纳提出的"大陆漂移说"在他那个时代由于思想过于超前而受到了嘲笑、挖苦和敌视，但他那创造性的贡献揭示了陆地大规模水平运动的可能性，对当时占优势的海陆固定论形成了巨大冲击，最终在20世纪80年代促成了一次地球科学领域的伟大革命。

弗莱明 偶然创造奇迹

亚历山大·弗莱明（Alexander Fleming,1881—1955），英国微生物学家。出生于苏格兰的洛克菲尔德。1906年毕业于伦敦大学圣玛丽医学院并留校从事免疫学研究。1914—1918年在英国皇家陆军医疗队服役，退役后返回圣玛丽医学院，从事细菌学研究。1928年发现青霉素。1943年成为英国皇家学会院士，1944年被赐予爵士封号。1945年获诺贝尔生理学或医学奖。

英国哲学家培根曾经评论说,人类最重要的发展是人们最没有预料到的,是"想象之外的"产物。法国微生物学家巴斯德则有句名言:机遇只青睐有准备的头脑。弗莱明在成为诺贝尔奖得主后也讲过,一个人有时会发现一些意料之外的东西。的确,科学史上这样的例子并不少见:尽管人们常常有意识地在寻找"某种东西",但真正的发现只是偶然的奇迹。

1914年,欧洲各国卷入了持续4年之久的第一次世界大战。弗莱明于整个大战期间都在军队的医疗队中服役,目睹许多士兵只是由于简单的肌肉外伤而死亡,因为医生没有办法阻止细菌感染向全身扩散,最终导致像败血症那样的更严重的感染。他还发现,许多杀菌剂对人体细胞的损伤甚至比对病菌的损伤还大。他后来回忆道:"我站在那些受了感染的伤员中间,站在那些痛苦不堪和垂死的人中间,却爱莫能助。我心中热切希望发现一种能够杀死那些病菌的药物……"

战争结束后,弗莱明回到他原先工作的伦敦大学圣玛丽医院,开始了对抗菌物质的广泛研究。1921年11月,弗莱明患上了重感冒。在培养一种新的黄色球菌时,他索性取了一点鼻腔黏液,滴在固体培养基上。两周后,他发现了一个有趣的现象:凡沾有鼻腔黏液的地方没有一个细菌生成。

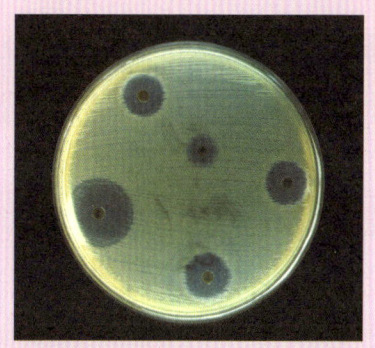

金黄色葡萄球菌培养皿　　Ⓟ

经过对比研究,弗莱明断定,鼻腔黏液中含有抗菌素。随后又发现,几乎所有体液和分泌物中都含有抗菌素。由于这种物质很像酶,又能够溶解细菌,于是就被命名为"溶菌酶"。为了进一步研究溶菌酶,弗莱明曾到处讨要眼泪,以至于同事们一度见了他都唯恐避之不及,这件事还被画成卡通登在了报纸上。可惜,溶菌酶虽然具有一定的杀菌作用,但对那些危害最严重的细菌,它却无能为力。

弗莱明提供的盘尼西林样本　Ⓟ

6年后,也就是1928年,好运又一次降临到弗莱明身上。那一年夏季的一天,他将一堆培养皿摞在试验台上就外出度假去了。上班

偶然还是必然？

"二战"后，弗莱明得到了如同今天电影明星所受到的顶礼膜拜般的关注。不过，虽然弗莱明获得了包括诺贝尔奖在内的许多荣誉，但他的实际贡献的意义却受到质疑。而媒体和图书长期以来的宣传，也有过分神化弗莱明的倾向。

弗莱明要遇到青霉菌所致的溶菌现象，究竟需要多少偶然因素之间的相互配合才能出现呢？有人曾为此专门著文阐述：首先，青霉菌适合在较低温度下生长，葡萄球菌则在37度下生长最好。其次，在长满了细菌的培养基上，青霉菌无法生长。最后，青霉菌大约在5天后成熟并产生孢子，这时青霉素才会出现，而青霉素也只对快速生长中的葡萄球菌有溶菌作用。

因此，弗莱明的发现，至少需有以下3个方面的条件作保障：其一，来源不明的青霉菌孢子落入葡萄球菌培养基中；其二，弗莱明未将培养基放在37摄氏度的温箱中，也未清洗，而是放置在室温下。其三，天气的配合。

当年的气温记录显示，恰好在7月28日至8月10日，伦敦有一段十分难得的凉爽天气，极其适合青霉菌先行生长成熟，并产生了青霉素。而8月10日以后，气温则明显升高有利于葡萄球菌快速生长，以至于发生了溶菌现象。

此外，或许还要加上，在弗莱明刚进实验室，尚未着手清洗培养皿时，其前任助手恰好到来叙旧。

后恰逢其前任助手普利斯来串门，寒暄中问及他最近在做些什么。弗莱明顺手拿起身边的一个培养皿想说几句，却发现这只他忘了加盖的培养皿有些异常：这份培养葡萄球菌的培养基被霉菌污染了，但每块霉斑周围的菌落都溶消了一部分。

弗莱明推测，一定是霉菌产生的某种化学物质杀死了葡萄球菌。于是他就取了一小块进行试验，证实它的确可以产生一种化学物质，而这种化学物质即使在高倍稀释后仍能杀死细菌。随后，他根据产生该物质的霉菌的名字（青霉菌），将其命名为"盘尼西林"（即青霉素）。

1929年，弗莱明在《英国实验病理学杂志》上发表了《关于霉菌培养的杀菌作用》的研究论文，但并没有引起人们的注意。而他本人因无力发展提纯青霉素的技术，遂放弃了对青霉素的研究。1938年,在牛津大学工作的德国生物化学家鲍利斯·钱恩,偶然看到了弗莱明关于青霉菌特性的文章,便联络一同工作的澳大利亚病理学家瓦尔特·弗洛里,设法提纯青霉素。

这是一件艰苦而又费时的事情。钱恩和弗洛里等人经过18个月的努力,终于得到了100毫克黄色粉末状的青霉素,并证明这种物质在治疗疾病中极具潜力。此时第二次世界大战已经爆发,前线药物需求量激增。在英美两国政府的支持下,人们很快找到了大规模生产青霉素的方法。1944年,英美两国公开在医疗中使用青霉素。此后,青霉素遍及全世界,挽救了千百万人的生命。

1945年,弗莱明、弗洛里和钱恩共同荣获诺贝尔生理学或医学奖。

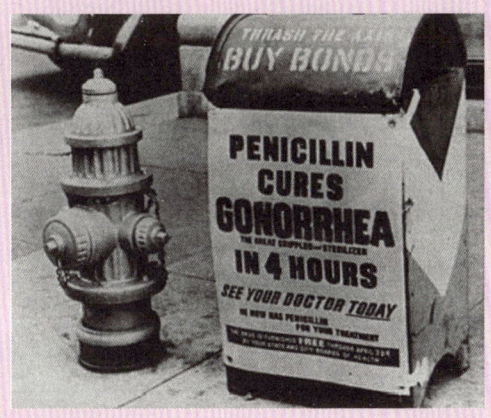

二战时期盘尼西林的宣传画

弗莱明获得的各项荣誉,包括诺贝尔奖

创新启示 🚩

人们常常有意识地在寻找"某种东西",但真正的发现有时只是偶然的奇迹。不过,在科学上,洞见通常来自有准备的头脑,也就是那些对某个问题进行了长时间努力思考的人。加之以行动,偶然也能创造奇迹。20世纪医学界最伟大的创举之一——青霉素的发现和应用就是一个例证。

哈勃 "星云世界"的水手

埃德温·鲍威尔·哈勃（Edwin Powell Hubble, 1889年11月20日—1953年9月28日），美国天文学家。出生于密苏里州一个保险从业员的家庭。哈勃虽然热爱天文学，但因为父亲的坚持，他去了英国牛津大学修读法律硕士学位。1913年，父亲过世他回到美国，并在印第安纳州一所中学任教。一年后，他回到芝加哥大学攻读博士学位，在叶凯士天文台研究天文。

第一次世界大战结束后的1919年，哈勃被威尔森天文台聘用，获得了终身职位。

夜空下的哈勃

哈勃的一位助手后来在回忆录里这样描述当年的场景:"他高大而充满活力的身影,还有嘴边的烟斗,在夜空背景下格外的清晰。微风拂动他的军用防水上衣,时不时从他的烟斗中吹出的点点火花,消失在圆顶里的黑暗中。"

"那天晚上威尔逊山的视宁度很差,但当哈勃从暗室中冲洗完底片出来时却喜气洋洋。'如果在这样差的视宁度下都能得到这样的效果,'他说,'利用这里的仪器我就可以得到很多有用的照片。'他对自己要做什么以及怎么去做,充满信心。"

19世纪末,在美国密苏里州最高点之一的马什菲尔德乡间,由于没有什么街灯照明,高空暗黑天幕上的无数星星显得苍白而寒冷,很难想象它们是一些由于十分遥远而变得暗弱的巨大恒星。

这里有个名叫哈勃的8岁男孩,在他过生日那天,第一次通过他祖父组装的一架望远镜遥望星空。被深深迷住了的他特别向父母提出,允许他今天睡得晚一些。这一愿望得到了满足,他与祖父度过了一段美妙的时光。

时间一晃而过。高中毕业后,哈勃做律师兼保险经纪人的父亲坚持要他读法学,而哈勃决心要当一名天文学家。他的妹妹告诉他,如果他"坚持要做一件如此古怪的事",那么父亲是不会让他完成学业的。哈勃只好变通一下:在准备进入法律系的必备课程时,同时攻读学习天文学所必需的科学与技术课程。

1910年,哈勃从芝加哥大学获得物理学学士学位,随即又在一笔额度不小的罗德斯奖学金资助下,到英国牛津大学学习法律和天文。返回美国后,他当了一年律师,又回到芝加哥大学及其所属的叶凯士天文台工作,并在1917年5月获得了天文学博士学位。据说他声称:宁可当第二流的天文学家,也不愿做第一流的律师。当然,此时他有胆说这话,其中的一个原因是,对他看得很紧的父亲已经去世了。

这时期,第一次世界大战仍在进行中,哈勃拿到博士学位第3天就参军了。他接受军官训练并被授予少校军衔,于1918年9月与战友们乘船跨越大洋前往欧洲。不过,他们还没来得及进入战场,战争就结束了。第二年8月,30岁的哈勃退役,成为加利福尼亚州威尔逊天文台的一名职员。

此时整个天文学界正围绕宇宙的大小和结构展开一场大辩论,争议的焦点是银河系的范围,以及夜空中可辨别且发光的云形片状物质(即"星云")的性质。占主流的意见认为,宇宙中只包括银河系一个星系。就是说,地球所在的银河系或多或少构成了整个宇宙(德国哲学家康德于1755年将那些夜空中的模糊斑纹,即可能的其他系统称为"岛宇宙")。

初来乍到的哈勃运气不错。他接手一架当时最先进的100英寸反射望远镜,把主要精力都投入到了观测之中,对仙女座星云尤其关注。他在1922—1924年间发现并确定,星云并非都在银河系内,银河系外存在着巨大的天体系统。他把仙女座星云和其他类似的独立星系命名为"河外星云",其中一些星系包括几千亿颗星。这是哈勃在天文学上的第一个重大发现,它揭示了宇宙的新尺度和可能的新结构,通常被认为是宇宙学发展历程中的一座里程碑。

哈勃相信,宇宙中布满了星系。1926年左右,他开始建立已知星系的分类系统,即根据其范围、距离、形状和亮度等,一一对它们分门别类。他还发明了一种估测距离的方法,即把一个完整星系的亮度,与一个已知距其造父变星距离的较近星系之亮度进行对比。

威尔逊天文台

在接下来的观测过程中,哈勃和他的同事发现,他们研究的20多个星系,看起来几乎都是在远离地球——他们收集的光谱数据表明确实存在"红移"现象,即那些星系的光谱的谱线都在向红端偏移;而且,一个星系离地球越远,红移就越厉害。一些红移表明,有的星系的移动速度高达每秒1000千米。

这种现象实际上在大约10年前已由另一位美国天文学家所发现。哈勃对此进行了更为精细的研究。1929年,他最重要的一个结论在一篇论文中披露:那些星系的距离与它们退行的视向速度成正比。一个星系越远,它就退行得越快。这就是"哈勃定律"。

1930年,英国天文学家爱丁顿把哈勃的新发现解释为宇宙的膨胀效应。哈勃定律意味着宇宙一直在膨胀,并为之提供了首要的观测证据。

哈勃的这一成就堪称20世纪最伟大的天文学发现,他比哥白尼、伽利略之后的任何一位天文学家都

哈勃空间望远镜

更深刻地改变了人类对宇宙的认识:宇宙并非静态而是处于膨胀状态,它比之曾经被想象的要辽阔得多。这同时也为宇宙"大爆炸"理论提供了证据支持,为现代宇宙学的发展奠定了坚实的基础。

作为星系天文学和观测宇宙学的开创者,哈勃被人们尊称为"星云世界的水手"。在他撒手人寰37年过后,美国国家航空航天局将其发射的一架拥有空前分辨率和观测波长范围的空间望远镜,命名为"哈勃空间望远镜"。没有哪一位现代天文学家拥有比这更出色的纪念碑了。

创新启示

哈勃通过对星云的观察、分析和分类,做出了20世纪最伟大的天文学发现:第一个证实河外星系的存在及宇宙在不断地膨胀。他比哥白尼、伽利略之后的任何一位天文学家都更深刻地改变了人们对宇宙的认识,并且有力地推动了现代宇宙学的发展。

孤独的先行者

麦克林托克

芭芭拉·麦克林托克(Barbara McClintock, 1902—1992),美国遗传学家、生物学家,出生于康涅狄格州的哈特福德。1927年获康内尔大学植物学博士学位。先后在康内尔大学、密苏里大学和冷泉港实验室从事玉米遗传学的研究。1944年当选为美国国家科学院院士并担任美国遗传学会会长。因提出并阐释可移动的遗传基因("跳跃基因")的概念和机制,被授予1983年度诺贝尔生理学或医学奖。

麦克林托克尚在摇篮时期，似乎就迥异于一般的女娃。她的母亲常常在地板上摆一个枕头，放一件玩具，就随她去了。她从来不哭，也不吵着要东西。蹒跚学步之时，她母亲想给她一个拥抱，她竟然回敬"不要！"

她的性格和兴趣，看起来都有点儿超出常规，所幸她遇到了"非常理解儿童"的父母。她同样与众不同的父母认为，学校仅仅是"成长的一小部分"。她的做医生的父亲甚至跟学校打招呼说：一天有6个小时待在学校里已经够多的了，请别再向孩子们布置家庭作业。

1919年，第一次世界大战结束，17岁的麦克林托克进入纽约州康内尔大学农学院。她对唯一向本科生开放的遗传学课程的浓厚兴趣，引起了一位植物育种学家的注意。这位教授打电话给她，建议她选修专为研究生设置的遗传学课程。"显然，这通电话决定了我未来的命运，从此之后，我就跟遗传学结下了不解之缘。"

麦克林托克同时还选修了细胞学课程，致力于对被认定是"遗传因子载体"的染色体进行研究。新生的细胞遗传学让耕耘于这一领域的研究者们，都迫切意识到探索染色体和基因之间相互关系的重要性。投身其中的麦克林托克时常穿着缝有许多口袋的工作服，穿梭于玉米地和实验室，种玉米，掰棒子，用显微镜观察玉米籽粒和叶片。她最初的科研业绩，是用自己改良的着色技术，鉴定出玉米细胞中每条染色体的不同形态特征。

1931年，麦克林托克与哈丽特·克赖顿一起发表了一项里程碑式的研究，证明遗传重组是细胞减数分裂（配子形成）过程中染色体物质互换的结果。这成为证实基因存在于染色体上的最后一个证据，其相关实验则奠定了现代遗传学研究的基石。同一时期，麦克林托克还对X射线长时间照射后引发基因突然变异的现象进行研究，发现了染色体的一种重复行为模式，并把它命名为"断裂–融

"它们全都是我的朋友"

麦克林托克把自己的满腔热忱深深地融入了研究对象之中。她的同事有一次评论说,她能够为她研究的每一棵植物写"传记"。晚年的她在描述自己首度分析霉菌微小的染色体构造时说:"我发觉到我越深入研究,它们就越庞大。当我真的进入状态时,我已不再是旁观者,我就在那里,成为整个系统的一部分。和它们在一起,一切都变得庞大。我甚至能看到染色体的内部构造,每个细节都一清二楚。我自己也感到诧异,因为我真的觉得自己跟它们在一起,而它们全都是我的朋友。"

她也强调过自己"对生物的钟情"的价值:"我穿过田野,看到了玉米的彩斑——有的显性,有的隐性。我并没有看着有彩斑的玉米,但它们却莫名其妙地潜入了我的脑子。"她甚至用"基因组的震惊"这一类概念来描述基因的行为,仿佛一个基因能够觉察到各种情绪,如沮丧、兴奋等。

合-桥接循环"。

在大学里从事教学、研究大约10年后,麦克林托克于1941年到华盛顿卡内基研究所遗传部,在纽约冷泉港实验室工作。自1944年起,她对长有斑纹的玉米籽粒及其染色体进行了持续6年的研究。她发现:有一种玉米籽粒和叶片上的色斑变异频率极高,而且毫无规律性。当时,遗传学家普遍认为,玉米籽粒上的斑斑点点,是基因的不稳定性造成的。

"如果有什么事情出了格,那必定有个原因,你就得查明这是怎么回事。"麦克林托克寻思,这一现象并不简单,背后或许就隐藏着一些未知的重要问题。她从研究玉米染色体的断裂端行为着手探索,进而推测:玉米上的色斑变异,是因为有可移动的遗传因子在色素基因里跳进跳出。有些基因甚至会在染色体之间跳跃。她还找到了证据:DNA(脱氧核糖核酸)的一些节片,能够在一个染色体上或多个染色体之间,从一个位点转移到另一个位点。这意味着,在玉米染色体中的一些基因改变其位置后变成了激活因子,从而打开或者关闭了决定颜色或结构的基因。

起初,麦克林托克把那些可以调控玉米籽粒颜色基因活动的可移动因子称为"控制因子",1950年,她首次提出了"跳跃基因"(jumping gene)的概念,并称这种能跳动的基因为"转座因子"(目前通称"转座子",transposon)。在她看来,转座因子的移动是生命体对内外环境的改变所做出的反应,并

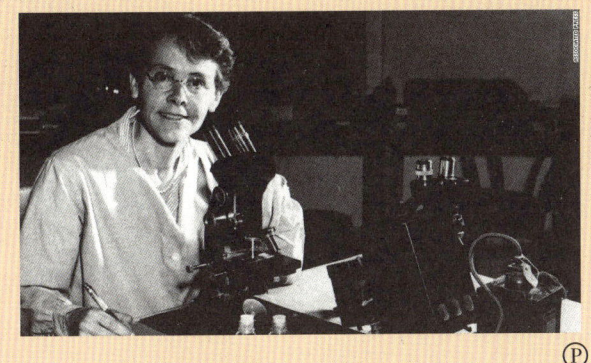

且在生物的生长与演化过程中扮演着极为重要的角色,或许也构成了进化的基因机制。这是在生物学史上首次提出了基因调控模型。

然而,麦克林托克的革新观念遭到了绝大多数遗传学家的反对,乃至奚落和蔑视,被视为背离主流思想、入了迷途的异端邪说。他们全然不能想象,在染色体上具有固定位置和顺序的基因,不需通过交换重组或突变,也能进行"跳跃"。可渐渐地,出现了一些亮色:生物学家陆续又在细菌、真菌乃至其他高等动植物中发现了"跳跃基因"的踪影。人们慢慢意识到,转座子可能存在于所有的生物体中,起着保证遗传多样性的作用。

经过漫长的等待,81岁高龄的麦克林托克终于在1983年被授予诺贝尔生理学或医学奖。诺贝尔评奖委员会评价她:"在不被同时代的人所理解的情况下,独自一人完成了研究工作。"并称赞说,其成功的意义远远超越了科学本身。

麦克林托克终生未婚,人们尊敬地给了她一个"玉米夫人"的封号。

创新启示

对生物情有独钟,一生与玉米相守。芭芭拉·麦克林托克以极大的勇气和毅力,在遗传学领域进行了艰苦卓绝的独特探索,取得了超前于时代的重大发现。她能以"简单"的科研手段作出了重大的科学发现,关键在于她跳出了惯常的思维,去看待特异的生物学现象,并持之以恒地进行研究、验证。

古道尔
力促人与自然的和谐

珍·古道尔(Jane Goodall)，英国生物学家、动物行为学家、著名环保人士。1934年生于伦敦。1957年，年仅23岁的古道尔只身去往非洲从事黑猩猩的研究。1965年，她以对黑猩猩群体生态学的观察和研究成果获得了英国剑桥大学的动物行为学博士学位。

由于在黑猩猩研究和环境教育等领域的杰出贡献，古道尔先后获颁"联合国和平使者"等许多荣誉称号。她还以自己的亲身经历撰写了许多关于动物保护的著作。

古道尔11岁那年读了一本书——《生活在丛林中的人猿泰山》,由此迷上黑猩猩并萌生了一个梦想,希望自己未来能够到丛林中与黑猩猩为伴,了解它们的生活和行为,去写关于它们的书。

可是,当她向别人说起这个梦想的时候,大家都取笑她,认为这不切实际,也不是女孩儿应该做的事;何况,那时的非洲在人们眼里,是一个遥不可及、布满荆棘的黑暗之地,到处都是凶猛的野兽。

高中毕业后,家境清贫的古道尔没能继续升学。她想去旅行,到某个遥远的地方去研究动物,非洲仍然让她心驰神往。这时母亲建议她接受秘书培训,找份文秘工作,攒下些钱再考虑出远门。她真这么做了。从秘书学校出来后,她先是在诊所里帮助医生给患者做病例记录,后来又到伦敦找了一份当时她觉得很有趣的工作——为一家电影制片厂的记录片挑选音乐配音。

接下来,事情发生了急剧变化。1956年12月18日早晨,古道尔收到一位中学好友的来信,问她愿不愿意到肯尼亚其父母新近买下的一座农场玩玩。这正中古道尔下怀,随后她便开始努力筹集路费。为节省开支,她干脆辞职回到母亲家住,并在附近一个酒店里做服务生,不断攒钱。半年后,她终于踏上了去往非洲的旅程。

非洲农场里的生活和见闻让古道尔眼界大开、兴奋无比。她留在内罗毕找了一份秘书工作,打算挣些钱以便在非洲生活,并为今后找一份与动物研究有关的工作做些准备。所幸,古道尔并没有等待太长的时间就赶上了好时机。一天,在一次晚宴后搭便车回住所途中,一位著名的考古学家对她说:"如果你对动物感兴趣,那就得找路易斯·利基。"

古道尔自述：自己去找答案

我蜷伏的地方特别闷热，草划得我的腿直痒痒。几乎没有一丝光亮，不过我能看见母鸡卧在离我不到5英尺远的草窝上，靠鸡窝里面一边。它一点儿都不知道我在旁边。哪怕稍微动一下也会前功尽弃，所以我和那母鸡一样，一动都不敢动。

忽然，它慢慢地从草窝上站起来，背朝着我，身子向前弯曲。我看见一个又白又圆的东西从她两腿间的羽毛里慢慢地露出来，越来越大。忽然，她扭动了一下，噗！一个东西落在草窝上，我清清楚楚地看见一个鸡蛋落到草窝上。

母鸡发出一阵响亮又欢快的叫声，一边摇晃着羽毛，一边用嘴移动鸡蛋，然后，大摇大摆地走出了鸡窝。我从鸡窝里爬出来，全身僵硬，但特别兴奋，赶紧跑回家去。我妈妈急得都要去叫警察了，她已经找了我好几个小时了。她万万没想到，那么长的时间，我一直猫在鸡窝里。

这是我第一次对动物行为的认真观察，那时我5岁。有一个能理解我的母亲真是我的幸运，母亲不仅没有因为我使她虚惊一场而生气，而且还要我告诉她我所看到的精彩内容。

虽然我当时很小，但关于那次经历还能记得许多。我记得我一直纳闷儿，母鸡身上哪有一个可以让鸡蛋从里面钻出来的洞？我不知道我是不是问过别人，就是问了，也没人告诉过我，所以我才决定自己去找答案。

没过多久，古道尔就在那位考古学家的引见下，拜会了她后来所称自己"人生当中一位非常重要的人物"——著名的古人类学家利基，并且深得他的欣赏和信任：不仅邀请她担任自己的助理，还资助她到坦桑尼亚去观察野生黑猩猩群，使没有大学学位，更没有经过专业训练的她"从小想研究动物的梦想终于得到实现"。

其实，古道尔所从事的，是个十分寂寞、艰苦和危险的差使。但她以惊人的耐心和毅力对黑猩猩群体进行了长达30年的观察、研究工作，取得了巨大的成就，发现了这个黑猩猩群体中的个体间形形色色的交互关系和生态习性，扭转了许多关于黑猩猩的错误概念：黑猩猩是杂食动物，而并非人们以前所认为的草食动物；黑猩猩会组成相互合作的捕猎团体，并且会使用简单的工具，比如，会用小树枝把白蚁从蚁巢中"钓"出来；黑猩猩每天要用两三个小时互相梳理皮毛联络感情，它们从整理皮毛得到的温情与快意似乎超过了吃东西的愉快,这是它们必不可少的社交活动;黑猩猩久别重逢的场面酷似人类,不乏搂抱、握手的亲热之举。

古道尔从不讳言自己在观察和研究中的缺点。例如,她曾坦陈不应该用香蕉喂食她的黑猩猩朋友,因为这样做有可能改变了它们的生存环境和生活习惯,从而使所观察到的资料及进行的判断产生偏倚。在科学研究中,任何使结果产生偏倚的行为,都必须尽量避免。在生态学的观察过程中,工作人员必须避免对被观察动物产生影响的行为。因此她认为她把香蕉给黑猩猩吃这桩事犯了大错,并为此而后悔不已。

20世纪70年代以来,目睹黑猩猩栖息地不断遭受人类的破坏,古道尔决定把自己的主要精力转移到野生动植物保护的宣传教育上。由她发起,先后在全球100多个国家成立了珍·古道尔研究会和下属的根与芽小组,组织青年人参与野生动植物保护的宣传和教育工作。

"很多人问我,想要通过这个活动来拯救地球吗?不,我并不那样认为。我们没有能力改变整个世界,可是,我们可以努力去改变一个人或一个地方,我想,这就够了。"

古道尔这样说,也一直在这样做。

创新启示 🚩

古道尔"扎根"于非洲丛林数十年从事黑猩猩的观察、研究,以惊人的毅力取得了巨大的成就。她发现黑猩猩具有许多与人类相近的行为和智力,从而颠覆了科学界原来对动物与人类区别的定义,成为动物学研究的一个经典例证。

后记

"青少年创新思维丛书"一套3种，追本溯源，可以说是一位科普界前辈的"慧眼"促成的。

这事得从大约10年前说起。

2009年春的一天，时任中国科普作家协会副理事长、人民邮电出版社原总编辑陈芳烈老师打来电话，约我到他家里谈事。见面时他告诉我，注意到我最近发表的一些人物传记故事，感觉写得不错，读来挺有味道。

老实说，那会儿我只当是前辈对晚辈抬爱的客气话。可陈老师却很认真，揪着这个"主题"不放，向我直言："不是什么人都能把这件事做好的，我觉得你行，做得很好！你应该继续做下去，要不真的可惜了。"

前辈的点拨引起了我的思考。尽管当时我已经出版了3种书，有上百万字的作品发表，可我本人竟然都没有意识到，自个儿的"创作专长"在哪儿。

自那以后，我结合自己对科技史的偏好，更专注于人物传记故事的创作，同时潜心探索写作技巧。特别是，如何在有限的篇幅里准确、精练而又不乏生趣地描摹好每一个人物的形象、特质。

其实，打小我就爱读人物传记，并且深受其益。尤其是那些提升人类文明、推动历史进程的杰出人物的发展轨迹，常常给我带来触动和启示。后来，在我创作人物传记故事的过程中，由于时不时地穿越时空，融入所写人物的时代氛围，感同身受其思想与命运，自己常常也被点染、感化。

记得,正是在创作《马斯洛:展现"自我实现"之光》时,我更加真切地认识到,"自我实现"其实就蕴藏于人们对生活的某种态度之中。而在创作《樱桃树上的梦想》时,那位悲情的主人公——"液体火箭之父"戈达德的一句名言"昨天的梦想,就是今天的希望和明天的现实"也不时在我耳畔回响。当我在写作中遇到一个"坎",长时间推进不下去而突然"灵光一闪"顺畅落笔时,情也同时触动——被戈达德其人其事感染,我在不知不觉中泪流满面,接着就敲出了一句转折过渡的话:"永远没有这样的机会了……"

梦想、希望和现实在时空中延伸,总是不乏杰出人物的交集。如戈达德在自己的事业稍有起步而又面临重重困难之时,曾给英国科幻作家威尔斯(本丛书中有介绍)去信,叙说《星际战争》这部科幻小说对自己事业产生的巨大影响,并表达了对这位著名作家的感激之情。

书中也有介绍的法国哲学家伏尔泰,在他的《英国通信》一书中则谈到,1726年他旅居英国期间,曾无意中听到学者们在探讨这样一个问题:谁是最伟大的人?是恺撒、亚历山大、铁木真,还是克伦威尔?有位学者坚持认为牛顿是最伟大的人。伏尔泰同意其看法,因为"他用真理的力量统治我们的头脑,而不是用武力奴役我们"。

而英国哲学家弗兰西斯·培根在《学术的推进》(1605年)中更为明确地提出:"智慧与学术给人类社会所造成的影响远比权力与统治持久。在《荷马史诗》问世以来的2500年或更长的时间里,不曾有诗篇遗失,但却有多少宫殿、庙宇、城堡及城市荒芜或是被焚毁啊!"

我对书中所涉人物的选择与描摹,大致就体现了上述思想。为避庞杂和散乱,我尝试在篇章结构上以思想者、预言者、探索者、发现者、开拓者、创造者划分之。对单个人物的介绍,我也期望能够在内容与叙述方式上出新,因而没有采取面面俱到的写法(设有"小传"和"链接"等做补充)。作为主体的正文文字,我的设计是:一般从人物在其人生、事业发展的关键场景或重要时刻切入,以一种叙事性风格展开,力图进行视觉化呈现、趣味性表达。事实证明,这样做效果不错。

著有11卷本《世界文明史》的美国学者威尔·杜兰特曾经感慨,人们更喜欢看到的是:那些活着的天才都是常人,而那些死去的天才都是传奇。他进而发出疑问:"为什么我们会充满敬意地面对高山之巅的飞瀑,面对夏夜海面的圆月,却不愿意以同样的敬意来面对一个杰出的、优秀的人呢?其实,没有什么自然奇观能比得上伟大的人性。"

在写过100多篇人物传记故事之后,我对杜兰特所持观点更有同感。是啊,如果说政治、经济是社会的骨架,那么,伟大的人物就应该是历史的命脉。无论对一个国家还是对整个世界而言,历史都不该忘记那些伟大的人物。

当然,创作此书并不是刻意要向读者呈现那种高不可攀、遥不可及的伟人或神人。在我看来,一味拔高难免就会失真,过度美化实则就是歪曲。有血有肉的人才最真实,最有魅力和感召力;也唯有真实,才能让人产生亲近感;相反,则会视为畏途,敬而远之。所以,我并没有专门花费心思去给笔下人物"穿靴戴帽",也没有特意回避或曲饰其污点、过失。这是我创作人物传记始终坚持的一个准则。

回头再说,陈芳烈前辈对我人物传记作品的认可和鼓励,让我对创作人物传记故事更加上心,也更有兴趣。2014年初,适逢老牌科普杂志《知识就是力量》全新改版,郭晶主编邀我主持"探索发现"栏目,我又断断续续新写了一些人物故事。

2015年8月,应上海科技教育出版社新任总编王世平之邀,我参加上海书展,与卞毓麟老师一起做了一场关于阿西莫夫的讲座,并签售"阿西莫夫书系"作品,其中有一部我校译的《不羁的思绪——阿西莫夫谈世事》。我在少年时代就深深地迷上了阿西莫夫作品,并因此而喜好科普和写作。在人物传记写作方面,阿西莫夫对我影响至深。此番在与世平总编的交流中,我们敲定将我近来所写的部分人物传记故事结集出版,并初步商定了新版书框架。随后,又与出版社学生读物编辑室的侯慧菊主任具体讨论了篇章结构。

原来考虑分册新出的几种书是人物传记故事加励志,编辑部再度讨论时提出了一个新的创意:三种书以"青少年创新思维丛书"冠名之。随后申报"十三五"国家重点图书出版规划，获得通过入选，接着还申报了2019年国家出版基金项目。这样一来，我们又侧重从"创新思维"角度，对书中人物再做筛选。匡志强副总编给我提出了很好的建议。丛书的三位编辑李凌、郑丁葳、程着对书稿做了精心修改，还帮助我增写、补充了一部分内容。美编杨静的精美设计亦让全书增色不少。

书马上就要付印了。这里谨向促成本书出版并付出了诸多关爱和心血的陈芳烈老师、王世平总编、侯慧菊主任以及李凌、郑丁葳、程着、杨静四位编辑表示衷心的谢忱。特别感谢艺术家刘夕庆老师专为本书人物绘制插画，特别感谢陈芳烈老师为本书撰写序言，特别感谢刘嘉麒院士、周忠和院士、王渝生研究员、刘兵教授为本书撰写推荐语。

尹传红

2018年12月7日，于北京

图片来源

本书所使用的图片均标注有版权所有者或提供者对应的标记。全书图片来源标记如下：

Ⓟ 已进入公版领域

Ⓢ 上海科技教育出版社

Ⓕ 合理使用图片

Ⓨ 北京图为媒网络科技有限公司（www.1tu.com）

Ⓞ 其他图片来源：

题献 Rowena Morrill；P7右下 Sailko；P8左下 Sailko；P11右下 Loodog；P17右上 Kolossos；P23中 Jiří Jurecka；P25右上 ByMeng；P35右下 Stannered；P40右下 Lode~commonswiki；P41右上 Science Museum London, Science and Society Picture Library；P45右上 Drosenbach；P48下 Alainr；P67右上 Mazaki；P69右下 Jeroen Rouwkema；P73中 Lars Aronsson；P75上 Per Enström；P77右下 ESA；P91中 John；P97右下 Sam Fentress；P103右上 FotoMani

特别说明：若对本书中图片来源存疑，请与上海科技教育出版社联系。

青少年创新思维培养丛书

尹传红 著

上海科技教育出版社

图书在版编目(CIP)数据

思想的锋芒/尹传红著. —上海：上海科技教育出版社，2018.12
（青少年创新思维培养丛书）
ISBN 978-7-5428-6881-7

Ⅰ.①思… Ⅱ.①尹… Ⅲ.①历史人物—列传—世界—青少年读物 Ⅳ.①K811-49

中国版本图书馆CIP数据核字（2018）第287810号

责任编辑　程　着　侯慧菊
装帧设计　杨　静
人物肖像绘制　刘夕庆

青少年创新思维培养丛书
思想的锋芒
尹传红　著

出版发行	上海科技教育出版社有限公司 （上海市柳州路218号　邮政编码200235）
网　　址	www.sste.com　www.ewen.co
经　　销	各地新华书店
印　　刷	常熟市文化印刷有限公司
开　　本	720×1000　1/16
印　　张	7.25
版　　次	2018年12月第1版
印　　次	2018年12月第1次印刷
书　　号	ISBN 978-7-5428-6881-7/N·1046
定　　价	118.00元(共3册)

谨以此书

献给

艾萨克·阿西莫夫

在我求知若渴的当口,你给我阅读的酣畅、理性的滋养。
在我迷惘彷徨的时候,你是我人生的坐标、精神的向导。

近年来,不时地会看到传红有新作问世。用"目不暇接"来形容,恐亦不为过。他总是忙忙碌碌,怀着对科普事业的满腔热情和超乎寻常的旺盛精力,以报人、策划人、撰稿人、主持人等多种身份,游走于科学传播的各个领域,如鱼得水,如日中天。

迄今,传红出版的作品已逾200万字,涉猎甚为广泛。但不知为什么,在他的诸多作品中,我对他创作的人物传记却情有独钟。这也是我当年主编"爱问科学"丛书时,执意约请他写科学家小传的缘由。2011年,由他担任分册主编并主创的《樱桃树上的梦想》正式出版。书出来后,果然好评如潮,也引起了人们对这位阿西莫夫研究者人物传记作品的广泛关注。传红也借势发力,不断开拓新的选题,深化作品内涵,先后在《知识就是力量》《少年科学画报》《科普时报》等多家媒体上开辟专栏,还把讲座直接开到青少年中间去,这使得他在人物传记和科学随笔方面的写作益发炉火纯青,影响也日益扩大。

最近,得悉上海科技教育出版社以"青少年创新思维培养丛书"立项,精选传红近年来创作的人物传记作品结集出版,我真为自己多年来的等待终于有了回应而高兴,也为在青少年文库中即将增添一种有特色、有深度的励志作品而欣喜。

说到"创新思维",我不禁想起唐朝诗人刘禹锡那句"我言秋日胜春朝"来。是他这句诗,颠覆了自古文人"悲秋"的思维定势,使人们转以平常心态对待大自然的四季轮回,发现并赞赏不逊于春色的秋日之美。

在人类的科学技术发展史上,也有许多敢于突破常规界限的科学家,他们以超常规乃至反常规的思维去思考问题、研究问题,从而发现和创造了一个个改变世界的奇迹。从跳出浴缸、总结出浮力定律,并喊出"给我一个支点,我可以撬动整个地球"的阿基米德,到坐在轮椅上不断思索宇宙规律并取得一个个惊人成就的霍金;从看到苹果落地而萌发出万有引力灵感的牛顿,到一生创意不断,直把苹果手机推向全世界的乔布斯,他们改变世界的壮举都无不从思维创新开始。思维创新是科学大师们认知世界、发现未知世界奥秘的金钥匙,也是他们迸发出无限想象力的源泉。

"青少年创新思维培养丛书"不仅抓住了青少年成长的关键环节,把展示和剖析科学大师们的创新思维作为主要着墨点,而且从取材、叙事形式到编排上,都有许多适合青少年阅读的可圈可点之处。作为人物传记作品,它既尊重史实,又不拘泥于它的系统性和完整性。全书采用化整为零、以小见大的创作手法,把青少年感兴趣且对他们成长有启迪的内容,都融化在一个个故事之中。

传红是一个很会讲故事的人。在这套书里,他不仅用文学的笔触写科学的故事,还纵横捭阖、广征博引,把每个故事都写得十分生动有趣。例如,他写克拉克时,不仅提到他在预言卫星通信和助推气象卫星发展等重大科学事件方面的历史贡献,而且又剑走偏锋,以《克拉克:在太空中"失去"十亿美元》为题,把这位科幻作家为人类无私奉献的精神境界,写得如此灵动而不落一点俗套。像这样有骨有肉、感人肺腑的故事,在这套书里可以说比比皆是,使人读来如沐春风,爱不释手。

在这套书内容的编排上,作者运用了他娴熟的编报技巧,在每个故事的主线之外,穿插了传主小传、名言警句以及读后启示等链接内容,加上精选的图片,使得每题两页的内容不仅显得多样而丰满,而且也便于读者根据自己的兴趣有选择性地阅读。我想,这也是这套书作者和编者的独具匠心之处。

续《樱桃树上的梦想》之缘,我拉拉杂杂地说了这些,权作对传红新作出版的由衷祝贺,也寄托我对他在科学传播道路上再创佳绩的深切期待。

陈芳烈

2018年12月3日,于北京

目录

预言者 / 1

玛丽·雪莱　噩梦激发的灵感 / 2

凡尔纳　伟大的"科学预言家" / 6

贝拉米　展望"理想社会" / 10

威尔斯　"我警告过你们" / 14

根斯巴克　描绘科学发展的预言式愿景 / 18

赫胥黎　敲响"极乐"警钟 / 22

恰佩克　最先塑造机器人的人 / 26

戈达德　樱桃树上的梦想 / 30

西拉德　原子时代最具远见的先驱者 / 34

卡森　吹响环保运动的第一声号角 / 38

克拉克　在太空中"失去"十亿美元 / 42

阿西莫夫　幻想引领未来 / 46

萨根　"核冬天"假说警示世人 / 50

思想者 / 55

泰勒斯　哲学的开山鼻祖 / 56

苏格拉底　特立独行的哲学家 / 60

伏尔泰　"到处是我的精神" / 64

卢梭　法国大革命的"精神之父" / 68

斯密　揭秘"看不见的手" / 72

达尔文　追问万物起源 / 76

马克思　思想改变世界 / 80

海森伯　把物理学带入新世界 / 84

哥德尔　革了数理逻辑的命 / 88

马斯洛　展现"自我实现"之光 / 92

德鲁克　引领时代的管理思想家 / 96

爱因斯坦　人类智慧的代表 / 100

后记 / 104

预言者

"预言者"介绍了历史上一些想象力奇崛、富于科学预见的创新者。他们以其独特的眼光和超越时代的思维,描绘了他们想象中的未来世界。他们的成就或作品,启迪、激励了一代又一代的人,尤其是点燃青少年探索科学的热情。

噩梦激发的灵感

玛丽·雪莱

玛丽·雪莱（Mary Shelley，1797—1851），英国作家。生于伦敦，她的母亲玛丽·沃斯通克拉夫特是著名的女权运动领袖。在玛丽出生10天后，她的母亲便被产褥热夺去了生命。此事对玛丽一生影响极大，在她的内心深处始终存留着"自己害死了母亲"的念头。玛丽的父亲威廉·葛德文是名重一时的哲学家和政治理论家，著有《政治正义论》，他深为诗人珀西·雪莱所仰慕，珀西就是在葛德文家中结识玛丽并与之相爱的。除《弗兰肯斯坦》外，玛丽还写了《最后一个人》《永生者》等科幻小说。

人们通常认为,科学幻想小说的直接源头,可以追溯到19世纪初期,一群英国贵族在瑞士乡间旅行中一个20岁出头的年轻姑娘——玛丽·雪莱所写的"消遣故事"。

度假时,大名鼎鼎的英国诗人珀西·雪莱和他的妻子玛丽·雪莱住在瑞士日内瓦附近的乡间。1816年夏的一个天气阴冷、阴雨连绵的晚上,雪莱夫妇与英国诗人拜伦及其朋友波利多里围坐在一起,朗读一册碰巧落在手里的德国鬼怪故事集,聊以自娱。这些故事使他们心生异趣,并激起了加以戏谑性模仿的欲望。于是他们约定:每个人都要根据某起神秘事件,写一篇有关超自然现象的故事。

但过了较长一段时间后,玛丽仍没有找到灵感。一天傍晚,雪莱与拜伦又凑到一起谈古论今,玛丽听他们谈到伊拉兹马斯·达尔文(进化论提出者查尔斯·达尔文的祖父)曾做过的人造生物实验,"生命的本质是什么?能否最终被发现……也许,我们能使尸体重新复活;也许,某种动物的各个部位都能制造出来,并装配在一起,最后赋予生命的温热。"

当天晚上,玛丽做了一个梦,"梦见一位脸色苍白的学者,正跪在他所创造的怪物旁边。显然,他所从事的工作是亵渎神明的。我见到一个可怕的幽灵躺在那里,一架功率强大的引擎正在启动,那幽灵开始颤抖,显现了生命的迹象。"

噩梦激发了玛丽的创作灵感,她随即便着手构思了自己的第一部文学作品——《弗兰肯斯坦》。它讲述一个名叫弗兰肯斯坦的青年科学家发现了制造生命的奥秘,并借助电化学方法"拼装"出了一个生命体,但最后却被这个扭曲的生命折磨致死的故事。

出版于1818年的《弗兰肯斯坦》,如今已被公认为世界上第一部具备完整科幻小说特征、对后世影响深远的长篇科幻小说,同时也被看作是科学对世界所产生的影响在文学上的第一次反映、一则关于创造和追求的忧心忡忡的寓言。

值得注意的是,玛丽·雪莱引用古希腊神话中普罗米修斯创造人类、为人类盗取天火并教给人类各种技艺的典故,为《弗兰肯斯坦》一书加了一个副标题:现代的普罗米

跨越了一个多世纪的认识

世界上第一部科幻小说起源于英国——工业革命的发祥地,决非偶然。

英国的历史发展,通常被看作是一个经典的资本主义发展模式。这个"日不落帝国"确实也有着太多的骄人荣耀:第一个工业化国家,最早出现资产阶级政党的国家,第一个西方资本主义的民主国家,等等;它在近代自然科学的发展中亦占有重要的地位,并且留下了深深的足迹。

蒸汽机和纺纱机的发明推动了工业革命,而工业革命在引起经济变革的同时引发了社会革命——它引起了市民社会的全面变革。于是,在不到三代人的时间内,一场史无前例且影响深远的革命就改变了一个国家的面貌。

工业革命使农民变成了机器的驾驭者,同时也冲击着人类的心灵:科学的进一步发展还会带来什么?是幸福还是苦难?这样的思虑既隐含着对一种"异己力量"的恐惧和不知所措,也标记着某些价值的失落,以及某种深深的忧虑。在科幻史家看来,科学技术促进了社会变革,而对社会变革的觉醒又催生了科幻小说。这是人类对变革的经历在艺术上所做出的反响。

修斯。像传说中的普罗米修斯一样,弗兰肯斯坦的创造精神也受到了惩罚,但这种惩罚并非来自上帝,他的痛苦实际上源自他轻率创造的"生命"对自己作为主人权威的挑战。从中我们不难窥见作者创作构思的源头,以及作品的暗示。

《弗兰肯斯坦》中的怪人,在某种意义上代表着正在发展和渗透人类社会的科学技术,而"弗兰肯斯坦(Frankenstein)"一词,在英语中已被赋予了一种特定的含义:自食其果或作法自毙的人。由这个故事所创造的一些原型母题,如科技发展的负面效应、科技对伦理的挑战等,也被后来的科幻小说作家一再采用。

《弗兰肯斯坦》具有十分深刻的思想内涵:一方面,科学向上帝挑战,创造了奇迹;另一方面,这奇迹又与人类的传统本性格格不入。事实上,近200年来,这种尖锐的冲突在人类与科技进步之间一直都没有停止。

在《弗兰肯斯坦》这部小说中,玛丽·雪莱还描绘了心理和道德发展的一个可怕景象:当怪人感觉到他的容貌不为其创造者及周围的人们所接受时,便生发出了一种扭曲的道德观。只有做出损害人类的事情才能解除他内心最深处的痛苦,同时也会带给他一种报复后的快慰。正如他自己所说："我得不到任何同情,我真想把树木都连根拔起,在我周围制造一场大破坏和大灾难,然后坐下来欣赏那一片废墟。"

美国心理学家爱德华·S·里德称:玛丽·雪莱关心的问题是一个新生的机体是通过什么样的自然过程来获得"灵魂"(情感、思想以及有关正误的知识)的?她对一个公认堕落生物的分析相当成功,但在很大程度上,作者用来建立她的道德场景的科学心理学却被忽略了,因为读者(甚至批评家)倾向于注意故事情节而非分析其心理学基础。

玛丽·雪莱本人也说:"这是一个最惊世骇俗的故事,它探索创造的两大秘密:生命与死亡。我想它会使你入迷,也许还会使你感到震惊,甚至还会使你感到恐怖……"但她同时力图表明,自己创作《弗兰肯斯坦》并非纯粹是在编织一连串荒诞不经的恐怖故事。

她认为,《弗兰肯斯坦》这篇故事之所以引人入胜,没有落入一般鬼怪故事的窠臼,是因为故事本身所展示的新奇场景;尽管故事不能作为活生生的事实为人接受,但它提供了一个新的着眼点:借助于想象,较之单凭观察现实生活中的普通人事关系,更能全面地、居高临下地刻画人类的激情。"因此,我在勇于有所创新的同时,尽力地保存住人类天性种种基本要素的真实性。希腊悲剧史诗《伊利亚特》,莎士比亚的《暴风雨》和《仲夏夜之梦》,尤其是弥尔顿的《失乐园》,全都恪守这一准则。"

创新启示

玛丽·雪莱创作的《弗兰肯斯坦》既有对科学的大胆想象又有对人性的精深反思,它逼真地描述了"可能世界"中的社会伦理,揭示了其中激烈的矛盾冲突。小说主人公的痛苦,实际上源自他轻率创造的东西对自己权威性的挑战。科幻文学的这篇开山之作影响深远,以此为母题的科幻小说从那以后层出不穷。

凡尔纳
伟大的"科学预言家"

儒勒·凡尔纳(Jules Verne,1828—1905),法国科幻作家。出生于法国的一个律师家庭,早年在巴黎学过法律。他十分喜欢文学,尤其是戏剧和诗歌。1862年,凡尔纳的第一部"科学小说"——《气球上的五星期》出版后大受欢迎。随后,凡尔纳陆续又写出了六七十部"科学小说"。

凡尔纳并不是第一个撰写科幻小说的人。但是,他写作的题材和写作方法,对科幻小说的发展和普及起到了不可或缺的作用。所以,人们把他誉为"科幻小说之父""未知世界的探索先驱""科学浪漫主义的奠基人"。

历史往往充满着神奇的巧合。

1828年2月8日，在法国西部的海港城市南特，有一个新生命呱呱坠地。然而，在这个小公民的出生证明文件上，"1828"却被写成了"1928"——相差100年！难道正是这样的一个失误，宿命地注定了这孩子成年以后那非凡的预见力吗？

时光悠悠，晃过了161个年头。1989年的一天，这个传奇人物的曾孙找到了他完成于1863年、但未曾发表的一部手稿——《20世纪的巴黎》。由于当年出版商无法理解和接受作者对1963年的巴黎所作的"不可思议"的幻想，将其打入了冷宫，并用红笔在手稿页眉上批道："所有这些先知的画面，100年以后还嫌夸张呢。无疑你是一个先知，但大家不会相信你的预言……"

可是，这部在保险箱中沉睡了多年的书稿，却以19世纪的想象力，逼真地描绘了100年后由摩天大楼、电动楼梯（电梯）、计算机、复印机、照相电报（传真机）、汽油动力的自行车（汽车）、霓虹灯、高速列车和全球通信网络交织而成的缤纷世界；而书中有关巴黎的许多描述，与20世纪60年代巴黎的情形几乎一模一样——这个预言家就好像一直生活在我们中间，用他那生花妙笔勾勒着人类美好的明天，引领着我们在幻想中漫游世界。

他的名字叫凡尔纳。

凡尔纳出身于法律世家，律师、诉讼代理人和法院书记等法律相关的职业在凡尔纳家族已三代相传。按照父亲的"设计"，凡尔纳要在南特读小学、中学，然后在他的律

19世纪的巴黎（左）与20世纪的巴黎（右）

幻想与现实的比照

凡尔纳的"科学小说"内容庞杂、包罗万象,其中的假设与预言,后来大多为科学的发展所印证或实现。

他在1865年发表的《从地球到月球》,根据当时的科学知识推断并描述了整个登月旅程,其准确性简直有点儿不可思议:他选择的发射地点与佛罗里达州的卡纳维拉尔角(肯尼迪空军基地所在地)相距不远;他给出了飞行器摆脱地心引力所需的初速度;在其续篇《环绕月球》中,他准确地描述了失重的影响,并勾画了宇宙飞船重返大气层、坠入太平洋的壮观场面;而且,他记述的地点与1969年美国阿波罗11号飞船从月球返回时抵达地球的地点仅仅相距4.8千米!

阿波罗8号的宇航员弗兰克·博尔曼曾写信告诉凡尔纳的孙子说,他驾驶的宇宙飞船跟凡尔纳小说中描述的飞船重量相同,高度也一样。他妻子读了《从地球到月球》之后,对他面临的命运深为忧虑。因此,为使妻子恢复信心,他不得不嘱咐她读一读《环绕月球》。

师事务所见习,再去巴黎学法律并取得律师资格。可凡尔纳的心思并不在那里。他从小就十分喜爱文学,立志以文学作品建功立业、出人头地。好在他的爱好和想法得到了父亲的理解乃至迁就。

不过,凡尔纳自己心里也很明白,纯文学的路子实际上很窄。要想有所作为,就得独辟蹊径。在巴黎从事戏剧创作期间,他常常光顾国家图书馆,翻阅各种图书、科学杂志和报纸,了解各项新发明和新发现;同时,他开始系统地研究地理、数学、物理和化学等学科,并记了许多笔记,积累了大量的资料。渐渐地,他萌生了一个想法:可以把技术资料与小说结合起来,把幻想与现实、冒险与科学原理融汇在一起撰写小说——他称之为"科学小说"。

1862年,34岁的凡尔纳写出了他的第一部"科

《海底两万里》封面

学小说"——《气球上的五星期》,出版后大受欢迎。随后,凡尔纳陆续又写出了《地心游记》《从地球到月球》《八十天环游地球》《格兰特船长的儿女》《海底两万里》《神秘岛》等六七十部"科学小说",并很快风靡世界。自此,科幻小说才真正受到读者瞩目,并产生了世界性的影响。

凡尔纳之墓

凡尔纳的"科学小说"激励或启发了许多杰出的科学家、发明家和探险家。这当中包括齐奥尔科夫斯基(宇航先驱者之一)、威廉·毕比(第一位用球形潜水器进行深海观测的发明者和领航员)、阿迪迈尔·理杰德·伯德(南极探险的先驱)、尤里·加加林(第一位进入太空的宇航员)、尼尔·阿姆斯特朗(第一位在月球上行走的宇航员)、奥古斯特·皮卡尔(首次完成气球同温层飞行的探险家)等。

美国科学家、潜艇发明者西蒙·莱克在其自传中一开始便这样写道:"儒勒·凡尔纳是我一生事业的总指导。"而法国元帅、法兰西学院院士利奥泰甚至认为:"现代科学只不过是将凡尔纳的预言付诸实践的过程而已。"有人甚至提出了"一个并非不合理的假设":假如凡尔纳没写过《从地球到月球》和《环绕月球》这两本书,现代宇航学就可能遇到更多的挫折。

创新启示

凡尔纳借助冒险小说的方式,带领读者在科幻时空里遨游。他对他所要描写的领域都进行了严肃认真的研究,并构想出符合科技发展趋势的未来世界。因此,他经过审慎思考、合理推断并想象出来的问题答案,在某种程度上能够与现代的解决问题的方式相似或共通,不足为怪。

贝拉米 展望"理想社会"

爱德华·贝拉米(Edward Bellamy,1850—1898),美国作家。出生于马萨诸塞州的一个牧师家庭。曾就读于纽约州联合学院,后赴德国求学。他学习法律并取得了律师资格,但从未执业,而是转入新闻界当编辑,同时开始尝试文学创作。他在思想上是改良主义者,在艺术上则属田园浪漫派,其早期作品深受霍桑小说的影响,带着一种忧郁、伤感的情愫。

1857年夏的一天,美国波士顿一个名叫朱利安·韦斯特的年轻人,因患有严重的失眠症,由医生施以催眠术入睡。不幸的是,一场火灾突如其来,事后人们都以为他已被烧死,化为灰烬。

然而,谁都没想到,他沉睡于祖宅那间特别设计、改造过的屋子,躲过火魔沉到地下去了。由于在催眠完成后生理机能全部陷于停顿,且细胞组织没有消耗,他便在那样的特殊条件下得以存活,足足睡了113年零3个月又11天,醒来已是2000年9月10日。

"醒"来以后的韦斯特依旧年轻,并且保持着以往的记忆。极富戏剧性的是,此时照顾他的一个年轻女子,正是他从前的未婚妻伊蒂丝的曾外孙女。人们告诉他,虽然自他"入睡"以来只过了一个世纪,但世界的变化却比以往几千年都大得多……

这是贝拉米在1888年发表的《回顾》一书开头讲述的故事。乍一看,这似乎是一部传奇小说,但它在问世不久即被普遍认为是一部采用小说体裁写就的伟大的经济学论著,甚至,"它指导了经济思想的方向,确定了政治行动的方法"。

在这部不到17万字的作品中,作者巧妙地给自己的那些"理想主义的说教"裹上了一层颇有悬念也富于浪漫色彩的故事外衣。借此,他得以在天马行空般地描述幻想世界中的政治制度和经济制度的同时,比照并抨击了他所生活的那个时代的一切弊端,并阐明了自己的带有社会主义性质的改革和改良主张。

作品开篇即把当时的社会比作"一辆巨大的车子",广大群众被驾驭着,在一条坎坷不平、布满沙砾的道路上艰难地拉着车子前进;而车上的乘客却可以逍遥自在地观赏风景,或对那些筋疲力尽的拉车者评头品足。在作者看来,私人资本占有制度是一切社会灾难的根源,它不仅导致了经济上的自杀和道德上的堕落,而且还造成了全社会的巨大浪费。

作者主张,由国家接替私人企业,成为唯一的资本所有者,并且将国家行政机构与生产管

《回顾》初版封面

理系统统一起来，对社会生活进行全面的统筹安排。而后，建立一个全球性的自由联邦同盟，由此再逐步过渡为一个全世界单一的国家。那时，由于消除了贫穷和对贫穷的恐惧，消除了奢侈和对奢侈的向往，人们的道德标准有了很大的变化；而贫富差别、压迫者与被压迫者也都不复存在，人类将共同进入到一个更高的发展阶段。

《回顾》这部"乌托邦"文学的代表性著作，也可谓是一部"社会幻想小说"。贝拉米称自己是"以完全严肃的态度，根据进化的原则，对人类的、特别是对国家的生产和社会发展的下一个阶段作出预测"。

或许贝拉米太过乐观了。的确，《回顾》一书给他"招"来了不少信徒——当时还真有人认真地进行了努力，试图把书中想象和描绘的社会变成现实（为此他们成立了大约150个"国家主义者"俱乐部）。但是，也有不少人认为，贝拉米心目中的那个"理想社会"的实现，实际上是遥遥无期的。1888年3月30日的《波士顿纪事报》载文指出：

对人类社会的美好期待

极富理想主义色彩的贝拉米，其人生过得却是那般仓促，这不能不令人感到痛惜。48岁那年，在完成《平等》（《回顾》的续集）一书后，他突然肺病发作。于是，1897年9月，他与家属一道前往丹佛疗养。在整个美国西部地区，贝拉米受到了广泛而又热烈的欢迎——此时作家已享有较高的国际声誉，《回顾》一书已被译成20多种文字，印了数百次，行销近百万册。然而，这个淡泊名利、谦逊平和的人根本不愿领受公众对他的夸赞。

次年4月，贝拉米自感来日无多，便决定打道回府。在老家住了一个月后，1898年5月22日，贝拉米走到了人生的尽头。下葬前，亲友们围绕在他的遗体旁，深情地朗诵了从《回顾》和《平等》两书中摘出的几段话，以他自己的语言，真切地表达了他对人类社会的美好期待——

……你们问道：既然人类不免一代又一代地死亡，我们还期望些什么呢？我回答：广阔的前途展开在我们面前，但由于前途光明灿烂，我们却看不到最终的目标了。人类要回到作为"我们的归宿"的上帝那儿去，有两条道路：个人通过死亡的道路回去，人类通过完成进化的道路回去。到那个时候，目前还未显示出来的上帝的秘密也将完全被揭露。让我们用眼泪送走黑暗的过去，转身面向灿烂的未来，遮住眼帘，向前猛进吧。

"国家主义者"俱乐部成员合影

《回顾》"犯了一种荒谬的错误",以致严重地贬低了该书作为一本现实主义幻想作品的价值。文章作者认为,那个"理想社会"的实现时间应该是在75个世纪之后,而不是短短的100年。

其实,对《回顾》这部作品进行评判,不在于它的预测是否准确或能否如期实现,而应该看到:它通过文学这种通俗易懂的形式,完整地表达了普通劳动者追求平等解放的美好愿望,并且形象地展现了作者心目中人类的崇高理想;同时,它也让我们看到了人类社会那不断失落而又不断寻获的希望。

值得一提的是,贝拉米在小说中描绘的20世纪后期的一些图景,很多都实现了。比如根据邮购目录选购商品、制造商对消费者的直售网点、信用卡、无线电广播等。

创新启示

时代潮流必然导向某种社会形式的最终实现。贝拉米在《回顾》中对自己身后100多年以后的世界(2000年)展开了大胆的想象,进行了严谨的预言,并借由小说中人物之口,表达了自己对社会改良的种种思辨,以及对劳动者的同情和对未来世界的美好期待。

威尔斯"我警告过你们"

赫伯特·乔治·威尔斯（Herbert George Wells, 1866—1946），英国科幻作家。出生于英国伦敦附近的一个小镇布罗姆里。他的父亲是个小商人，母亲做过女仆和管家，家境并不算好。威尔斯12岁那年，父亲开的小店破产，他便被迫辍学去服装店当学徒，随后还做过邮差和店员。

少年威尔斯勤奋好学，极爱读书。正是靠着不懈努力，后来他凭借奖学金进入伦敦的一所科技师范学校，师从著名科学家托马斯·赫胥黎学习生物学，并取得了优异的学习成绩。大学毕业后，威尔斯做过教师，但不久他便辞职从事新闻和小说创作，撰写有关科学方面的文章。

1938年万圣节前夕,即10月30日晚上8时至9时,美国全国广播公司播出了以威尔斯的《星际战争》为蓝本改编的一出广播剧。剧中,"空中使者剧院"导演兼演员奥森·威尔斯,以一场大灾难中唯一幸存者的口吻,"披露"了火星人突然侵略地球,并用热线和毒气屠杀人类的消息。

没想到,不少人听后竟信以为真,吓得胆战心惊,大批居民因此仓皇出逃,警车、救护车响声不断,一切都乱了套。在费城,妇女儿童奔出屋外,哭天喊地;在新泽西州的纽瓦克,警车疾驶到一个住宅区,去保护居民,使其免受侵害;在南部地区,男男女女一群群地跪在地上祈祷上帝来拯救人类……此事成为广播史上最大的恶作剧。根据普林斯顿大学一位教授的调查,约有170万人相信了这个恶作剧,并有超百万人因此产生了强烈恐慌。

《星际战争》(又译《大战火星人》)发表于1898年,此前3年,29岁的乔治·威尔斯因创作出版中篇科幻小说《时间机器》而一举成名。《时间机器》讲述的是一位时间旅行家在发明了可以在时间中旅行的机器后,对未来进行了勇敢的探测,他看到了80万年之后的人类世界及其两个对立阶级之间的矛盾冲突。后来,威尔斯又相继创作了《摩若博士岛》《隐身人》《登月先锋》等众多科幻作品,以及其他纯学术作品或小说,内容几乎涉及了每一个学科。

威尔斯很早便清楚地意识到了科学技术的双刃剑效应。发表于1896年的《摩若博士岛》,讲的是一位生物学家在荒岛上对野兽进行器官移植实验,使它们变成类似人的动物,并强迫它们接受人类社会的纪律约束,但最终都失败了的故事。它与1897年发表的《隐身人》主题相近,意在告诫人们:科学技术并不都能造福于人类;科技发明如果使用不当,也会对社会造成危害。

与学识渊博的凡尔纳相比,威尔斯表现在作品中更多的是各种新奇的想象,如利用机器进行时间旅行、用化学物质实现隐身、蚂蚁

1927年8月科幻杂志《惊奇故事》封面。它描绘的是威尔斯《星际战争》中,火星人入侵地球时的场景。

俄罗斯发行的纪念威尔斯150周年诞辰的明信片

占领世界、海洋生物袭击人类……这些故事既有颇为引人入胜的浪漫情节，又有一定的科学事实和预见性，有的甚至还带一点儿讽刺意味。

威尔斯特别关注进化问题。他认为其他生物，如蚂蚁、乌贼，也许它们的进化都尚

关注科技进步的结果

威尔斯是与凡尔纳齐名的世界著名科幻小说作家。曾有人对两人作过这样一番比较：如果说，凡尔纳以极大的热情去幻想一个美好的未来社会，捕捉住了科学技术带给人类的欢娱（乐观主题）；那么，威尔斯则讲述了技术奇迹下人类的复杂感受，其注意力集中在描述科学技术对人类生活的影响上面（悲观主题），这一点倒是与玛丽·雪莱一脉相承的。

有意思的是，威尔斯本人并不认为自己的科幻小说具有凡尔纳作品的特色，他甚至拒绝被称为"英国的凡尔纳"。他认为，凡尔纳作品的内容"总是涉及有关发明以及发现的实际可能性……但我却没有试图去描写这些。我所写的是在另一个截然不同的领域中进行想象"。这些"科幻传奇"是想象的产物，梦里感觉它是真，醒来即知全是空，其目标不在于预见科学发展的可能性。所以，对威尔斯来说，更重要的不仅仅是科技进步，而是进步的结果，以及它照在人性上的光彩。

未停止，未来都有可能成为人类的竞争对手。晚年的威尔斯投身于政治，对人类生活状况的改善深表关切，并写过一些政论性的著作和社会批判小说。他极力倡导在好人中实现公开的联合，从而建立一个新的世界秩序。在20世纪30年代，威尔斯曾分别会晤过美国总统罗斯福和苏联领导人斯大林。他进入中国的第一篇作品，不是科幻小说，而是一篇关于中国问题的政治评论。

威尔斯的科幻小说对于现代武器的预言尤其醒目。他预言了装甲坦克在战争中的运用；他预见到飞机将用于战争；他还是"原子弹"一词的发明者，他所描写的原子弹爆炸情景与后来的实际情形十分相似。在73岁那年出席一次招待会时，威尔斯的一位好友问他近来干了些什么，他回答说在给自己写墓志铭，一句很短的墓志铭："上帝将要毁灭人类——我警告过你们。"

威尔斯具有多方面的才能。除了科幻小说，他还写了大量其他类型的作品，因而获得了科幻作家、喜剧小说家、社会小说家、社会哲学家、未来预言家和人类历史学家等多项"桂冠"，有人甚至称他是"科幻小说界的莎士比亚"。

创新启示

威尔斯的科幻作品侧重于展现科学技术的发展对人类生活的影响，以及技术奇迹下人类的复杂感受。对他来说，更重要的不仅仅是科技进步，而是进步的结果，以及它照在人性上的光彩。他开创了时间旅行、外星人入侵、反乌托邦等现代科幻小说主要类型的写作模式，深刻影响了科幻创作的走向。

根斯巴克 描绘科学发展的预言式愿景

雨果·根斯巴克（Hugo Gernsback, 1884—1967），美国科幻作家，科幻文学的先驱之一。他出生于卢森堡，1904年移居美国，从事电器产品的开发和经营工作。1926年创办了世界上第一本真正意义上的科幻杂志《惊奇故事》。著有科幻小说《大科学家拉尔夫124C·41+》。世界科幻协会年度科幻小说奖以他的名字命名为"雨果奖"。

火星上分布着大大小小的运河,而且存在着拥有较高智能的生物!

1893年的一天,卢森堡的一个9岁男孩偶然读到这样一些"新发现",激动不已。随即他便陷入一种迷思状态之中,不时自言自语地念叨他所能想象到的火星上的奇观。家人感到莫名其妙,为他担心了好些天。

几年过后,这个喜欢鼓捣小机械装置、名叫根斯巴克的年轻人又迈进了无线电的世界:在德国的一所工业技术学院里主修电机与通讯课程。1903年,年方19岁的他怀揣200美元和一份改良电池设计图,去往美国。打过一阵工后,他创办了一家公司,专事生产他自己研制的家用无线电收音机。随后又做起了家电产品和科学仪器的进口生意。

1909年,根斯巴克创办了《现代电器》杂志,向读者介绍各种电器产品与相关知识,以及他在科技方面的一些构想——他本人发明了来复式再生电路和其他一些无线电器件,一生中获得发明专利80多项。1911年春,为弥补杂志稿件不足的问题,根斯巴克亲自上阵,创作了一篇推想未来事物的小说,从当年4月起在杂志上连载。

这篇小说有个奇怪的名字:《大科学家拉尔夫124C·41+》,还有一个令人浮想联翩的副标题:公元2660年的浪漫曲。小说以丰富的想象力全景式地描绘了未来科技的发展,尤其是27世纪的各种奇异机器,以及那时人们的生活状态。同时,

《现代电器》杂志封面

大胆地预言了雷达、不锈钢、人造丝、苹果梨、自动售货机、自动包扎机、微型胶卷、传真照片、电视直播、电视报纸、睡眠学习法、海底隧道、快速交通、射线(电)望远镜、太阳能发电、宇宙航行等在当时尚属新奇,而今天已为我们所熟知的种种事物或情景,各种技术细节亦十分逼真。生活中常见的"电视(television)"一词最早就出现在这部作品里。

这篇连载了12期的小说,由于是在应急状态下分期写就,没有完备的总体构思,因而显得结构松散、叙述混乱;又由于作者太重科技内涵和知识灌输,也使得小说人物形象单薄、故事情节苍白。然而,尽管存在这样一些艺术性缺陷,这部作品仍被看作是

"科幻小说"得以正名

根斯巴克称其创办的《惊奇故事》选发的作品是"scientifiction"(科学化的小说或关于科学的小说),还将其用作杂志的副标题。其实,起初他曾考虑将"scientific"(科学的)与"fiction"(小说)捏合,直接给杂志取名为"Scientific Fiction"(科学的小说),可此名因要重复发出"fic"这个音节而很难快速发音,于是将其中一个音节去掉而组合成scientifiction一词。他用"stf"作为其缩写。

1929年6月,根斯巴克又创办了一本名为《科学奇妙故事》(Science Wonder Stories)的新杂志。在创刊号中,根斯巴克用了一个新的术语——"科幻小说"(science fiction),简称"s.f"或"sf"。一种发展了百来年但却没有一个统一名号的文学品种,由此得以正名,顶门立户,走向自觉化、职业化。

继凡尔纳之后最富预见性的科幻小说。特别是,它实际上以一种基础文本的形式,界定了后来引领科幻小说发展的一些观念或准则:作者在现实科学的基础上以某种方式作出推断,描绘出将来各种技术与发明的可能形态,以及科技发展对未来社会和人类的影响。

1913年,根斯巴克将《现代电器》杂志更名为《电器实验者》,7年后再度改称《科学与发明》,而且更加注重刊发他所力推的那种展望技术发展前景、带有科学幻想性质的小说。渐渐地,在他的杂志的读者当中,有了不少此类作品的拥趸,他也看到了其市场潜力。1926年4月,他创办的世界上第一本纯科幻小说杂志问世,起名为《惊奇故事》。他在发刊词中不无自豪地写道:"这本杂志的诞生是一个崭新的尝试,无论就内容还是形式来看都有它的独到之处。其中许多东西是在我们国内前所未见的。"

根斯巴克称新杂志刊发的"这些惊奇故事不仅是极度有意思的阅读享受,而且相当具有教育意义"。杂志的封面是与当期主题内容相关的一幅极富幻想

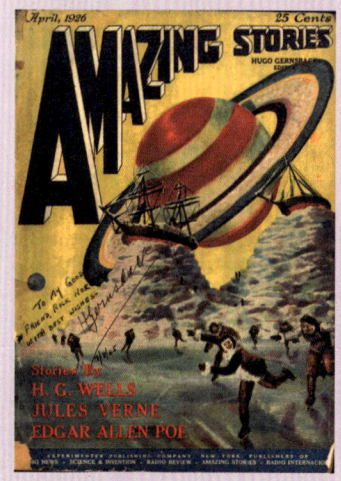

《惊奇故事》创刊号

色彩的彩画,杂志名称的字体由大而小,像是向着久远的未来延伸。对科学传播怀有传教士般热诚的根斯巴克,将科幻小说视为一个学习的工具、一种教育的力量,把他创办的科幻杂志当作是传播科学技术的渠道,像是一种用糖衣包裹着的知识药丸,其公式是"75%的文学+25%的科学"。登在杂志上的还有这样一句广告词:"今日夸大的幻想,明日冷酷的事实"。而根斯巴克所定义的科幻小说的三个基本要素,更体现了他对科幻功能的理解:"浪漫传奇"——叙事架构,后被升格描述为"惊悚冒险";"科学事实"——将对现有科学原理的大段说明融入故事之中;"预言式愿景"——对可能的新科学发现或发明进行的细节性描述。

西方科幻史家通常都把1926年至1937年称为科幻小说取得惊人成就的时期,而把1938年至1949年划为科幻小说大量出现的"黄金时代"。推动科幻小说的繁荣发展,科幻杂志功不可没,而创办了世界上第一本科幻杂志的根斯巴克居功至伟,此举堪称科幻发展史上的一座里程碑。正是从这个意义上,有人将根斯巴克视为"科幻小说之父"和"科幻杂志之父"。

20世纪30年代末,根斯巴克渐渐脱离出版界,在科幻小说领域的影响日渐式微。然而,科幻界并没有忘记他。1953年,为了向在27年前创办了世界上第一本科幻杂志的雨果·根斯巴克表示敬意,世界科幻协会"科幻小说成就奖"被命名为"雨果奖"。

1967年8月19日,人生后半场事业并不顺畅的根斯巴克在孤寂中告别人世,享年83岁。

创新启示 ⚑

工程师出身的根斯巴克十分看重科幻作品的教育功能。他对科幻的最大贡献是率先对科幻小说的基本特征和功能进行了界定,创办了世界上第一本科幻杂志,挖掘了一大批优秀的科幻作家,同时培育了许多忠实的科幻读者,极大地促进了科幻小说的发展与繁荣。

敲响"极乐"警钟

赫胥黎 美丽新世界

奥尔德斯·赫胥黎（Aldous Huxley, 1894—1963），英国作家。出生于大名鼎鼎的赫胥黎家族，其祖父托马斯·赫胥黎是著名的生物学家（被称作"达尔文的斗犬"）。他先后毕业于伊顿公学和牛津大学，原本攻读医科，由于严重的眼疾，改读文学。他一生创作了50多部小说、诗歌、哲学著作和游记，其中以《美丽新世界》影响最大。

2010年10月,媒体先后披露了3条与人工生殖技术相关的要闻:其一,85岁高龄的"试管婴儿之父"罗伯特·爱德华兹,因发展体外受精疗法而获得了2010年度诺贝尔生理学或医学奖;其二,一个由冷冻了将近20年的胚胎孕育而来的健康男婴在美国一家医院诞生,打破了此前胚胎冷冻13年后成功孕育的纪录;其三,澳大利亚研究人员发现一种可以精确测定胚胎健康状况的新方法,借此医生可以挑选出最健康的胚胎植入子宫,这项技术可大大提高体外受精成功受孕的概率。

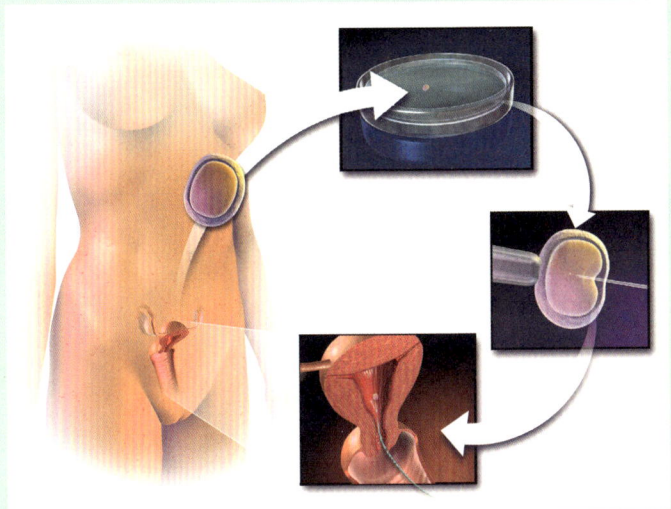

试管婴儿过程示意图

这3条互为关联的重要信息,既呈现出生育技术进步及人类"改良"自身的美妙图景,又潜藏着敏感的道德纠结与伦理纷争,可谓喜忧参半。

可以想见,一旦科学家能够做到纠正基因缺陷、治愈遗传疾病,可能将来就很难再拒绝我们给未出生胎儿另外附加某些理想的遗传性状,诸如更高的智商、更好的容貌、更强的体魄,或者某些特异的个性特点。

这样一来,原本为了预防某些疾病而开发出来的一项技术,极有可能会发展成用以制造"完美"孩子的工具。其结果是,某些人或许会因其选择的特定基因而获得生存优势,终使社会上分化出遗传基因优势人和遗传基因劣势人,遗传歧视之门可能将由此打开,"遗传统治"顺"势"而为。而以基因纯洁性的名义所施行的流产、绝育乃至谋杀,恐怕也难以避免。

有朝一日,我们甚至还有可能走得更远:可以决定什么类型的男女能最好地确保人类的延续,然后人工繁育出这样的男女,就像英国作家赫胥黎在其科幻名著《美丽新世界》中所描述的那样:在未来高度发达的社会里,一个人从出生到死亡都受到控制。医学的进步将使分娩过程越来越脱离自然,越来越容易得到控制和操纵。人类的下一代由人工孵化诞生,并在人造子宫中培育长大。

这是一个有阶级、有社会分工、物质产品极大丰富的"极乐世界"。在这个世界里,人类的生殖是在孵化器(试管)中进行的。通过对精子和卵子进行操作(在某些情况下也就是进行克隆)之后,让所形成的胚胎在精细的营养、药物和配额氧气的控制下,发育成不同的社会等级成员,分别从事不同性质的社会活动。

在这个"美丽新世界"里,孩童要接受持续不断的睡眠教学(在睡觉时洗脑),以及新巴甫洛夫式的条件反射,直到每个人长大成人时"真的"喜欢他或她所被安排的那种生活。此外,国家还发放一种叫做"索麻"的精神麻醉药物,让人们忘掉不愉快的事情,

"美丽新世界"

《美丽新世界》这个名字是有其特殊意味的——出自莎士比亚名剧《暴风雨》。剧中有个米兰达公主,她从小就生活在荒岛上,除了自己的父亲,没见过任何人类。该剧第5幕第1场,米兰达猛然看到一大群从海难中生还的人,情不自禁地大声喊道:"神奇呀,这里有多少好看的人!人类是多么美丽!啊,美丽的新世界,有这么出色的人物。"

"美丽新世界",乍一看,这是对于科技文明和人类前途抱持着天真的乐观所发出的一句赞叹,可赫胥黎用作书名,实际上却是一种反讽。赫胥黎为我们描绘了一个虚构的福特纪元632年,即公元2532年的社会。正是通过那个"完美"乌托邦的种种"文明",他辛辣地讽刺了科技和专制奴役人类的结果:人类沦为机器,个性与自由被扼杀,文化艺术濒于毁灭。

沃特豪斯画作《米兰达》

保持愉快的心情。

由于都是在"标准""规范"和"理性"之下生活,人们没了情感、痛苦和尊严,家庭和传统文化也消失了。最可怕的一点,同时也是作者的寓意所在:人们崇拜那些使他们丧失思考能力的工业技术,自身最终也失去了自由、人性和创造力……

波希画作《生世乐园》

赫胥黎以《美丽新世界》成名,他的这部幻想小说与乔治·奥威尔的《1984》、扎米亚京的《我们》并称为"反乌托邦"三部曲,在国内外思想界影响深远。

创新启示 🚩

赫胥黎在《美丽新世界》中,用一种超然的眼光看待所谓的"完美世界"及其对人性的抹杀。他敏锐地察觉到,科技进步在极大地便利了我们生活的同时,也有可能会导致人类大脑僵化,最终丧失思考与创造能力,乃至自食恶果。他用文字为我们敲响了警钟。

恰佩克 最先塑造机器人的人

卡雷尔·恰佩克(Karel Capek, 1890—1938),捷克剧作家、科幻作家、童话寓言家。出生于捷克一个乡村医生家庭,父母亲均热心参与文化活动,哥哥是一位喜欢文学的画家,他们对恰佩克产生了很大的影响。大学时代恰佩克攻读哲学,并以一篇美学论文获得博士学位。毕业后他做过新闻记者和报纸编辑,并开始文学创作。

恰佩克擅长讽刺幽默和幻想,以善用虚幻、象征的现代派手法为世人瞩目。他的童话作品以鸟禽牲畜和幻想的形象来揭露、讽刺社会生活中的丑恶现象。

用永远不知疲倦的机器人代替人类工作,是人类长久以来的梦想,中外相关传说甚多。在古希腊时期,原始机器人以活雕像和各种神奇的机器等形态,存在于神话或诗歌作品之中。后来,开始出现模仿或模拟活物的自动装置。

到了18世纪,欧洲钟表业取得长足发展,各种观赏钟表和人形玩具相继出炉,引得贵族们争相收藏。当时,在法国和瑞士有许多技术专家在王室的资助下大显身手,接二连三地制造了许多自动偶人,它们能够自动地写字或弹琴。这些偶人实际上都是使用诸多凸轮(主要是把回转运动变成往复运动的机械零件)制造出来的复杂而又精巧的机械。

随着西欧工业革命的开始,各种类别的自动装置纷纷面世,其性能和控制功能也得到不断提高、完善。人们对"人造人"的幻想更是多姿多彩,并逐渐从过去的神话型幻想向科学型幻想过渡,但同时也搅起了一种不安的情绪。1818年,玛丽·雪莱发表了近代第一部科学幻想小说——《弗兰肯斯坦》,讲述了由人创造出来的"活的形体"最后竟然害死了创造者本人的故事。

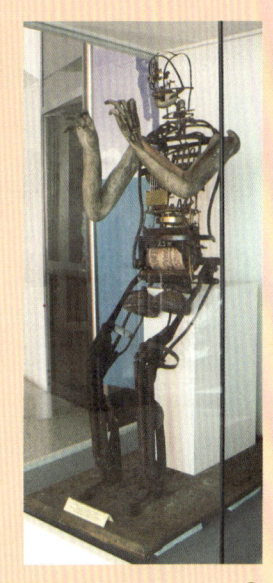

自动偶人 Ⓟ

100年之后,这个故事又以更高级的翻版形式问世了。1920年,捷克斯洛伐克剧作家恰佩克写出了一部科幻剧本《罗素姆万能机器人》,并于次年在布拉格的国民剧场演出,产生了广泛的影响。该剧讲述了23世纪初期,机器人不愿再受人类统治,发动

话剧《罗素姆万能机器人》剧照 Ⓟ

"最真实的人类历史的对照"

从创作上看，恰佩克是一位具有民主意识和进步思想的作家。与他同时代的捷克同胞尤利乌斯·伏契克曾对他有过一番深刻的剖析："他真愿意自己生活在其中的这个世界，是一个能为所有人完全忍受得了的，乃至不必进行任何激烈改革的世界。可是，他又不能不感觉到事实并非如此。所以说他是诗人，他的作品常常流露出由这一感受而引起的痛苦情绪。"

而当有人指责他的《白色病》（一部富有哲理的科幻剧本）太过于悲观时，他答道："任何戏剧都不是为了指明世界的好坏，只是为了使我们从中体验到恐怖感，认识到必须要有正义。"

恰佩克的名作《鲵鱼之乱》带着强烈的现实和时代意义，正如作者所言：这部幻想小说是"与人类历史，而且与最真实的人类历史的对照"。他的反思发人深省："假设人之外的另一种动物能到达我们称之为文明的这个程度，它们会做出人类所做出的同样疯狂的行动来吗？如果那生物采取另一种野蛮的方式宣传：因为它们的文明优越，群体数量庞大，所以唯独它们才有权住满整个地球，并高踞于一切生命之上，那么我们该说什么呢？"

叛乱并屠杀人类的故事。剧中首次使用了"robot"（机器人）这个词。它源于捷克语中的robota一词，意为奴隶或被压迫的劳工。

恰佩克塑造的机器人，类同于《弗兰肯思坦》中在实验室里用化学方法制造出来的成果，应该称作"人造人"或"复制人"。而"机器人"则应是由电脑和机器零件组装制造的"机械人"。不过，如今科幻作家们已经习惯用"机器人"来表示用机械制造的人造人了。

恰佩克最先发掘了机器人题材，并开创了东欧当代科幻小说的先河。他笔下的机器人是具有象征意义的，故事本身也引发了人们无尽的思考：人们制造机器人的本意是想让人类从繁重的体力劳动和令人生厌的工作中解脱出来；可是，一旦脱离了人的控制，机器人竟变成了人类的敌人，反过来伤害我们。这样的"臆测"，表现了人类在迎接机器人时代到来的同时，对未来的迷惘与忧虑，而且在随后几十年中几乎左右了机器人科幻创作的主题，并潜移默化地影响着社会公众的心理。

恰佩克深受西方哲学、文学思想的影响。他善于采用虚构的情节和戏剧冲突揭示现实中的矛盾，通过动物或某种幻想的形象来讽刺社会生活中的丑恶现象。他在20世纪30年代中期创作的三部著名作品《鲵鱼之乱》《白色病》《母亲》即是用科幻的手法，表现了反法西斯主义的战斗精神。

其中发表于1936年的寓言体科幻小说《鲵鱼之乱》，是一部政治性极强的科学幻想小说。该作品生动地叙述了法西斯主义的发家史，描写了资本家们利用机灵的鲵鱼来追求利润，并借它们煽起民族间的仇恨，被武装起来的鲵鱼调过头来反对人类，并且要毁灭人类的过程。其矛头直指当时的德国元首希特勒，并深入挖掘了法西斯得以存在、猖獗的真正根源；而且小说里虚构的许多幻景，后来竟都成了惊心动魄的现实。

1938年12月25日，即《慕尼黑协定》签署、将苏台德地区划归纳粹德国的那年圣诞节，恰佩克在布拉格病逝，年仅48岁。次年3月15日，纳粹德国吞并捷克，恰佩克的祖国成了德国的"受保护国"。

鲵鱼化石

纳粹分子对这位胆敢讽刺德国的作家甚为恼怒，占领布拉格后即派出一帮盖世太保去找恰佩克算账——他们不知道作家已经仙逝，结果扑了个空，悻悻而去。

创新启示

率先在科幻创作中发掘出机器人题材的恰佩克，擅长运用虚幻、象征的现代派手法表达自己的观念。他很早就开始思考并提出来的问题——类机器人或者其他类人生物，有朝一日若是拥有了自我意识、脱离了人类的掌控，将会造成怎样的后果？于今也依然令我们深长思之。

戈达德 樱桃树上的梦想

罗伯特·哈金斯·戈达德（Robert Hutchings Goddard，1882—1945），美国物理学家、发明家。由于家庭经济条件不好，戈达德没能进入名牌大学学习他认定要圆自己太空梦所必须掌握的物理学和其他科学。在借钱付学费进了伍斯特工艺学院后，他仍花费不少时间去研究空间旅行方面的许多问题。1911年，他获得克拉克大学的物理学博士学位并留校任教，同时继续开展液体推进剂火箭的研制工作。1926年3月16日，他发射了世界上第一枚液体燃料火箭。

这是新英格兰地区秋日一个美丽的下午,确切地说,是1899年10月19日的下午。在马萨诸塞州的伍斯特,因病休学在家的戈达德爬上了他家储藏室后面的一棵樱桃树。干完修剪枯枝的活儿后,他坐在树干上,悠闲地欣赏着大自然展现在他面前的美景,又一次回想起前不久看过的威尔斯的科幻小说《星际战争》,脑海里突然闪现出一个新奇的念头:如果能够发明某种可以远征火星的机械装置,该有多好!

这个刚满17岁的大孩子顿时陶醉在自己的美好幻想之中,经历了影响他一生的奇妙体验。他一生魂牵梦萦的事业,也就从这里开始了。

戈达德从小就爱看有关太空旅行的书籍和文章,而真正启发他全身心思考太空旅行可能性的,正是凡尔纳的《从地球到月球》、威尔斯的《登月先锋》等科幻文学作品。这些科幻作品,在激发戈达德想象力的同时,也使这个病恹恹的大孩子确立了为实现太空旅行而奋斗的远大目标。

在高中学习期间,戈达德一直在思考太空飞行的实现方法问题,并记下了不时涌现在自己脑海里的一些新思想。他在1901年圣诞假期写的一篇专门探讨太空之旅的文章里,描述了他受凡尔纳小说启发所提出的火箭连续运作推进单元的架构,实际上就是后来多节式火箭的先导。他在1909年2月2日的日记中提到"只有用液体燃料才能提供星际航行所需要的能量",这是他最早的液体火箭思想。同年12月28日,他在笔记本上写下了26种飞行方法的摘要,以及进入太空的诸多问题。他的设想和分析涉及火箭及航天的各个方面,其中有许多航天新思想是首次被提出。

在他大学毕业以后从事教学期间,戈达德仍钟情于他的火箭研究。在那些岁月里,他常常由于科研资金的匮乏和得不到人们的理解与信任感到苦恼,好些报刊和专业人士还发表文章批评或挖苦他。他一方面需要到处"化缘"筹款,一方面还要找地方偷偷摸摸地进行他那吓人的试验。

在戈达德几乎是孤军奋战研制飞向太空的火箭之时,纳粹德国组织了一大批人马紧锣密鼓地研制"复仇使者"——V-1和V-2火箭,它们成了有史以来人类所发射过的体积最大、飞得最高的

第一枚液体燃料火箭升空实验

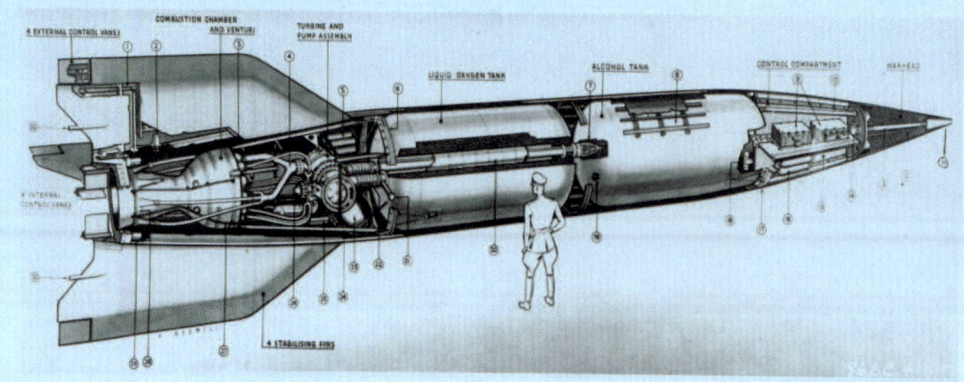

V-2 火箭

武器。戈达德一直怀疑他的研究成果被德国人剽窃了。二战结束后,德国的一些军事专家被带往美国。当一名德国空军的将军被美国人提审、问到火箭技术方面的问题时,他很惊讶地说道:"为什么不去问问你们自己的戈达德博士呢?"

"月球火箭狂"

戈达德早在1920年就成了"名人",但不是由于他的成就为人们所承认、仰慕,而是因为他这个绰号为"月球火箭狂"的疯狂科学家的一些"古怪念头"和奇怪行为。在很长时间里,戈达德的日子实际上很不好过。当他希望讨论飞往火星的宇宙飞船时,却被人们视为异端奇说而遭劝阻;他提出的一些有关月球探索的设想和建议,也被看作是无稽之谈,遭到讥讽。

在他的一篇重要论文、如今已被视为太空科学经典文献的《一种到达极限高度的方法》发表后,《波士顿报》刊出的报道语含讥讽地给出了这样的标题:"现代儒勒·凡尔纳发明月球火箭"。《纽约时报》则于1920年1月13日刊出一篇评论,挖苦他连中学课程的知识都没有。还有媒体指责他出于个人目的,故意扭曲科学真理。甚至,一位女影星也拿他寻开心,请他在第一次乘火箭飞赴月球途中给她发个信息。

1926年,当戈达德制造的第一枚液体燃料火箭于3月16日发射之后,新闻界还幸灾乐祸地嘲弄说:"月球火箭与目标相差238799.5英里(约合384310.5千米)"(这支火箭只飞行了约56米)。在此后的许多年里,还有人轻蔑地把戈达德称作"月球火箭狂"。有些地方报纸甚至登出漫画丑化他。

永远没有这样的机会了。此前不久的1945年夏天,戈达德因患癌症离开人世。而他实际上是在去世数年以后才真正为人们所认识和看重,并获得了极高的荣誉。1961年3月16日,在戈达德的第一枚液体推进剂火箭于马萨诸塞州奥本试飞成功后的35年后,罗伯特·哈金斯·戈达德空间飞行中心落成。这意味着戈达德的研究作为全部火箭技术的基础地位最终得到了承认。

在中心的落成典礼上,埃丝特·戈达德代她16年前逝去的丈夫,接受了被追授的国会荣誉勋章。勋章的背面,铭刻着戈达德高中毕业时的一句演说辞:昨天的梦想,就是今天的希望和明天的现实。

戈达德空间飞行中心　　　　　　　　　　　　　　　　Ⓟ

创新启示

作为"航天时代的引路人",戈达德既是理论家又是实践家。他倾情于液体火箭研发的动力之源,出自对火箭的强烈兴趣。这个最好的"老师"又鞭策他持之以恒、矢志不渝地为着自己的理想和目标去奋斗,终以创新成果将昨日之梦想化为今日之现实。

西拉德
原子时代最具远见的先驱者

利奥·西拉德(Leo Szilard,1898—1964),美籍匈牙利裔理论物理学家。出生于匈牙利布达佩斯的一个犹太富裕家庭,父亲是一名土木工程师。他早年在约瑟夫国王技术学院学工程学,后被征入奥匈军队。退伍后西拉德到德国柏林高等技术学院(柏林工业大学的前身)攻读化学工程,后入柏林大学读物理学,获博士学位。1933年迁居英国。1938年移居美国,先后在哥伦比亚大学和芝加哥大学从事核物理学的基础研究和应用研究。1958年获爱因斯坦奖,1959年获原子能和平利用奖,1961年被选为美国国家科学院院士。

聪颖睿智、爱读科幻小说的西拉德无疑是科学家中最棒的一个预言者。特别是，对于变糟的事情他常常有着惊人的预见性，而且总能被后来的事实所印证。

1933年1月30日，阴险狂妄的希特勒被任命为德国总理，西拉德立刻敏锐地意识到，纳粹势力必将肆虐欧洲。随即他便走访其在匈牙利布达佩斯的亲属，郑重其事地劝说他们赶紧移居国外。

两个多月后，西拉德坐着空空荡荡的火车离开了柏林。事后他从报纸上获悉，他开溜次日纳粹士兵就在边境上拦截了拥挤不堪的同一班次的列车，每个旅客都受到了盘查。他跟人打趣道："这刚好表明，如果你想在这个世界上成功，你不必比别人聪明多少，只需比别人早一天就行了。"

9月，西拉德来到伦敦。此时，英国科学促进会正在这里举行年会。

"英国科学促进会击碎原子元素的转化"，"中子，神奇的转化"，"转化任何原子的希望"……1933年9月12日，《泰晤士报》以一连串引人注目的标题，载文介绍了最近四分之一世纪里科学家在原子嬗变方面的发现。

西拉德读了这一组报道，并特别注意到英国著名物理学家卢瑟福的观点：通常说来，我们不能指望用这一方法获得能量。这是一种拙劣而又低效的产生能量的方法，所有寻找这种原子转化能源的人，都不过是在谈论"镜花水月"。西拉德对卢瑟福的"预见"心里直犯嘀咕：这位一直奋战于科学前沿的老前辈究竟是怎么了？

卢瑟福与他的英国同行索迪提出了原子嬗变假说——放射性物质是由一些不稳定的原子组成，每单位时间都有确定的一部分原子通过发射（α、β或γ）射线而衰变成其他元素。他们两人已经定量分析出这些衰变过程放出的巨大能量大大高于任何分子变化的能量。

漫步于伦敦街头的西拉德不时陷入沉思。"正当红灯变成绿灯、我横穿大街时，一个想法……突然在我头脑中出现。我们是否能找到一种元素，当中子穿越它时，它吸收一个中子，放出两个中子。如果能积聚这样一种元素到充分大的质量，就能维持一个原子核链式反应。"西拉德后来回忆道。

此刻他并没有想出将怎样找到这样一种元素，但这一想法一直萦绕在他心头。事实上，他第一个设想了一种机制——通过中子对原子核的轰击，高于自身所带的能量就可以被释放出来。"在某一特定情况下，实现原子核链式反应、以工业规模释放原子

催生"曼哈顿工程"

真正让西拉德青史留名的,当是他的一个更重要的举动——劝爱因斯坦在1939年夏天写信给美国总统罗斯福,力陈链式核反应的巨大潜力,建议美国尽一切努力赶在纳粹德国之前研制出原子弹。这直接催生了影响深远的"曼哈顿工程"。

1945年5月,欧洲战事结束。1945年8月,美国在日本的广岛和长崎投下两颗原子弹,远东的战争也停止了。可是,当年一问世就派上了"用场"的原子弹,却给人类出了一道很大的道德难题。它使得人类迈向新时代——原子时代的序幕,开启得那般沉重:科学家们在极短的时间内把原子弹从理论变成了现实,但原子能的发现和应用这一凝聚着人类大智慧的重量级科技成果,一开始就书写了人类历史上灾难最为深重的一页:转瞬之间,两座城市生生地被毁灭,成了凄惨的人间地狱。

第二次世界大战结束后,西拉德跟爱因斯坦一样,怀着一种懊悔与反思的心境,积极投身于反战的和平运动之中,不断地警告人们使用原子弹的危险性,提醒各国人民充分认识到全球毁灭的威胁。

能、制造原子弹,都应该是可能的。"

回溯到一年前,当1932年查德威克发现中子时,西拉德就被原子核链式反应的可能性迷住了。就在同一年,他读到了他所熟识的英国著名科幻作家威尔斯1914年出版的一部科幻小说《获得自由的世界》。这部作品设想在1956年发生了一场世界大战,世界主要城市全被一种利用雪崩式的链式反应来制造破坏的原子弹摧毁,由此,才实现了对核武器的限制和真正的和平。

《获得自由的世界》令西拉德印象深刻,并产生了诸多联想,尤其是其军事意义。可以说,正是这部小说触发了西拉德对原子弹的思考。在随后进行的研究、探索中,他正确地预测了这种反应的结果及其潜在的能量来源,仔细描述了后来称为"临界质量"概念的基本特征,并在1934年3月12日提交了链式核反应的专利申请。不过,他将专利交给了英国海军部,并根据禁令保守秘密。

1938年底,德国放射化学家、物理学家哈恩首次用中子轰击铀,发现了核裂变现象。裂变反应释出的能量远大于放射性的能量,令人畏惧的核能途径展现在人们面前。

1939年夏天,德国成为第一个为研究核裂变的军事用途而设立研究所的国家。另外一些学者的研究结果也暗示着,从理论上讲制造原子弹是可能的。西拉德为此深感忧虑,担心纳粹德国会抢先造出这种可怕的武器。

在随后的一段时间里,西拉德积极奔走协调,规劝他的科学家同行不要公开发表与裂变和链式反应相关的研究成果,以免被纳粹德国的研究者借鉴。这绝非多虑,因为差一点就发生想起来不免让人感到后怕的一件事。

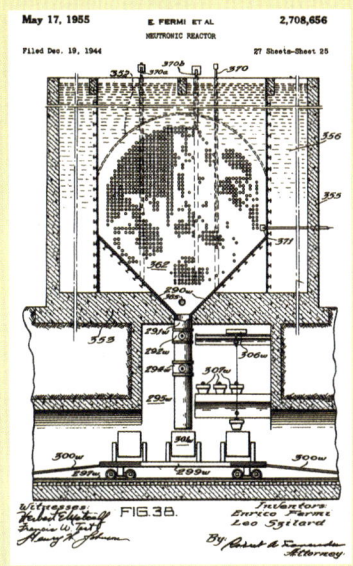

费米中子反应器 Ⓟ

那期间,西拉德与意大利裔美籍物理学家、世界上第一座核反应堆的设计者和建造者费米合作,通过研究和实验证明,某种高纯度的石墨吸收中子的量少到足以维持一个链式反应。费米曾想发表他们的这项研究成果,但被西拉德劝阻。

后来知道,德国人也做了相同的实验,只不过他们用的是低纯度石墨,因而得出了错误的结论,认为石墨会吸收太多的中子,以致无法维持一个链式反应。于是他们决定采用重水来代替石墨作减速剂,结果反倒给建立链式反应设置了障碍……有人说,西拉德的劝阻,"或许拯救了全世界"。

创新启示 🚩

身为原子时代最具远见的先驱者,西拉德率先提出了原子核链式反应的设想,在原子弹问世的整个历程中发挥了特殊的作用。他同时又深刻洞察了核技术滥用的危险性,并为此而不遗余力地奔走呼喊。科学预见与社会担当在他的事业人生中绽放出人性的光彩。

卡森 吹响环保运动的第一声号角

蕾切尔·路易斯·卡森（Rachel Louise Carson, 1907—1964），美国海洋生物学家、环境学家、作家。出生于美国宾夕法尼亚州匹兹堡市泉溪镇，从小在农场里生活。1929年从宾夕法尼亚女子学院毕业后，卡森进入伍兹霍尔海洋实验室学习，1932年获约翰·霍普金斯大学动物学硕士学位。后受雇于美国渔业与野生动物管理署，从事海洋生物研究，并担任出版物主管。卡森著有《海风下》《我们周围的海洋》《海之边缘》等有关海洋的科普读物。她于1952年辞职，开始专业写作。

如今在美国，越来越多的地方已没有鸟儿飞来报春；清晨早起，原来到处可以听到鸟儿的美妙歌声，而现在却只有异常的寂静。鸟儿的歌声突然沉寂了，鸟儿给予我们这个世界的色彩、美丽和乐趣也在消失。这些变化来得如此迅速而悄然，以致在那些尚未受到影响的地区的人们还未注意到这些变化。

这是《寂静的春天》第8章开篇的一段描述，而这本在1962年出版、给世界带来极大震撼的书，正是因为鸟儿的缘故，激发起作者创作的激情和义愤。

1958年1月，卡森收到马萨诸塞州一位住在鸟类保护区里、她过去熟悉的报纸编辑奥尔佳·欧文斯·哈金斯的来信，获悉滴滴涕（DDT）已造成保护区内的鸟类濒临灭绝。奥尔佳在信中悲愤地写道："去年，灭蚊飞机飞过我们的小镇，……喷洒了好几种致命的药。……一下子毒死了我们七只可爱的鸣鸟。第二天早上，我们又在门前捡到三只死鸟。它们都是些跟我们生活得很近、信任我们、在我们的树上筑巢多年的小鸟。……所有的鸟儿死去的样子都很吓人。它们的嘴张得大大的，张开的爪子都痛苦地耷拉在胸口。"

DDT杀虫剂与正在喷洒DDT的飞机

尽管卡森对滴滴涕造成的危害已经有所耳闻，但奥尔佳信中谈到情况还是让她感到震惊和愤怒。奥尔佳希望卡森能利用她生物学家和科普作家的威望，影响政府官员去调查杀虫剂的使用问题。卡森觉得给杂志撰写文章警示公众或许最为有效，然而，编辑们竟然都回绝了她。那个时候，政府官员和科学家都把滴滴涕当成化学上的奇迹和"人类的救星"，并为它欢呼；它的发明者、瑞士化学家保罗·米勒因此还获得了1948年诺贝尔生理学或医学奖。

卡森思之再三，认为揭示真相自己责无旁贷，于是下决心写一本书。她要让公众认识到，尽管滴滴涕曾经被认为是"人类的救星"，但它和其他杀虫剂实际上也有可能成为"人类的杀手"，因而强效化学制剂的使用应更为谨慎、更有节制；如果人们不从此改弦更张的话，污染将会终生跟随我们。而那些污染今后会引起怎样的后果，目前谁也无法预料，因为根本就没有这样的先例可以用来帮助、启示我们作出预测和判断。

消极的反应与积极的变化

《寂静的春天》这本书尚未出版时（其部分内容先行在报刊上发表），卡森就受到了以杀虫剂等化工产品生产商为首的化工界以及农业部支持的各种媒体的攻击，骂她是"一个歇斯底里的妇女"。书正式出版后，许多大公司施压要求禁止这本书的发行，并指责书中包含了"荒唐的错误"和"耸人听闻的推论"。

这本书也深深地影响了当时的美国总统约翰·肯尼迪，他下令成立了一个专门的小组调查杀虫剂问题，最终这个小组的调查结果证实了卡森书里的观点。

1970年，美国政府迫于来自环保主义者的压力，成立了环境保护局；1972年，美国全面禁止DDT的生产和使用；同年，联合国在瑞典首都斯德哥尔摩召开了里程碑式的联合国人类环境会议，"只有一个地球"第一次成为全人类的共识。

今天，《寂静的春天》的出版被看成是现代环境运动的肇始，是促使环境保护事业在美国和全世界迅速发展的导火索。《时代》周刊曾将卡森评为20世纪最有影响的100个人物之一。在纽约大学新闻学院评选的20世纪100篇最佳新闻作品中，《寂静的春天》名列第二。

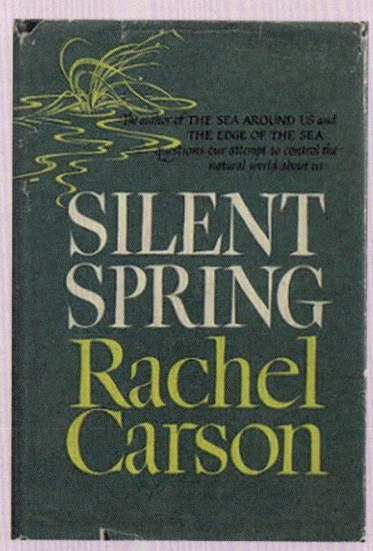

《寂静的春天》初版封面　Ⓕ

在跟一位好友谈到这本新书时，卡森说："我知道自己在做什么，如果再保持沉默，我的内心就无法平静。"后来她回忆起1958年年初的日子，讲过这样一番话："我对杀虫剂的作用了解得越多，就越感到害怕。我意识到这是一本书的写作素材。我发现，作为一个自然主义者，对我非常重要的事物都受到了威胁，在我所能做的事当中，没有一件比写书更重要。"

她很快便开始行动：收集资料，实地考察，调查访谈。起初，工作进展比较顺利，她很容易就能从政府部门和图书馆得到她想要的信息。但是，当官员们发现她写作的内容后,就不愿意再合作了,还有不少人试图阻止她的工作。同时,她的身体也不是很好,正受着多种疾病的困扰。

断断续续地写了3年多,卡森终于完成一部名为《人类与地球对抗》的书稿。编辑建议把新书改名为《寂静的春天》,并在1962年9月将其推出。两周后,《寂静的春天》登上了《纽约时报》畅销书排行榜的榜首。

1964年4月14日,卡森因患癌症与世长辞。

1980年,美国政府追授卡森美国普通公民所能得到的最高荣誉——总统自由奖章。时任美国总统吉米·卡特在致辞中肯定了她的环保先驱者地位:

目睹毁灭性的行为,雷切尔·卡森从不保持沉默。她给美国和世界带来的是一个觉醒的春天。作为一个生物学家,她用温和清晰的声音展示了她对大海的热爱,也用同样坚定的声音揭示人类自身给环境造成的危害。她对环境总是那么关切,总是奋力疾呼。她掀起了一股重视环保的热潮,这热潮方兴未艾。

现在的春天还听得到鸟叫,我们应该感谢卡森的坚持。

美国总统自由勋章

创新启示 🚩

卡森经由《寂静的春天》提醒人们要高度关注科技进步背后隐藏的生态代价,并通过预言一种灾难性的可能惊醒了整个世界,大大激发了人们的生命意识和自然意识,同时也揭开了现代环境运动的序幕。

克拉克 在太空中『失去』×亿美元

　　阿瑟·查尔斯·克拉克（Arthur Charles Clarke, 1917—2008），英国科幻作家。出生于英格兰西部的萨默塞特郡。他的父亲是一名工程师，曾在英军服役，退役后成了农场主。克拉克中学毕业后来到伦敦，进入英国皇家税务和审计署任审计员。1941年，他应征入伍，在英国皇家空军辐射研究所任职，负责指导雷达新技术。退伍后他进入伦敦国王学院深造，1948年获得物理学和数学专业的学士学位。从1956年起，克拉克居住在斯里兰卡当时的首都科伦坡，并从1979年起开始担任斯里兰卡莫拉托瓦大学的校长。

1945年，英国一位正在部队从事雷达技术工作、年仅28岁的军人，在《无线电世界》杂志第10期上发表了一篇具有历史意义的科学设想论文：《地球外的中继——卫星能给出全球范围的无线电覆盖吗？》。

文中，作者首先从当时的通信情况出发，分析了实现全球范围的全天候通信和电视广播的必要性，继而首先提出了卫星通信的可行性：如果人工发射卫星到地球同步轨道上，就可以将它作为接收和反射地面信号的中继站，实现远距离通信和跨海通信。为此他建议：采用三颗相互等距离间隔的同步卫星，组成除两极以外的全球通信网，并提出可以利用卫星同时向几个地区转播广播节目的设想。

几十年后，这位全球卫星通信理论的奠定人，成了当今最著名的太空题材科幻作家。他便是英国科幻作家克拉克。后来发展起来的现代卫星通信也充分证实了他的出色预见。为了纪念他的功绩，如今半径约42000千米的同步卫星轨道已被国际天文学协会命名为"克拉克轨道"。

据说，至今世界各大卫星通信公司每年都要向克拉克支付数美元或数美分的象征性红利，因为他的设想功勋卓著。不过，他当时并未为这一技术理论申请专利。克拉克曾在一篇题为《通信卫星简史——我如何在太空中失去十亿美元》的文章中对此进行了具体的回顾。许多人都为他感到惋惜，感慨说克拉克本来是有可能因此而成为一个富翁的——事实上克拉克确实成了富翁，不过他是凭借科幻作品创作实现了这一目的。在克拉克享有盛名之后，他的长篇作品往往只需交出一份提纲，就能获得巨额预支稿酬。

《2001：太空漫游》是克拉克为斯坦利·库布里克1968年的电影剧本所写的小说。电影讲述在发现了影响人类进化的神秘黑色巨石出现在木星之后，两名宇航员及三名进入冬眠状态的科学家搭乘由人工智能电脑"哈尔"所控制的宇宙飞船前往木星。途中，哈尔与飞行员发生矛盾，哈尔杀死了一名宇航员与三名科学家，而剩下的一名宇航员最终切断哈尔的电源，手动驾驶飞船到达木星，并最终在黑色巨石的作用下变成"星童"的故事。故事获得了41届奥斯卡奖提名，并最终

通信卫星 ⓟ

科幻大师间的较劲

作为好朋友兼竞争对手的阿西莫夫和克拉克,均是享有世界声誉的科普作家和科幻小说大师。他们俩创作的科幻小说都拥有广泛的读者,但阿西莫夫"抱怨"说:"我不知道他是否因为我的作品得到表扬,我倒是经常因为他的作品而备受责怪。"——原来,读者常常把他们的作品搞混了。有一次,一个年轻的姑娘对阿西莫夫说:"哦,阿西莫夫博士,我觉得你的《童年的终结》(实为克拉克作品)没有达到你平常的水平。"阿西莫夫一脸坏笑地答道:"亲爱的,那就是为什么我用笔名的缘故。"

这两个聪明优雅的作家也经常互相打趣。阿西莫夫在其自传《人生舞台》中记述:有一次,一家报纸报道说:刚刚发生的飞机坠毁事故大约有一半乘客得以幸存,其中有一名幸存者在出了故障的飞机试图着陆的危险时刻,仍在不动声色地阅读克拉克的科幻小说。据阿西莫夫说,"按照他(克拉克)的风格,马上就把那篇文章复印了500万份,给他认识或是听说过的人每人送一份。"他还在寄给阿西莫夫的那份复印件上写道:"真遗憾,他没有阅读你的小说。要不,他就可以在睡梦中度过整个灾难的煎熬了。"阿西莫夫很快就给克拉克回了一封信:"正相反,他看你的小说是因为,万一飞机真的坠毁了,死亡便是一种最好的解脱。"

《2001:太空漫游》海报   F

获得奥斯卡最佳视觉效果奖。这部电影被美国电影学会誉为"史上第一的科幻片",而克拉克自己则说:"如果你能理解2001的全部,那么我们就失败了,我们要提出的问题超出我们的想象。"

关于卫星,克拉克还有一个耐人寻味的故事。1954年,克拉克应美国纽约海登天文馆之邀,组织第三次太空旅行研讨会。他认为,会上应有一篇有关卫星对气象学作用的文章,于是便写信给美国气象局的首席专家哈里·韦克斯勒博士,请他写一篇相关论文。不料,维克斯勒答复说,他认为卫星对气象学毫无价值(当时不少科学家也对卫星的应用价值持怀疑态度)。

克拉克不甘心,马上又给他写了一封信,回击说:"这样的话,你就有责任向公众解释为什么太空研究被你说得一钱不值,因为数年来,我们一直说卫星将改变你的学科。"

维克斯勒是一个极守信用的人,他爽快地接受了克拉克的挑战。但是,用克拉克的话来说,"就在他准备他的反驳文章时,他变成了一个狂热的太空爱好者,并在短短几年后领导了美国的气象卫星计划,由此开创了气象学的一个新的分支。"

2008年1月19日凌晨,克拉克因呼吸问题和心脏衰竭,在斯里兰卡一家医院逝世,享年90岁。终其一生勤于探索未来的克拉克,是一位极具象征意义的科幻大师。他代表了技术派科幻的最高成就。在某种程度上,他可以说是一位科学先知。

创新启示

作为一名"技术派"科幻作家,克拉克科学基础扎实,想象力丰富奇崛。这使得他在科幻作品中对未来科学的预测常常十分准确,给人一种身历其境的真实感觉;同时他还以简约的笔触、神秘的情调和深刻的哲理,形成了鲜明的创作风格。

阿西莫夫
幻想引领未来

　　艾萨克·阿西莫夫（Isaac Asimov，1920—1992），美国科普作家、科幻作家。1920年1月2日出生于苏联，双亲是犹太人。3岁时，他随家庭迁居美国。1939年，阿西莫夫从哥伦比亚大学本科毕业，其后又相继取得了该校的硕士和博士学位。几十年来，阿西莫夫的科普和科幻作品畅销全球，感染和影响了千千万万的读者。一位美国学者在阿西莫夫逝世后撰文称："艾萨克·阿西莫夫是我们这个时代，或许也堪称是所有时代的科学教育大师。"

1992年4月6日清晨，一颗不平凡的大脑，在大洋彼岸永远地停止了思考。人类失去了有史以来著述最丰的作家之———阿西莫夫。

"我们永远也无法知晓，究竟有多少第一线的科学家由于读了阿西莫夫的某一本书，某一篇文章，或某一个小故事而触发了灵感；也无法知晓有多少普通的公民因为同样的原因而对科学事业寄予深情。"美国著名天文学家兼科普作家卡尔·萨根在悼念阿西莫夫时这样写道，"我担心我们身旁再也没有阿西莫夫激励年轻人奋发学习和投身科学了。"

阿西莫夫创造了奇迹，他的一生也是一个传奇。9岁那年，他在父亲开的糖果店里读到以科学启蒙和预测未来为目标的新杂志——《惊奇故事》等流行读物，进而对知识产生了一种渴求，后来还将他引入了写作生涯。

阿西莫夫15岁便念完高中，迈进了哥伦比亚大学化学系的课堂。课余时间，他一边大量阅读科普和科幻作品，一边积极思考问题，同时内心也涌起了一种创作的冲动。18岁那年，他发表了第一篇科幻小说《被放逐的维斯塔》。21岁时，他在著名科幻编辑约翰·坎贝尔点拨下，写出了科幻短篇经典《日暮》并一举成名。此后，他又写出了奠定他科幻小说大师地位的几部重要作品：《我，机器人》和《基地》系列。

阿西莫夫在20世纪50年代写就了《基地》三部曲：《基地》《基地与帝国》《第二基地》。故事发生在银河帝国统治银河一万多年后，杰出的心理史学家哈里·谢顿开创的"心理史学"预言出银河帝国即将由盛转衰乃至灭亡，于是他设计出"谢顿计划"，通过"基地"来保存住人类知识的种子，缩短从"第一帝国"到"第二帝国"间的过渡期，以减少人类所遭受的痛苦。在建立起作为知识种子的"基地"的同时，他又暗中建立起"第二基地"，通过精神力量，暗中维护"谢顿计划"的顺利进行。《基

《基地》初版封面

地》系列获得1966年雨果奖,有诸多科学家均在不同的场合表达过对阿西莫夫的敬意。

除了数量众多、影响深远的科幻作品外,阿西莫夫在20世纪50年代初创作的一些科普作品也产生了一定的影响。1957年,苏联发射成功第一颗人造地球卫星深深地触动了阿西莫夫。他痛感美国社会公众的科学素养落后于当时的科技水平,认为自己有责任尽力而为,使这种差距尽快地缩小,于是便毅然放下早已得心应手的科幻创作,而潜心于撰写普及科学知识的图书和文章。

阿西莫夫的科幻作品不仅牢固地建立在科学的预测基础之上,而且还具有高度的思想性和艺术性,真正反映了科学技术的发展及其对人类社会的进步所产生的巨大影响。

早在20世纪40年代,在科学界远未研制成机器人之时,阿西莫夫就在他的机器

"著作超身"的科普巨匠

在阿西莫夫逝世前不久,当每年修订一次的美国《名人录》征集有关他的条目时,他自述已出版过467部著作。他本人还做过这样一个统计:从1950年出版第一部长篇科幻小说《天上的小石子》时起,他花了237个月、近20年的时间,于1969年写完他的头100种书;往后至1979年3月,他用113个月、近9年半的时间完成了他的第二个100种书;而当他在1984年12月写完他的第三个100种书时,只花了69个月的时间;更令人惊奇的是,在以后8年左右的岁月里,他以更惊人的速度写了近200种书。

阿西莫夫的所有作品垒起来会有多高?目前尚没有人做过计算。不过按照阿西莫夫著作中文本的第一个译者林自新先生的说法,阿西莫夫岂止"著作等身",肯定是"著作超身"了,而且极有可能打破吉尼斯纪录。在其自传《人生舞台》中附录的作品分类就有:科学总论24种,数学7种,天文学68种,地球科学11种,化学和生物化学16种,物理学22种,生物学17种,科学小品40集,历史19种,文学10种,谈圣经的7种,幽默与讽刺9种,自传3卷,科幻随笔2集,长篇科幻小说38部,科学探案2部,科幻小小说与短篇科幻故事33集,趣味短篇故事1集,短篇科学探案故事2集,以及由他主编的科幻故事118集。

人系列小说中，富有远见地预言了机器人时代的到来，以及机器人在社会生活中的具体作用，并创造性地提出了著名的"机器人三定律"：第一，机器人不得伤害人，也不得在人遭受伤害时袖手旁观；第二，机器人必须服从人的命令，除非该命令与第一定律相抵触；第三，机器人必须保护自己，除非保护行为与上述两定律相抵触。这三条定律明确规定了人与机器人的主从关系和相互制约关系，几十年来已成为公认的研制和使用机器人必须遵循的基本准则。它们被编成程序，输入机器人的"大脑"中。

在阿西莫夫的诸多作品中，发表在报刊上的科学随笔占有相当的比重。这些风格独特、饶有趣味的作品大多从当代社会现象着眼，诠释与生活息息相关的各种事件，背后呈现的则是广阔的人文视野。他不只是在普及科学，而且还努力让读者去思考科学、理解科学乃至欣赏科学，促使人们去考虑人类与科技、历史等各方面的联系，考虑人类与整个社会的协调发展，进而启迪人们扩大视野，创造性地思索未来，向未知的领域延伸、拓展。

创新启示 ▶

著作超身的阿西莫夫对科学有着精深的理解，对科学的本质有着深邃的洞察力。他不仅通晓现代科学的许多前沿课题，而且也非常熟悉科学研究的思维方法和科学技术的发展历程，因而他的科普和科幻作品思想深刻，讲究逻辑推理，而且极富通俗性。他也善于描绘出广阔的知识图景：不仅使读者看到一棵棵科学的"树"，而且还看到了整片整片的科学"森林"。

萨根"核冬天"假说警示世人

卡尔·萨根（Carl Sagan, 1934—1996），美国天文学家、科普作家。出生于纽约州纽约市。1951年进入芝加哥大学攻读物理学，1960年获得天文学和天文物理学博士学位。毕业之后，萨根曾在哈佛大学任教，1968年来到康奈尔大学从事行星天文学的研究，后来一直担任天文学与空间科学教授和行星研究室主任。萨根一生主要从事天文学以及核战争对环境的影响等方面的研究，并深深地介入美国的太空探测计划，在行星物理学领域取得许多重要成果。此外，他还由于在反对使用核武器方面的杰出贡献而获得过许多奖励。

1983年,美国的里根政府提出了一个著名的反弹道导弹计划,也就是所谓的"星球大战"计划。身为康奈尔大学天文学教授的萨根随即公开批评"星球大战"计划根本无法起到"核保护伞"的作用,它只能让核裁军变得更加困难。

3年后的一天,为了抗议美国进行核试验,萨根故意跨进内华达核试验场的警戒线内,结果被警察逮捕……

在20世纪80年代初,"核冬天"这个新名词曾经深深地震撼过我们这个世界。许多人由此也熟悉了萨根这个名字。事实上,也正是萨根无与伦比的个人决断力推动了"核冬天"理论的发展,该理论后来成了制定核武器政策的关键性出发点。

"核冬天"理论预测在一场全球性的热核战争后,主要由于城市及炼油、储油设备的燃烧,细小烟雾粒子喷入大气,使地球变暗变冷的现象。它是在1982年至1983年由包括萨根在内的5位科学家组成的小组首先提出和命名的。

"核冬天"的概念由两个相距甚远的思路汇合起来产生。一个思路涉及萨根对生命、智能和宇宙起源的广泛兴趣;一个思路涉及一些互不关联的启示,如流星的撞击和恐龙的灭绝。再加上两位大气科学家最为及时的发现——多次核爆炸所产生的烟尘可能是个问题。后一项工作于1982年在瑞典一家杂志上披露后激发了与此相关的研究、探索。各种思想汇聚之后形成的"核冬天"理论,像一根长矛直插牢固建立的核武器基础的心脏,宣告了一个消除核武器的理性途径。

萨根指出:"核冬天"势必会给气候和社会基础带来巨大的冲击,核战争的代价,在

超越国界的见解

萨根生前曾经表示,他很幸运能够参与"阿波罗"计划。他还讲过这样一句话:"近几十年来,美国的所作所为只有少数受到普遍一致的赞誉,太空探测便是其中的一项。"然而最初他并没有意识到:"阿波罗"计划的主旨其实不是科学,甚至也不是太空。"阿波罗"计划代表的是意识形态的对抗和核战争,或者说是世界的"领导地位"及国家的"威望"。

后来他对"阿波罗"计划又作出了公允的评价:"如果没有'阿波罗'计划——或者说,如果没有它所追求的政治目标——我想美国为开发和发现整个太阳系所进行的具有历史意义的探测就不会出现。很多人都说,既然我们能够飞往月球,还有什么事情办不到呢?"

执行"阿波罗"计划的宇航员们,据说是采纳了萨根的建议,在飞往与飞离月球的旅途中都拍摄了他们的家园——地球的照片。这张照片发表后居然产生了很少有人能预料到的结果。地球上的居民破天荒第一次从天上看见了他们的世界——完整的、彩色的地球,以及在辽阔的漆黑太空背景中呈现为不断自转着的、蓝白相间的精致小球的地球。

萨根就此评论说:这些照片有助于唤醒我们对行星的模糊意识。它们提供无可争辩的证据,表明我们大家同在一颗脆弱的行星上面。它们提醒我们,什么是重要的,而什么不是。"引起我深思的是这样一个出人意料的现象:饱含国与国之间敌对与仇恨的太空飞行,却导致一种令人震惊的超越国界的见解。只要你在绕地轨道上花一点点时间凝视大地,你心中铭刻最深的国家主义观念就会开始消逝。它们就像是在一枚杏子上面的小虫们之间的争吵。"

本质上已从可以应付变成无法接受了。为此,他不知疲倦地把"核冬天"的事实和含义告诉大家,足迹遍及各个国家的各种场合。他要让各国政府和公民知道:在热核战争中,我们会输掉什么。他还写了一份附有98个诺贝尔奖得主签名的呼吁书,发送给所有潜在具有或实际已经拥有核武器的国家,要求立即停止核军备竞赛。

可这时候许多政要和军界人士还没有这样的认识。不过，有证据表明，萨根等人所推定的"核冬天"会把人类文化毁灭的威胁，已深深地打动了世界上许多身处高位者的良知。苏联宇航员、第一个在太空行走的人列昂诺夫将军有一次在华盛顿演讲时问道："大家是否知道我们欠卡尔·萨根多少债？他去了莫斯科，到了那个中央委员会，跟他们谈'核冬天'。在他离去之后，总参谋部的一些人说：'好啦，是不是一切都了结啦？核军备竞赛已经没有意义了，是不是？我们不能再这么做下去了。大规模报复已经不再可靠了。它对我们所珍惜的东西的危害实在太大了。'"

《伊甸园飞龙》初版封面　Ⓕ

在制止核军备竞赛方面，萨根所从事的实际上是一个协调全世界的运动。他超高的科学素养和天才的创造力，以及他对人类福祉的深深关心，都以一种重要的方式帮助着人类从核自我毁灭的边缘上把文明挽救回来，并且让我们懂得爱护自己的家园。

萨根在科普方面的成就同样引人注目：20世纪80年代，他主持拍摄的13集电视片《宇宙》，被译成10多种语言在60多个国家上映，影响巨大。他撰写的《暗淡蓝点》《布鲁卡的脑》《伊甸园的飞龙》《魔鬼出没的世界》等数十部科普读物，也广受好评。1994年，他被授予第一届阿西莫夫科普奖。

萨根似乎从未表白过，自己作为一名科学家，有着怎样的一种社会责任感——其实无须表白，人们也都会牢牢记住"卡尔·萨根"这个名字，并且对他怀着深深的敬意。

创新启示 🚩

萨根的科普生涯与他的科研工作密切交集，并且互为促进、相得益彰。他有三只眼睛。一只眼睛探索星空，一只眼睛探索历史，第三只眼睛，也就是他的思维，探索现实社会。这使得他成了许多人心目中代表现代科学的偶像、独一无二广为人所知的科学"传教士"。

思想者

"思想者"囊括了从泰勒斯到哥德尔等对推动人类文明和社会进步产生过重要影响的创新者。学习和了解这些贤哲的杰出思想,有助于青少年读者感悟真理的力量,锤炼理性的思维,塑造优秀的品格。

哲学的开山鼻祖

泰勒斯

泰勒斯（Thales，公元前624年—前546年），古希腊哲学家、数学家、天文学家。他出生于奴隶主贵族阶层，从小就受到良好的教育，早年经商、远游，学习数学和天文学知识，后来从事政治和工程活动，并研究数学和天文学。晚年泰勒斯转向哲学，几乎涉猎了当时人类的全部思想和活动领域，获得崇高的声誉，被尊为希腊"七贤"之首。

自人类有文字记载以来,泰勒斯就被公认为是第一个进行哲学思考或具有哲学思维的人。但是,按照柏拉图多少有点儿调侃的说法,泰勒斯和他的哲学以不问世事著称:"据说有一个女仆曾嘲笑过泰勒斯,说他在观察星星的时候,一直抬头仰望,竟一下掉到了井里。这说明他急于知道天上的事情,却顾不到背后甚至脚下的事情。"

而柏拉图的弟子亚里士多德最先指出,对事物原因的探寻是从泰勒斯开始的。他关心的不是事物,而是事物的本质;他想要探究事物的本质究竟是什么;山岳、动物和植物、风和星辰、人类的所作所为及其思想等世上形形色色的事物究竟是怎么回事?所有这一切的本质到底是什么?进一步说,它们从何而来?万事万物源于何处?那个包罗万象使得这一切能够产生、存在和发展的东西到底是什么?上述种种直至今天也依然是人类所关心并想要解答的基本问题。由于泰勒斯是第一个提出这些问题的人,因此他当之无愧地成了哲学的开山鼻祖。

亚里士多德在其著作《政治学》中也讲了一个故事:"人们指责他(泰勒斯)的贫困,认为这就说明了哲学是无用的。据某个故事说,他由于精通天象,所以还在冬天的时候就知道来年的橄榄要有一场大丰收;于是,他以他仅有的一点钱作为租用丘斯和米利都的全部橄榄榨油器的押金。由于当时没有人跟他竞价,他的租价是很低的。到了收获的时节,突然间需要许多榨油器,他就恣意地抬高价钱,于是赚了一大笔钱。这样,他就向世界证明了,只要哲学家们愿意,就很容易发财致富,但他们的雄心却是属于另外的一种。"

古希腊历史学家希罗多德在他的著作《历史》中则提到这样一个传奇事件:美索不达米亚的两个部族吕底亚和米堤亚连续打了5年恶仗,未见胜负。米利都的智者泰勒斯预先知道将会有日食发生,便警告双方说上天反对战争,如果不停战,某一天他们的光明就会被夺走。在双方交战第6年的某一天,忽然间天昏地暗、黑夜骤临。战士们大为惊恐,认定这是上天发出的谴责,于是纷纷抛下武器,停战议和。这次

日食

思想与贡献

在天文学方面,泰勒斯做了很多研究。他对太阳的直径进行测量和计算所得出的结果,与现今所测得的太阳直径相差很小。他还是第一个认为月亮是靠反射太阳光而发亮的希腊人。

泰勒斯在数学方面的重要贡献是引入了命题证明的思想。这标志着人类对客观事物的认识从经验上升到了理论,其重要意义在于:保证了命题的正确性;揭示各定理之间的内在联系,使数学构成一个严密的体系,为进一步发展打下基础;使数学命题具有充分的说服力,令人深信不疑。据说他提出并证明了下列几何学基本命题:圆被它的任一直径所平分;半圆的圆周角是直角;等腰三角形两底角相等;相似三角形的各对应边成比例;若两三角形两角和一边对应相等,则两三角形全等。

泰勒斯的哲学观点,用一句话来概括就是"水生万物,万物复归于水"。他认为世界本原是水。亚里士多德推测他之所以提出这个见解,可能是从生物角度来看天地万物,并且观察到所有的生物都含水,播种与营养过程也都与潮湿有关。

出人意料地消除了一场战争的日食,据考证发生在公元前585年5月28日午后。

泰勒斯所栖身的米利都,是小亚细亚海岸边的希腊殖民地,一个繁荣的商贸都市。在公元前600年之前,人类对其生存环境当中的各种谜团的反应和认识,往往带有神秘、超自然和宗教的色彩。可贵的是,泰勒斯所创立的古希腊最早的哲学学派——米利都学派(也称爱奥尼亚学派),在解释自然现象时,却能"让神一边去",根本不提超自然的力量。

泰勒斯认识到,自然现象不是因为受到任意的、胡乱的影响而产生,而是有规则的,并且受着一定的因果关系支配。例如,他设想大地是由水托着的,而地震是由大地下方的水的波动摇晃所致,根本不涉及波塞冬或其他神(古希腊普遍的信念是地震是由

米利都复原图

海神波塞冬引发)。他根据观察和推理来进行推测,而不愿接受任何与众神有关或与自然无关的答案;他思考地震、日食这些异常自然现象,寻求的是普适的、一般性的解释,而不是个别情形。他对事物的解释不一定是正确的,但却播下了西方科学的种子。

英国哲学家罗素曾在《西方哲学史》一书中评价泰勒斯说:"他的科学和哲学都很粗糙,但却能激发思想与观察。"从更宽泛的意义上说,泰勒斯及其追随者的探索实际上已经展示出了科学的这一特征:科学探讨普遍的、本质的事物,而不是特定的、偶然的事物。因此,从这个意义上说,我们今天所了解的哲学和科学都是从他们开始的。

传说泰勒斯在观看一场体育比赛时死亡。他的碑上铭刻着如下文字:"他是一位圣贤,又是一位天文学家。在日月星辰的王国里,他顶天立地、万古流芳。"

创新启示

作为西方思想史上第一个有名字记载的思想家,泰勒斯首创理性主义精神、唯物主义传统和普遍性原则,第一个提出了"万物本原是什么"的问题,并尝试借助经验观察和理性思维来解释世界,拒绝以玄异或超自然因素来解释自然现象。在数学上他引入了命题论证的思想,将经验上升到理论,成为数学史上一次不寻常的飞跃。

苏格拉底
特立独行的哲学家

苏格拉底(Socrates,公元前469—前399年),古希腊思想家、哲学家、教育家,西方哲学的奠基人之一。出生于希腊一个普通公民家庭,父亲是一位雕刻匠,母亲是一位助产妇。他成年的年代,恰逢希腊繁荣岁月,无数智者云集雅典,年幼的苏格拉底在这样的环境中,养成了勤于思辨的好习惯。他虽然没留下什么文字,但是其思想在后继哲学家,尤其是他的学生柏拉图和色诺芬的笔下发扬光大。

在大约2400多年前，古希腊雅典城的街道、广场或集市上，人们常能看到这样一幕：一个衣衫不整、怪模怪样的老头儿，随手拦住路人，向人家提出一连串的问题。不时地，他也会加进自己的见解，同时又提出一堆新的问题。

这些问题实际上并不刁钻，无非是什么是善、什么是正义之类抽象的概念。可奇怪的是，答问者顺着这个怪人的提问一路答下来，往往不多会儿，就张嘴结舌、不知所云，开始怀疑自己原先的判断和结论了。

有一次，怪人问雅典大将拉凯斯："什么是勇敢？"对方说勇敢就是战斗中的坚守。但他马上举出反例：有一场著名的战斗是先后退，再反击，最终却取得了胜利。拉凯斯又说勇敢是一种坚韧精神，但他当即指出，坚韧也可导向鲁莽。

还有一次，有个叫做美诺的傲慢贵族声称，一个有美德的人就是有许多钱买得起好东西的人。可怪人随即举出的反例马上就让对方"投降"：有钱而为卑鄙小人是可能的（取之无道），贫穷而道德高尚也是可能的（不愿不择手段去赚钱）。

这个怪人的名字叫做苏格拉底。他的父亲是位雕刻匠，母亲是个助产妇。早年他曾当兵打过仗，而后似乎就有点儿晃荡了。他日复一日地活动于雅典的公共场所，跟各个阶层的人攀谈、争辩，周围常常也聚集着各式各样的门徒。

在那个时代显得十分另类的苏格拉底有着非常强烈的使命感，执着地致力于他的教育活动，即在人群之中通过谈话或对话的形式探寻真理。这也是他进行哲学思考的一种手段。他认为，最重要的事情是让人们掌握正确的思考方法。

对苏格拉底来说，教育并不意味着由已知者来教导未知者。他的教导方法以问题为基础，并不直接传授知识，而是允许学生通过对话和质疑，自己去认识真理。他说："我是一个精神上的助产士，帮助别人生产他们自己的思想。"

他教学生从不取酬，而靠学生和朋友的款待为生。在平等的交流中，人们彼此增

进了认识、深化了思考，从而领悟到真理，并且掌握了深为后世所推崇的"苏格拉底问答法"——一种要求定义准确、思路清晰、分析精当的方法。

然而，苏格拉底在时人甚至妻子眼中，却是个游手好闲的懒虫。他们把他称作"刨根问底式谈话的发明人""喜欢胡诌的人""改造世界的空谈家"。不过苏格拉底认为，与他对话的好些人似乎都不太明白自己在说什么，而且其看法漏洞百出。

对于苏格拉底的行为做派，他的妻子一直心怀怨愤。有一天，她实在无法忍受了，在狠狠地骂过几句后，拎起一桶脏水就往苏格拉底头上浇去。苏格拉底不但不生气，反倒跟朋友自嘲道："我知道，打雷以后，必定会下一场大雨的。"

苏格拉底的特立独行终于给他惹来了大麻烦。尽管他无意与人为敌，但自认为饱受他愚弄和羞辱的人们纷纷对他发出了愤怒的声讨：这个人纠缠不休地揭露我们的无知，并且对如此肯定的已知事物提出疑义，这不纯粹是瞎胡闹吗？

一天早上，年届七旬的苏格拉底发现布告栏上张贴着一份对他的控告书："苏格拉底是一个罪犯：首先，他不信奉本城邦所信奉的神，而是宣扬一种新神；其次，他腐蚀青年。他应得的处罚是——死刑。"

很快地，这个讨人嫌的怪才被押上了审判台。面对种种指责和非难，他拒不认错，还说："你们汲汲于争名逐利，而不思考如何理解真理，如何改善自己的灵魂，不觉得惭愧吗？……如果你们听从我的意见，就会让我活下去。"

"未经审视的生活是不值得过的"

苏格拉底相信，人类最崇高的追求应当是道德，而非物质财富。他总是邀请其他人与他一样，将注意力更多地放在友谊和集体上。苏格拉底相信，这是民众共同成长的最佳方式。他的行动最终印证着他的思想——尽管离开雅典就可以轻松避免死亡，但他仍旧坦然地接受死刑宣判，因为他相信他不应该背离他所在的集体的意志。

关于道德的思想也贯穿在苏格拉底的教学中，这些美德对于个人非常重要。他提出，未经审视的生活是不值得过的，而唯一有价值的便是伦理道德。这种对自我生活的审视，与几乎处于同时代的孔子所提出的"吾日三省吾身"的思想可谓遥相呼应。

雅克-路易·大卫画作《苏格拉底之死》

可这回他想错了。最终表决时,陪审团的500名公民,有360名投票赞成将苏格拉底处死。公元前399年的那一天,他在监狱里喝下一杯毒酒,并给陪伴在身边的弟子留下了这样一句话:"当你们把我安置在坟墓里的时候,你们仅仅埋葬了我的身体,而没有埋葬我的灵魂。"

苏格拉底本来可以放弃自己的哲学而求得生路,而且朋友们也能帮助他逃命,可他却依然选择了赴死。生前他说过这样的话:我是受神灵委派附在这个城邦身上的。这座城就像是一匹良种马,由于身躯太大,容易懒散,需要牛虻刺一刺……未经审视的生活是毫无价值的。

创新启示

苏格拉底终生致力于探求对人最有用的真理和智慧,并且为哲学研究开创了一个新的领域——"伦理哲学"。他在公众场合采用独特的"苏格拉底反诘法"与人辩论,于讽刺的消极形式中蕴含着揭露矛盾的辩证思维的积极成果。他从事教育所形成的一套独特的教学法——自始至终以师生问答形式进行的"苏格拉底方法",至今仍然是一种重要的教学方法。他的思想超越了他所处的时代,他的出现和他的死,都标志着哲学史上的某一个特定的时刻。

伏尔泰"到处是我的精神"

伏尔泰（Voltaire，1694—1778），法国启蒙思想家、作家、哲学家。出生于巴黎的一个公证人家庭，自幼受到良好的教育，喜爱文学，伏尔泰是他的笔名。启蒙运动兴起以后，伏尔泰以其思想的敏锐、言辞的犀利而成为这场运动的旗手，被誉为"法兰西思想之王""法兰西最优秀的诗人""欧洲的良心"。

伏尔泰一生著述颇丰。在哲学方面最有影响的一本书《哲学通信》被人称为"投向旧制度的第一颗炸弹"。他还著有许多历史及文学方面的著作。

他在思想上是一个"异端",在医学上也算是一个特例。

他的一生病痛不断,但却有着异乎寻常的生命力。

他在人间走过了整整84个年头,亲眼看着一个个"对手"在他之前死去。

伏尔泰,这个思想的巨人先天不足,出生时身体非常虚弱,甚至不能送到教堂里接受洗礼。可他不仅顽强地活了下来,而且还显得精力旺盛、聪明过人。

中学时代,伏尔泰那自由散漫、桀骜不驯的个性已经展露无遗。他"喜欢把欧洲重大的问题放在他的小秤上称",尤其喜欢对貌似神圣和高贵的东西冷嘲热讽。有一回,他触怒了一位教师,后者大声训斥他道:"坏小子,总有一天你会成为法国自然神论的宣传者!"——这一"预言"后来果真应验了。

中学毕业后,父亲没有满足伏尔泰做一个诗人的愿望,而是把他送进了一所法科学校。在这个死气沉沉的环境里,伏尔泰那年轻、躁动的心灵百无聊赖、备受煎熬,逃课成了家常便饭。不得已,父亲决计花钱买官,借以装点门庭,但当即遭到了儿子的回绝。

心高气傲的伏尔泰相信自己有能力赢得荣誉。据说有一次他对奚落他的贵族子弟们说:"我没有显赫的门第,但我的门第将因为我而显赫!"他拿起手中的笔,以写讽刺诗为起点,开始了自己漂泊、动荡的文学之旅,并且很快就成了一名受公众瞩目、令当局头痛的"反政府诗人"。

1717年,年仅23岁的伏尔泰因撰写讽刺作品攻击宫廷的淫乱生活,被投进巴士

Ⓟ

"我们两个人都说错了"

伏尔泰的讽刺挖苦才能确实不同凡响。有一次他将一名同辈作家大大地赞扬了一番,可他的一位朋友当即指出:"听到您这样慷慨地赞扬这位先生,我真感到遗憾。要知道,就是这位先生在背后经常说您的不是。"伏尔泰笑着回答道:"这样看来,我们两个人都说错了。"

还有一次,一个边远省份的读者给他写了一封洋洋洒洒的长信,表示仰慕之情。伏尔泰回了信,感谢他的深情厚谊。从那以后,每隔十来天,此人就给伏尔泰写封信,而伏尔泰的回信则越来越短。终于有一天,这位大作家再也忍耐不住,提笔回了一封仅一行字的信:"读者阁下,我已经死了。"不料几天后,回信又到,信封上写着:"谨呈在九泉之下的、伟大的伏尔泰先生。"伏尔泰哭笑不得,赶忙回信:"望眼欲穿,请您快来。"

底狱关了近一年。出狱后他依然"劣性"不改。在《赞美和反对》一诗中,他又大胆地抨击了上帝和教会,宣扬自己的自然神论思想。他笔下的上帝是这样的一个形象:"他糊里糊涂地施恩,他糊里糊涂地逞凶,他费尽全力造人,他又马上给他们送终。"

因为"不敬上帝",伏尔泰被送进了监狱。可又因为证据不足(诗人作了"狡辩"),当局不得不将他释放。为此一位官员十分恼怒地说道:"必须把伏尔泰关在一个永远没有笔、没有墨水、没有纸张的地方!"

《老实人》插图

1759年发表,以嘲弄盲目乐观的"先天和谐论"哲学为主题的《老实人》,可谓是伏尔泰宣讲哲学、提倡科学、启蒙教化的一部杰作。小说中的"老实人"起初非常信奉老师邦葛罗斯向他讲授的"哲学":万物皆有归宿,此归宿自必为最完美的归宿;任何不如意的事情都是暂时的,现实生活中的一切都必然要走向高度和谐与普遍幸福。然而,他本人和邦葛罗斯后来所遭遇的种种磨难,却彻底揭穿了"先天和谐论"的画皮。当他心爱的女人被人糟蹋,变得面目全非,而他自己也吃尽了苦头时,他向尊敬的老师嚷道:"得啦,得啦,我不再相信您的乐天主义了!""地球上满目疮痍,到处都是灾难啊!"

在小说中,伏尔泰通过对"黄金国"的描述,勾画出了他的"乌托邦"理想。在这个国度里,人们自由自在,丰衣足食;没有迫害,没有牢狱,没有战争,没有罪行;国王英明有为,民众虔诚和睦……这部小说的思想结论是劳动。"工作可以使我们免除三大害处:烦闷、纵欲和饥寒。"最后还通过"老实人"之口道出:"种咱们的园地要紧。"

伏尔泰之墓

伏尔泰终身都在他的哲学园里勤勉地耕耘。1778年5月30日,这位饱受颠沛流离和专制迫害之苦的思想巨人离开了人世。在他生命垂危之际,教会人士企图按照基督教习俗强迫他进行忏悔并做临终仪式,但受到了伏尔泰的强烈抵制。他伸出手臂大声嚷道:"让我安静地去死吧!"

伏尔泰的灵车上写着这样的句子:"他使人类的理性迅速发展,他教导我们走向自由。"而他的心脏则被人们精心保存在一只盒子里,安放在巴黎国家图书馆。盒子上刻着他生前说过的最能体现他性格的一句话:"这里是我的心脏,但到处是我的精神。"

创新启示 ⚑

作为法国启蒙运动泰斗的伏尔泰,是愚蠢、狭隘、固执和残忍的敌人,他一生为自由、平等和理性而战。他开创的哲理小说新体裁所具备的四大特色——以虚论实的情节,寓理于形的论证方法,简洁明朗的人物形象,滑稽讽刺的艺术风格,构成了这种独特的文学样式的基本要素,同时兼备了较高的思想价值和艺术价值。

法国大革命的"精神之父"

卢梭

> 让-雅克·卢梭（Jean-Jacques Rousseau,1712—1778），法国思想家、哲学家、教育家、文学家。出生于瑞士日内瓦一个钟表匠的家庭，母亲是个牧师的女儿，因生他难产而去世。卢梭10岁时，父亲被放逐，离开了日内瓦，他被姑母收养。卢梭16岁时只身离开日内瓦漂泊四方，先后做过学徒、伙计、随从、雕刻匠、乐谱抄写员、家庭教师、外交官秘书等。主要著作有《论人类不平等的起源和基础》《社会契约论》《爱弥儿》《忏悔录》等。

1789年7月14日,以巴士底狱被攻占为标志,法国大革命正式爆发。3年后,法兰西波旁王朝复辟前最后一任国王路易十六被送上了断头台。此前,当路易十六在囚牢中读到伏尔泰和卢梭的著作时,发出了这样的感叹:"是这两个人把法兰西给毁了!"

路易十六说得没错,因为从他的角度所理解的"法兰西",是那个君主专政的旧法兰西。拿破仑后来也评价道:"波旁王朝本来是可以支撑得住的,要是他们对笔墨文字严加监督的话。"

这便彰显出了文字的力量!

其实,那个时代的人们已经知悉,法国的共和宪法是以卢梭的《社会契约论》为蓝本起草的;革命者"自由、平等、博爱"的战斗热情,也是受到了卢梭著作中激昂情绪的鼓舞。在大革命爆发11年以前就已离开人世的卢梭,甚至还预言到在革命发展过程中会暴露出悲剧性的内部冲突,即革命以高喊自由的口号开始,却以不宽容和专制独裁而结束。

路易十六

对法国大革命最有影响的两个思想或许就来自卢梭:一是他拒绝君主政体的武断统治,二是他憎恶因财产导致的社会惯例和法律的不平等现象。在1755年出版的《论人类不平等的起源和基础》中,他从财产的根基追溯不平等的起源,尝试把政府的出现解释为统治者与被统治者的一种契约:人们愿意放弃个人自由并为他人所统治的唯一原因,是他们看到个人的权利、快乐和财产在一个有正规政府的社会比在一个无政府的、人人只顾自己的社会能够得到更好的保护。但卢梭又指出,原始的契约有着明显的缺陷。社会中最富有和最有权力的人"欺骗"了大众,使不平等成为人类社会一个永恒的特点。

在1762年出版的《社会契约论》中,卢梭提出,统治者与被统治者的契约应该被重新思考。政府不应该只是保护少数人的财富和权利,而是应该着眼于每一个人的权利与平等。不管何种形式的政府,如果它没有对每一个人的权利、自由与平等负责,那它就破坏了作为政治职权根本的社会契约。

自我揭示一个透明的灵魂

"我现在要做一项既无先例、将来也不会有人效仿的艰巨工作。我要把一个人的真实面目赤裸裸地揭露在世人面前。这个人就是我。"卢梭在其去世后出版的惊世之作《忏悔录》的开篇这样写道。他的这部自传是最早也最有影响的自我暴露作品之一,成为了对后世影响深远的世界文学经典。

卢梭怀着悲愤的心情撰写《忏悔录》,是为了争取后人的理解,不让敌人往他的生平上抹黑,同时也是为自己辩护。对他来说这是一场诉讼,在这场诉讼中他扮演的角色是被告,原告是他从前的那些朋友。卢梭认为他这名被告最佳的辩护,莫过于把自己的精神肖像一丝不苟地如实画出来。他"要他的灵魂在读者眼里是透明的"。他把人们指责他的缺点说个透彻,还承认其他一些埋在心底、无人知晓、时时引起他内疚的缺点。他还说,"一个人内心不管如何纯洁,都没有不隐藏一些可憎的罪恶"。

在卢梭看来,国家存在的基础就是所有成员的自由联合。人民应该当家做主,人民的共同意志以他们共同的利益为导向。为此,他预设了人民主权的概念,即人类通过契约的方式建立国家,所有自由人都是契约的缔结者。这个所谓的"国家学说"影响巨大,并且很快便成为革命的导火索,而卢梭本人的看法是:革命已在眼前,"我们正在向危机的深渊和革命的世纪迈进"。有学者指出,卢梭的上述思想是法国大革命和美国革命的根本思想。事实上,将法国大革命和美国革命看作是卢梭社会契约抽象理论的直接结果也毫不过分。

卢梭被视为世界近代意义上的"第一个知识分子"。在人类思想史上,他

德拉克洛瓦画作《自由引导人民》

第一次明确地将社会看作对丑恶负责的主体。他认为，人性本善良，但社会通过种种虚伪做法使人腐化堕落。人的心灵需要各种装饰，结果却变成了锁链。像艺术、文学与科学等，都是装饰在锁链上的花环，是侵蚀道德的腐蚀性液体。它们促使形成占有、贪得无厌的文化，将人们引向冲突、奴役和征服的航道。每一种知识都来自一种罪过：几何学来自贪婪，物理学来自无益的好奇心，天文学来自迷信，而道德哲学本身则根植于自负。

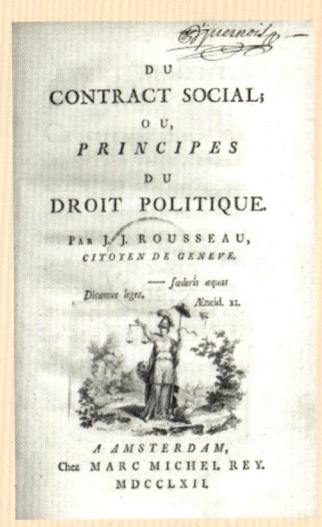

《社会契约论》初版封面

卢梭常常由于观点新潮、批评尖锐而得罪政府当局和宗教势力，所以他几乎可以说是一生漂泊。由于健康恶化并罹患妄想症，他生命的最后20年基本上是在悲惨痛苦中度过的。

卢梭逝世后，其声誉日益增高。1791年，国民公会投票给他树立雕像，作为法国大革命的象征，并配以金字"自由的奠基人"。1794年，法国大革命爆发5年后，人们在巴黎举行了一次隆重的仪式，将他的遗骸迁葬于先贤祠。在仪式上，主持人宣称："我们在道德、风俗、法律和情感和习惯方面有益于健康的改善应归功于卢梭。"

创新启示

作为18世纪法国大革命的思想先驱，卢梭坚持社会契约论，主张自由平等，反对专制、暴政。他最先指出现实社会中各种不平等与不幸的根源并不是命运，而是人为制造的、错误的社会制度。他创立了人民主权和新的自由的概念，启发了大众对平等和民主的思想。他在《爱弥儿》中提出的自然主义——情感教育优于理性教育的看法，对现代教育理论产生了深刻的影响。

斯密揭秘"看不见的手"

亚当·斯密(Adam Smith,1723—1790),英国经济学家、政治哲学家、伦理学家。出生于苏格兰法夫郡的柯科迪。父亲是律师,母亲是地主的女儿。1737年,斯密进入格拉斯哥大学学习哲学,1740年被选入牛津大学深造,1748年,任爱丁堡大学讲师。1751年,任格拉斯哥大学教授(1787年担任该校校长),还曾做过苏格兰的海关和盐税专员。著有《国富论》和《道德情操论》。

斯密曾用"极其一成不变"来形容自己的生活,但根据传记作家约翰·雷在《亚当·斯密传》的描述,在他和顺、平静的一生中,曾发生过一个惊心动魄的小插曲。在他4岁那年,他随家人一起去拜访住在利文湖畔的祖父。途中,他被一群路过的吉卜赛人偷走,家人一时间无法找到。幸好,此时有一位绅士告诉他的家人,说刚才在数公里外碰见一个吉卜赛女人抱着一个哭个不停的小男孩。家人迅速前去寻找,终于在莱斯利的森林追回了他。

将近70年后,一位道德哲学家在为斯密做颂文提及此事时写道:这为世界留下了"一个天才,一个注定会拓展科学疆界、引发欧洲商业政策改革的天才"。

伊图里诺画作《两个吉卜赛人》 ⓟ

斯密是个遗腹子,父亲在他出生前几个月就去世了。成年后的他深居简出,终身未娶,一直与母亲相依相伴。在人们眼中,斯密多少显得有点儿奇怪:他想问题做事情十分专注,经常旁若无人、独自出神。生活中,他时常提出一些惊人言论,如他曾羡慕过在撒满阳光的道路旁边无所事事的乞丐,甚至把伦敦城里的爱尔兰妓女视为大英帝国最美丽的女人——只因为她们喜食土豆。

不过,斯密在哲学、伦理学和经济学方面的思考,却可以说是细致缜密,论证有力。他于1759年出版的主要阐述伦理道德的《道德情操论》一书,获得学术界极高的评价。受古典哲学及自然科学家牛顿等人成果的启迪,斯密曾试图将人类对世界的现实体验解释成一个环环相扣、彼此制约的体系。那个时代的人们十分坚定地相信,经济领域同物理领域一样,存在着若干会始终起作用的基本定律。这是一个什么样的规律呢?

为了解释这个规律,斯密自1768年起便着手著述《国富论》,几经润饰后于1776年出版,旋即引起了巨大的反响。这一划时代的著作对新的市场经济的作用原理,进行了最早的、翔实的分析。他相信,在自由化市场中,因竞争产生的压力会保证商品始终以真实价格(也就是他所说的"自然价格")出售。某个商人若想要多捞一点,总会被

《道德情操论》和《国富论》

斯密的两部最重要的代表作《道德情操论》和《国富论》，都是当年他在格拉斯哥大学讲授道德哲学课程的成果或讲义。《道德情操论》所阐述的主要是伦理道德问题，《国富论》所阐述的主要是经济发展问题。用现在的观点看，这是两门不同的学科，前者属于伦理学，后者属于经济学。斯密先写出《道德情操论》，对情感、动机、行动、道德等问题进行了精湛分析，然后再完成《国富论》。他本人也把《国富论》看作是自己在《道德情操论》论述的思想的继续发挥。可见，《国富论》这部经济学巨著，具有伦理学的知识背景和价值基础。

有研究者指出，如果说《国富论》的主题是"财富增长"，那么，《道德情操论》的主题则是"欲望约束"。但它们之间的分工，并不是"两种思想、两个斯密"的对立，只不过一个谈的是"自利"达致"利他"——一个人与社会在理智行为中，基于理性自发达成一致；另一个谈的是"自爱"达致"同情"——一个人与社会在情感行为中，基于理性（合宜性）自发达成一致。两者从本质上看都表明了同一层意思：个体与社会基于某种理性，会自发达成一致。

竞争对手以更优惠的价格战胜，最终弄得商品出不了手。

这当中，两个相反的作用力——一为利己，一为竞争，便足以形成一个具有自我调控功能的稳定状态，也就是保证某种平衡。而市场能够存在秩序，就是因为有这一被斯密称为"看不见的手"的规律在起作用。依斯密之见，"好结果"（指公平而充备的市场）可以源自利己的动机。每个人"都只是打算赢得他自己的利益"，但他们确确实实"被一只看不见的手带领去促成一种不是他原来希望的结果……通过追逐他自己的利益，他经常将社会推进到更有效率的状态，这大大超过了他原来

ⓟ

实际想要做的"。

《国富论》传达的正是这样一个自由放任、无为而治的信息：市场有自我调节能力，因此不要人为干预。此书的编者曾评论说："这是一本将经济学、哲学、历史、政治理论和实践计划奇怪地混合在一起的书，一本由有着高深学问和明敏见识的人所写的书。这个人有强大的分析能力，能对他的笔记本中所有的材料进行筛选；又有强大的综合能力，能按照新的和引人注目的方式将其重新组合起来……"

亚当·斯密之墓

斯密并不是经济学说最早的开拓者，他最著名的思想中有许多也并非新颖独特，但是他首次提出了全面系统的经济学说，为该领域的发展打下了良好的基础。如今，《国富论》已被看作是现代政治经济学研究的起点，它对马尔萨斯、李嘉图、密尔、凯恩斯、马克思、恩格斯、弗里德曼等著名学者产生了深远的影响。

斯密一生为疾病所困，临终前，他让人将自己的手稿全数销毁。他逝世后被安葬在卡农格特教堂的一个角落里，墓碑上刻着如下文字：《国富论》和《道德情操论》的作者亚当·斯密长眠于此。向坟墓的上方望去，能看到广袤的草地、郁郁葱葱的树林、绵延的海湾，还有远处巍峨的群山。

创新启示

作为经济理论发展史上的开拓性人物，斯密是第一个将经济学理论完整化和系统化的人。他的《国富论》使经济学成为独立于哲学的大学问，并为该领域的未来发展奠定了坚实的基础。他对经济学的研究透过现象看到了本质。他提出的"看不见的手"的理论之于经济学，就像是牛顿万有引力定律之于物理学，并且更有对人性的深刻理解。

达尔文 追问万物起源

查尔斯·罗伯特·达尔文(Charles Robert Darwin, 1809—1882), 英国生物学家、博物学家, 进化论的奠基人。他出生于舒英伯里一个富裕家庭, 其祖父和父亲均是当地颇有名望的医生, 外祖父是著名的美术陶瓷制造商。他8岁时丧母, 16岁时被送到爱丁堡大学学医, 其间经常到野外采集动植物标本, 并对自然历史产生了浓厚的兴趣。1831年, 他以博物学家的身份参加"贝格尔号"的环球之旅。1859年发表《物种起源》, 震动世界。

1831年12月27日,一个阳光灿烂的日子。一艘长约27米的三桅方帆军舰"贝格尔号",从英国普利茅斯港起锚向南大西洋驶去。

这艘负有特殊使命的舰船,被派往南美洲进行一次环海考察,然后取道太平洋、印度洋返回英国。22岁的达尔文作为随船的一位博物学家,就这样开始了波澜壮阔的5年环球之旅。

贝格尔号

这次旅行在达尔文的一生中,在自然科学的发展史上,都写下了极其重要、极其辉煌的一章。从这里,达尔文迈出了探索自然科学道路上的第一步;也正是从这时候起,物种起源和进化的秘密才慢慢地被人类解开。

在"贝格尔号"长达5年的航行中,每到一个地方,达尔文都要仔细考察当地动物、植物资源。在南美洲,他发现了古犰狳的化石。它们与现代生活的犰狳十分相似,但又有不同。这是否说明现代的动物是由古代的动物发展而来的呢?此外,他还发掘了一批科学上未知的、久已绝迹的古生物化石,有大树獭、箭齿兽、南美象,等等。他把阿根廷的一块平原称作"灭绝已久的四足动物的巨大坟墓",并意识到,这些发现将有助于科学家推测出地球远古时期的图景。

现代犰狳

达尔文是一个伟大的观察家,他善于发现细节及细节间的各种关系。在融汇、权衡事实与已存在的一切复杂问题的关系,以及最后排比事实上,达尔文表现出了高超的本领。作为一名心思缜密的观察家,达尔文的天才之处在于,他从不仅仅是简单地观察自然,而往往要进一步寻根究底,提出"为什么",就是要不遗余力地寻求事实背后隐藏的规律,理解整个世界形成的过程。实际上,环海旅行回国后,达尔文就一直在进行第二次旅行,这一次旅行比第一次更加富有挑战性——是一次帮助他打破知识的禁锢,进入全新未知领域的思想之旅。

"一个胆小的革命者"

达尔文推迟了将近20年才公开发表他的关于进化论和自然选择的理论，除了小心求证、严谨立论的原因外，还有宗教和家庭方面的顾虑。

由于天性温和、羞怯，达尔文不想成为公众议论的焦点，也不想因此给他深爱的人们，特别是夫人爱玛，带来痛苦。在他们婚姻的前几年，信教的爱玛特别担心天堂会因达尔文的非正统思想将他拒之门外。她曾给达尔文写过一封真挚感人的信，谈到她非常害怕两人会在天堂永远分离。达尔文一直把这封信带在身边。后来他在回忆录中提到，自己曾经无数次狂吻这封信，也曾经无数次为它而哭泣。

从当时的社会环境看，进化论思想不仅否定了《圣经》中所言"上帝创造世间万物"的说法，而且它还带来了唯物主义的"幽灵"，这使得当时的维多利亚社会极为不安。对许多人来说，唯物主义——宇宙的运行可以用物质和自然法则来解释的信仰——意味着上帝的存在不再是必不可少、无可辩驳的真理。如果接受这个理论的话，就要把人类在哲学上和宗教上的各种基本观念一概推翻，摧毁的东西未免也太多了。

所以，后来有人评价说：从多方面来看，达尔文是"一个胆小的革命者"。

1837年，还在整理搜集的资料、记录航海经历时，达尔文就已经私下里开始思考另外一个主题——他称之为物种演化或者物种演变，这一主题逐渐占据了他的全部思绪。达尔文的笔记、信件和自传都表明，这一年的中期，达尔文确信物种是不断变化的。如同他在笔记中所说，某种自然法则或力量必定"改变生物种类来适应不断变化的世界"。

盘旋在达尔文心中的另外一个疑问是：如何解释已经灭绝的物种？如果他们是完美的，为什么会消失呢？如何解释探险家在非洲、美洲和澳大利亚发现的新植物、新动物？是否上帝在各大洲的创造活动都不尽相同？再者，农夫和牲畜饲养者是那样轻而易举地培养出新品种的水果、鲜花和家禽，这是不是可以说明：物种是流动的、不断变化的，而不是固定的、一成不变的。

1842年，达尔文写完一部长达32页的概要，阐述了他对进化和自然选择的思考。两年以后，他对此进行了更为细致深入、长达231页的论述。当时，达尔文还没有准备发表他的学说，但他深知，这个学说必将成为"科学上的重要一步"。

1844年1月，年轻的植物学家胡克刚从南极航行归来，达尔文就写信给他，说自己一直在为一项"非常狂妄"的工作搜集事实论据。在经过了12年周密的准备工作后，达尔文才开始撰写他的巨著《物种起源》。这时，他的好朋友、著名地质学家赖尔建议他尽可能完整地阐述自己的进化观点，然后将他的观点连同物种理论概要先行发表，以取得理论上的优先权，但达尔文没有采纳他的建议。

1858年，赖尔的预见终于应验了。6月的一天，达尔文收到了华莱士寄给他的一篇文章。文章中所阐述的关于生存斗争和适者生存的原则令达尔文非常惊讶，随即他便陷入到被震撼后的茫然之中。震惊之余，达尔文决定将物种起源理论的优先权让给华莱士这个年轻人。

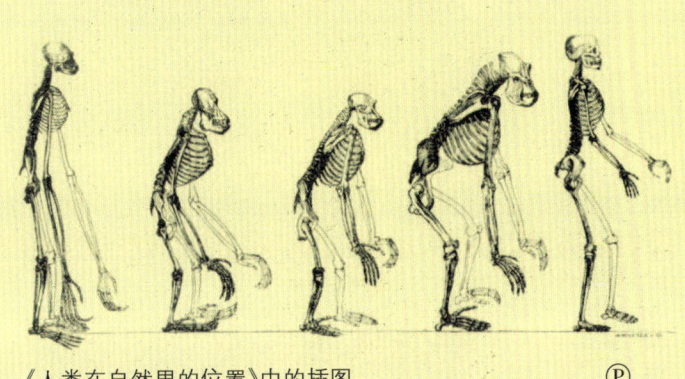

《人类在自然界的位置》中的插图

但是，了解情况的赖尔和胡克这两位好友，替达尔文想出了一个周全的办法：将华莱士的文章、达尔文的研究资料及相关信件一块提交林奈学会，并在学会会议上宣读。华莱士对事情如此处理感到非常满意，这使达尔文感到莫大的欣慰。直到达尔文生命的最后一刻，两人都保持了良好的朋友和同事关系。

1859年11月24日，《物种起源》横空出世，旋即给社会带来了巨大的震撼和激烈的思想交锋。从此以后，世界不同了。

创新启示 🚩

达尔文在《物种起源》这一划时代著作中提出的生物进化论学说，摧毁了各种唯心的神造论和物种不变论，对生物学、人类学、心理学、哲学乃至人类社会的发展等都有着不容忽视的巨大影响。

马克思
思想改变世界

　　卡尔·马克思（Karl Marx,1818—1883），德国哲学家、经济学家、思想家。出生于一个犹太律师家庭，先后在波恩大学和柏林大学学习法律，1841年获得耶拿大学哲学博士学位。毕业后担任科隆《莱茵报》编辑，1843年该报因发表激进言论被查封，马克思随即去往巴黎从事政治经济学研究。遭驱逐后，来到布鲁塞尔，最后定居于伦敦。一生中撰述的重要著作有《资本论》《共产党宣言》《哲学的贫困》《政治经济学批判》等。

不妨作这样一个设想:如果马克思实现了自己做诗人的理想而没有成为哲学家,今天的世界会是怎样?

1835年10月,17岁的马克思离开他在特里尔的家,去往波恩大学学习法律。第一个学年,他以极大的热情投入学习,同时也花费许多时间来创作诗歌。每次给家里写信,他总是习惯性地附上自己十分陶醉、却令父亲无法理解的诗歌作品。

有一次,当马克思向父亲索要出版费时,这位颇为成功的律师发出了如下警告:虽然你的诗歌"天分着实使我感到高兴,对

马克思出生地

它我寄予很多期望,但是,如果看到你成了一个平庸的诗人,我会感到伤心的"。

年轻的马克思知道自己要收敛一些了。此前他在校园里曾因决斗受伤,还因喝酒吵闹被关过禁闭,而且花钱随意、在"诗情画意的爱情里的过度兴奋",这些行为令父亲感到忧虑。

好在这个一度的"浪子"依然喜欢读书、思考,尤其钟情于哲学。当时的情形,恰如20多年后他在《政治经济学批判》序言中所描述的那样:"我学的专业本来是法律,但我只是把它排在哲学和历史之次当作辅助学科来研究。"

马克思的妻子燕妮

对哲学和历史的研究与思考,难免会"滑"向政治。事实上,马克思从离开大学校园踏进社会开始工作时起,就怀着新革命运动所特有的炽烈热情介入政治。在他青梅竹马的恋人燕妮眼中,他是个莽撞而又不失可爱的"小野猪";在他志同道合的朋友们的印象里,他是"一个革命魔鬼",是"一座思想的仓库",是"各种创新想法的牛头"。

麻烦很快就来了。1843年,由马克思担任主编的科隆《莱茵报》,因为越来越鲜明地倾向于革命民主主义,被普鲁士国王恼怒地批为"莱茵河畔的妓女",随即"死"在警

"千年第一思想家"

马克思的观点不是完全原创性的,他同样也是站在"巨人"们的肩膀上发展了自己的学说。正如一些研究者所指出的那样,马克思经济思想的很多东西可以在李嘉图的著作中找到。他的哲学可以在黑格尔和费尔巴哈的著作中找到某些前提和注脚,他的历史决定于社会阶级冲突的观点来自圣西门,劳动价值理论则来源于洛克。马克思的原创在于,他从所有那些来源中提炼出了一个统一的思想框架,将其打造成了社会分析和社会革命的有力工具。

在20世纪,由马克思及其同道们发起的政治运动对我们这个星球上的大部分国家都产生了影响。德国哲学家施杜里希分析说,马克思主义对于国家的影响存在两个方面:首先,马克思主义(或更确切地说是马克思列宁主义)成为相关国家的官方哲学;其次,这种哲学学说构成了国家的政治和社会实践的理论基础。迄今为止,还没有一种哲学引发的思想运动能够具有如此巨大的力量。

1999年,由英国剑桥大学文理学院的教授们发起,评选"千年第一思想家",结果马克思位居第一,爱因斯坦位居第二。2005年7月,英国广播公司以古今最伟大的哲学家为题,调查了3万名听众,马克思同样是得票率第一。

苏联发行的马克思和恩格斯纪念邮票

察局手中。马克思失业了,不得已去往巴黎。在那里,他遇到了恩格斯,并与之建立了毕生的合作关系与个人友谊。

不久,马克思又因发表包含激进观点的文章被逐出巴黎。这次,他来到比利时的布鲁塞尔,在1847年发表了他的第一部重要著作《哲学的贫困》。次年,他与恩格斯合著的《共产党宣言》问世。年末,马克思回到科隆创办《新莱茵报》,但几个月后又被驱逐出境。之后他前往伦敦,并在那里度过了余生。

新闻生涯和现实政治把马克思带到了活生生的社会现状之中。他开始系统地研究国民经济学。然而,在伦敦,马克思一家却长期过着异常拮据的日子,并数次经历疾病、丧子的痛苦。在恩格斯的无私资助下,他以惊人的毅力孜孜不倦地研究和著述。

1867年,马克思一生中最为重要的著作《资本论》第一卷出版,他在此书序言中写道:"这本书的最终目标就是揭示现代社会运动的经济规律。"这一运动规律就成了他的辩证唯物主义理论。恩格斯在马克思逝世后写道:"正像达尔文发现有机界的发展规律一样,马克思发现了人类历史的发展规律,……不仅如此。马克思还发现了现代资本主义生产方式和它所产生的资产阶级社会特殊的运动规律。"

使命感十分强烈的马克思自称把社会主义做成了科学的社会主义,同时认为,他已经把历史发展的观念建立在科学的基础之上,从而使人类能够科学精确地预测到未来社会的发展。他首次认识到经济基础在人类社会生活中的重要作用,首次认识到人类历史上阶级斗争的事实,以及它对于文化和思想发展所产生的重要影响。

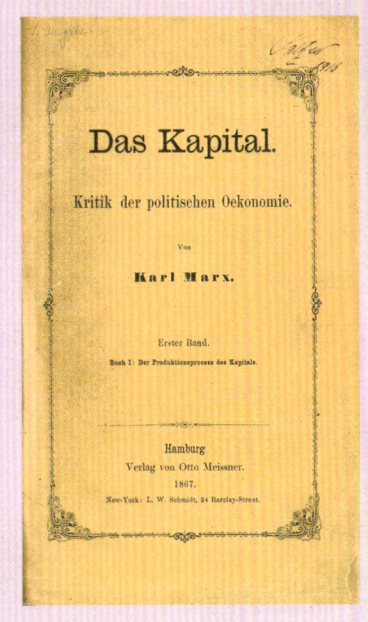

《资本论》封面

在一个著名的概括性段落中,马克思自己描绘了他那些著作的"主导线索"和他的理论的本质:"物质生活的生产方式制约着整个社会生活、政治生活与精神活动的过程。不是人们的意识决定人们的存在,相反,是人们的社会存在决定人们的意识。"

可以说,与历史上的任何思想家相比,马克思的思想在更短的时间内产生了更大的影响。

创新启示

正像达尔文发现有机界的发展规律一样,马克思发现了人类历史的发展规律。与历史上的任何思想家相比,马克思的思想在更短的时间内产生了更大的影响。1999年,由英国剑桥大学文理学院的教授们发起,评选"千年第一思想家",结果马克思位居第一,爱因斯坦位居第二。

海森伯
把物理学带入新世界

沃纳·海森伯(Werner Heisenberg, 1901—1976)，德国理论物理学家，量子力学的主要创始人，"哥本哈根学派"的代表人物。出生于维尔茨堡，毕业于慕尼黑大学、哥廷根大学，曾任职于哥本哈根大学、威廉皇家物理研究所、柏林大学。他创立了量子力学的矩阵力学形式，提出了不确定性原理，创建了关于原子核的中子－质子模型。海森伯获1932年诺贝尔物理学奖。著有《量子论的物理学基础》《物理学家的自然观》等。

海森伯5岁那年,差点因肺炎死去。在成长过程中,他还时常受到过敏症和其他疾病的困扰,身体不是太好。不过,这个瘦弱的孩子却自信满满、争强好胜,总想出人头地。这在一定程度上大概要归因于他那具有强烈的个性和远大学术抱负的父亲。

那是在20世纪最初的10年,第一次世界大战爆发前,德国的维尔茨堡,一个非常幽静的、田园式的传统城市,伦琴当年就是在这里发现了X射线。海森伯的父亲出生于中产阶级手艺人家庭,曾任职于中学,后被批准在大学里担任无公薪讲师,后来他成为德国唯一的中世纪及现代希腊语方面的正教授,这在当时可谓是社会地位提升的一种标志。

维尔茨堡

中学时代的海森伯很给父亲"争气",似乎从来也没有被课内作业难倒过。他经常是在精神高度集中的情况下快速完成家庭作业,然后就去干别的更有挑战性和趣味性的事情,例如音乐、下棋之类。数学老师沃尔夫注意到了这个特别的孩子,就有意挑选一些特殊的问题,拿给他说:"试着解解这题和那题。"

然而,当课程从算术转向几何学时,海森伯却泄了气,声称对枯燥的三角形和正方形毫无兴趣。沃尔夫开导他说:普遍成立的命题可以从几何学得出,而这些命题是跟物理现象瞬变的"实在"世界相对应的。海森伯顿时领悟到了数理世界之间的对应关系,感到既奇特,又刺激。

而几乎在相同的时间,与原子的两次邂逅引发了他对物理学的思考。一次是他从物理学课本上看到,多原子分子被画成了一些勾和圈的连接,这让他觉得太过肤浅和随意,因为原子及其结合成的分子被认为是受到了严格的自然规律控制,不太可能是这种"形象";一次是他在军训期间阅读古希腊哲学家柏拉图的著作时发现,这位先哲借助作品中人物之口,将观察到的四要素(土、空气、火和水)的性质,归结为理想的几何"原子"的超验性质,对此他十分诧异:圣人式的柏拉图怎么会相信原子是立方形的或金字塔形的呢?这些问题将海森伯引向了哲学思考。

1920年秋,海森伯进入慕尼黑大学不久,即在一次与朋友的对谈中展望了自己的职业理想:"在这里,我们相信我们是在未知的土地上,而且也许需要若干代的物理学

海森伯(左)与玻尔(右)

家才能找到确定的答案。我觉得在所有这一切中担当某一角色是很诱人的。"

这个时候,始于普朗克量子观念的基础物理学的一场伟大革命正渐入佳境,海森伯科学生涯的几位重要领路人,从索末菲、玻尔,到玻恩、泡利,分别在相隔不远的时间段里与他相遇。

由于索末菲的赏识,海森伯入学不久就得以参与一些重要的研究工作,如分析原子光谱中有关塞曼效应的新数据等,发表了3篇有关原子光谱学的论文。因为在一次学术讲演会上对玻尔关于塞曼效应的解释发表不同的见解,海森伯引起了玻尔的注意,并受邀散步长谈,讨论现代原子理论的基本物理学问题和哲学问题——海森伯坦承那次谈话是他"真正的科学生涯的开始"。

1923年,海森伯以论文《流体动力学的基本方程》获得博士学位,随后到哥廷根大

"测不准"与"不确定性"

"我们整天谈论量子理论,满脑子都是量子理论的成功和它的内在矛盾。"晚年的海森伯回忆早前科学生涯时说。由于无法观察到原子内电子运动的轨道,他放弃了给原子以具体描绘的一切尝试,转而寻求阐释一种没有电子运动轨道的量子力学。其出发点是忽略原子的视觉观念,只以数学方式来考虑,即对任意给定瞬间电子的位置和地点的概率进行一种数学预测。

1927年初,海森伯在《论量子理论的运动学和力学的直观内容》一文中,首次提出了不确定性原理(旧译"测不准原理")。该原理表明,单个微观粒子的某些物理量,不可能同时具有确定的数值,我们只能计算出某些事件发生的概率。这并不是因为仪器不够精准,无法同时给出确定的位置和动量(质量与速度的乘积),而是粒子的本性就是无法同时拥有确切的位置和动量。在这样一对参数中,一个越是被精确地确定,另一个就越不能被精确地确定。

不确定性原理实际上也反映了基本粒子的双重特性——粒子的特性和波的特性(波粒二象性)。这条原理,现在已被公认为科学中道理最深奥、意义最深远的原理之一。

学在玻恩指导下工作。此时量子理论仍面临许多问题,海森伯决心建立一个数学模式来解释原子结构。当时已经发现,不同元素可以根据它发出的光的频率来进行鉴定(频率几乎就像人的指纹一样具有唯一性)。玻尔早前发现并意识到,氢光谱中的光谱线是由于电子在高能和低能轨道之间的跃迁产生的。当电子跃迁时,它们发出特定频率的光子,呈现出某种颜色,在频谱线上形成一条光谱。既然玻尔等人所设想的原子模型是为了揭示光谱线的位置而提出来的,那么,为什么不从那些光谱线着手,找出能说明这些谱线的数学关系呢?

海森伯另辟蹊径,记下所观察到的不同的氢原子的光谱频率,并把它们按照矩阵的形式排列起来。他发现,确实可以用公式来表达频谱线的频率和其他观察到的特性的关系。也就是说,可以用矩阵描述辐射的不连续性,即量子性。1925年9月,24岁的海森伯发表论文《关于运动学和动力学的量子力学解释》,公布了计算结果。这个发现被认为是现代物理学的一个关键转折点,并奠定了不久后产生的"矩阵力学"的重要基础。

英国物理学家狄拉克最终证明,海森伯的矩阵力学与薛定谔的波动力学,都能推导出同样的结果。它们不过是一个整体的不同方面,并且只在原子和亚原子的小尺寸层面上才具有重要意义。这也正是基本粒子令人深感困惑的特性所在:有的时候呈现为粒子——在空间上确定的点;有的时候又呈现为波——分布在一定区域内的能量。这两种可能的形态竟能合于一体,用哲学术语来说,那就是"统一的多样性"。

因创立量子力学,以及由此导致的氢的同素异形体的发现,1933年12月11日,32岁的海森伯被授予1932年度诺贝尔物理学奖。

创新启示

作为现代物理学的开拓者之一,海森伯创立了量子力学的矩阵力学形式,提出了不确定性原理,把物理学带入了一个全新的世界。这个理论在一定程度上说明了科学测量的局限性,而它所反映的科学哲学观点同样非常重要:不论测量仪器如何改善,理论与实际间仍可能存在误差。

哥德尔 革了数理逻辑的命

库尔特·哥德尔（Kurt Gödel, 1906—1978），奥地利裔美籍数学家、逻辑学家、哲学家。他早年在维也纳大学攻读理论物理、基础数学，后来转而研究数理逻辑、集合论，1930年获博士学位。1938年到美国普林斯顿高等研究院任职。1952年，获哈佛大学荣誉科学博士，赞辞称他为"20世纪最有意义的数学真理的发现者"。1955年当选美国国家科学院院士。1975年获得美国国家科学勋章。

他是个天才的数学家、杰出的逻辑学家、深奥的思想家,同时又是一个孤僻的遁世者、偏执狂和抑郁症患者,除了极少数他的知己和圈内人士,人们难得一见其庐山真面目。临终前,他甚至还叮嘱妻子躲开新闻记者和传记作家。然而,赏识他的仍不乏其人。

他叫哥德尔。

1931年,年仅25岁的哥德尔发表了也许是20世纪最著名的数学和哲学成果,并且很快便得到了学界的承认和重视。哥德尔推导出的"不完全性定理",简单说是这样的:每一个数学系统,不管它有多复杂,总包含着不能消除的悖论。即在"可证的"和"真的"之间永远存在一条不可逾越的鸿沟,无矛盾和完备性不能同时满足。换句话说,数学中的确定性不存在也不可能存在,可证的一定是真的,但真的不一定可证。

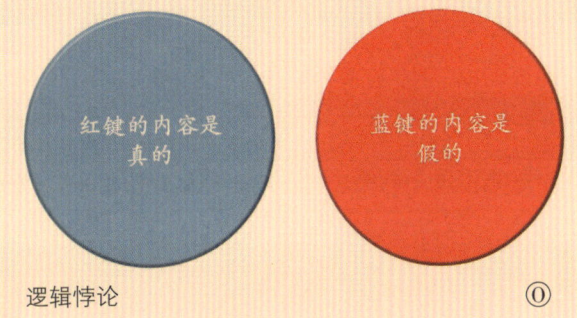

逻辑悖论

试考虑这样一个陈述:"我现在说的是假话。"是假话吗?如果是假话,那么,我在说假话这件事就是假的,因此,我必定在说真话——这跟假设矛盾!如果我在说真话,那么,我在说假话这件事就是真,因此,我确实在说假话——又跟假设矛盾!这样下去,将永远无法证明在该陈述中,"我"所说的到底是真还是假。

哥德尔定理不仅使数学、逻辑学发生了革命性的变化,同时也引发了许多富有挑战性的问题,波及哲学、语言学和计算机科学,甚至宇宙学等诸多领域。比如:什么是理性思维的界限?我们能够搞清楚心智的内在工作过程吗?哥德尔定理对宇宙学的影响还有新近的一个例子为证:2002年8月17日,著名科学家霍金在北京国际弦理论会议上发表了题为《哥德尔与M理论》的报告,他说:建立一个单一的描述宇宙的大统一理论是不太可能的。而这一推测正是基于数学领域的哥德尔不完全性定理。

在美国《时代》杂志评选出的对20世纪思想产生重大影响的100人中,哥德尔排名第4。在普林斯顿高等研究院,哥德尔成了爱因斯坦一直找寻的谈伴,并被爱因斯坦视为知音。他们谈得最多的是哲学、物理学和政治,而且,"彼此知心得不得了,赏识得不得了"(爱因斯坦的助手斯特劳斯语)。爱因斯坦对哥德尔怀有特殊的敬意,他赞扬哥德尔是"自亚里士多德以来比任何人都有力地动摇了逻辑基础的人物"。

跟哥德尔有过密切交往的美籍华裔逻辑学家王浩则说：在大多数人眼里，哥德尔的生平事业好似远在天边的一处幽秘的风景，引人入胜但难以亲临其境，只是心驰神往而已。所以，要领略那一处风景，"实在得有一种能够顾盼几个世纪的历史眼光才行"。

哥德尔是个智慧巨人，也是一个被神秘所笼罩的传奇人物。小时候的他腼腆而又敏感，并且有着强烈的好奇心，4岁就被家人称作"为什么先生"。大约在8岁的时候，他得了急性风湿热，并伴有高烧症状。从那以后，他就变得比较抑郁，有了疑病症倾向——总认为自己的心脏受到了损伤。这个顽固信念也构成了哥德尔后来生活的一部分。

就在他作出划时代贡献的那一年——1931年，哥德尔患上了严重的精神抑郁症，并且产生了自杀的念头。随后几年，他一度曾陷入精神崩溃之中。他生活中最具有决定性的事件，是他在1938年9月不顾家人的反对，执意要跟一个离过婚且比他大6岁的夜总会舞女结合——虽然出乎人们意料，但这桩婚事总体说来还是美满的。

在走向生命终点的最后旅途中，哥德尔身上越来越多地沾染了某种神秘主义色彩。在他的哲学手稿中留下了这样一句话：世界的意义就在于事实与愿望的分离，即事与愿违。1961年7月至10月间，他接连给母亲写了4封长信，谈论"来生"的可能性及其意义等问题。

哥德尔是理性主义者，又是有神论者和宗教信徒，但他从不上教堂，也不参加什么宗教组织。他相信上帝存在的逻辑可证性，甚至还提出了一个上帝存在的逻辑证明。

令人惊讶的是，这个极其理性的人，在有些方面却十分偏执。在生命的最后关头，哥德尔对自身病况的疑虑有增无减，狂想症也愈加强烈。他相信人们都要毒死他，因

爱较真的逻辑大师

哥德尔对日常事件的逻辑细节洞察精确,有时到了十分刻板的地步。1948年,他打算加入美国国籍,好友爱因斯坦和著名经济学家摩根斯顿是他的入籍介绍人。对于入籍之前要进行的例行审核,他做了认真的准备:花费很长时间研究了美国宪法。

面试前一天,哥德尔告诉摩根斯顿,他发现美国有向独裁制演变的逻辑和法律可能性,而他那种假设可能性和似乎可行的补救方案包含一大串复杂的推理。摩根斯顿认为这些观点不宜在面试时表述,力劝他保持沉默。第二天早晨摩根斯顿开车,载着爱因斯坦和哥德尔去往审核现场。爱因斯坦事先得了信,一路上尽讲些故事"稳住"哥德尔,以使他没工夫去琢磨对宪法的理论解释。

可是,在审核现场,节外生枝的事情还是发生了——在正式进行法官问答时,法官言语中流露出这样一个意思:哥德尔来自纳粹统治的地方,而在美国绝对不会发生像独裁那样的事情。哥德尔立即反驳说:"恰恰相反,我知道怎么发展那种事就可能发生。"在场的三位先生拼命阻止哥德尔往下讲,这才转入例行的审核程序。

而总是自己给自己做饭吃。

1978年1月14日下午,哥德尔在美国普林斯顿医院与世长辞,直接原因是"营养不良"和"身体机能衰竭"。他的医生写道:"在那段时间里他拒绝一切食品。他最后的体重只有大约65磅(约29千克),死的时候身体蜷曲着。"

创新启示

身体孱弱的哥德尔是一位思想上的巨人。他提出的"不完全性定理"所彰显的事实——并非所有的真理都是可证的,成了现代逻辑学发展史上的一座里程碑,也使数学、逻辑学发生了革命性的变化,其影响波及了自然科学和社会科学的诸多领域。

马斯洛 展现"自我实现"之光

亚伯拉罕·马斯洛（Abraham Maslow, 1908—1970），美国社会心理学家、人格理论家和比较心理学家，人本主义心理学的主要发起者和理论家。曾任美国人格与社会心理学会主席和美国心理学会主席，著有《动机与人格》《自我实现的人》等书。他早年对健康人格或自我实现者的心理特征进行研究，用毕生精力发展出了一系列理论。这些理论塑造的学科不仅仅有心理学，而且还涉及咨询、教育学、社会工作、神学、市场营销学和管理学等多个领域。

一束阳光穿过窗户射进屋里。此时此刻，一位年轻的母亲正看着自己的丈夫和孩子们吃早饭，她情不自禁地想道："天哪，我是多么的幸运啊！"这是马斯洛曾经向他的一位作家朋友描述的一个场景。按照马斯洛的说法，这个时候那位母亲进入了高峰体验。其实，她在阳光射进房间之前就是幸运的，只是她自己没有意识到而已。

又有一次，马斯洛上着课，突然向学生们提问："你们当中谁认为自己将取得伟大的成就？"学生们目光茫然地看着他，一片沉寂。马斯洛又立刻反问道："除了你们自己之外，还能有谁呢？"

作为人本主义心理学的奠基人之一，马斯洛对人类的潜能、创造力和意志持有乐观的信念，并创造性地提出了需要层次论、自我实现论、高峰体验论等著名理论。他的心理学具有普遍价值，并且得到了广泛的应用。其心理学理论核心是人通过"自我实现"，满足多层次的需要系统，达到"高峰体验"，重新找回被技术排斥的人的价值，实现完美人格。

马斯洛认为，人作为一个有机整体，具有多种动机和需求，包括生理需求、安全需求、社交需求（包含爱与被爱，归属与领导）、自尊需求和自我实现需求。其中自我实现的需求是超越性的，追求真、善、美，将最终导向完美人格的塑造，高峰体验代表了人的这种最佳状态。

他进一步解释说：在人自我实现的创造性过程中，会产生出一种所谓的"高峰体验"的情感。这个时候是人处于最激荡人心的时刻，是人的存在的最高、最完美、最和谐的状态，是人感受到的一种强烈、心醉神迷的狂喜或敬畏的情绪体验。当它到来时，人会感觉到无限的美好，具有极大的力量、自信和决断意向，甚至连平凡的日常活动，也可以被提升为压倒一切的、妙不可言的活动。

在马斯洛看来，所有人都具有享受高峰体验的潜在能力，但只有自我实现者更有可能、更常得到这种体验。根据他的理论，如果能够使自尊需求得到充分的满

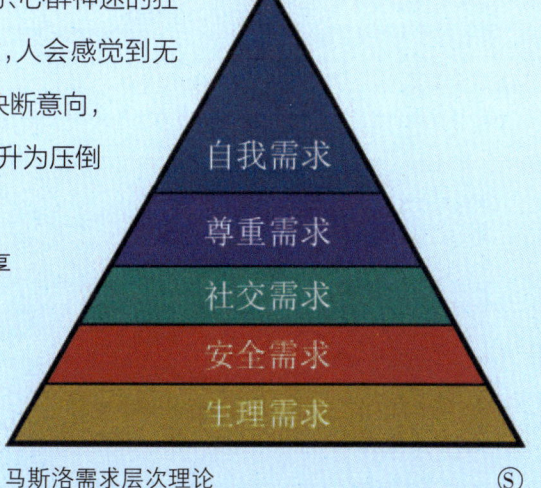

马斯洛需求层次理论

自卑与超越

马斯洛曾在一个研究班的讲话中坦言，他是一个极不快乐的孩子，他的家庭是一个令人痛苦的家庭，他的母亲是一个可怕的人（他和母亲的关系非常糟糕）；他没有朋友，他是在图书馆和书籍中长大的人。"但是，奇怪的是，过着这样的童年生活，我居然没有患精神病。"

据马斯洛的至交和传记作者霍夫曼披露，马斯洛对自己的外貌有强烈的自我意识。在童年和青春期的大部分时间里，他对自己瘦弱的身躯和过大的鼻子一直怀有一种痛苦的羞愧感。这些早年经历不仅影响了儿时的马斯洛，而且使成年甚至成名后的马斯洛仍然害怕当众发言，以至于每一次演说之前他都会经历极为强烈的焦虑。

当他在低年级学习美国历史时，杰斐逊和林肯是他心中的英雄。几十年以后，当他开始发展自我实现理论时，这些人则成了他所研究的自我实现者的基本范例。青少年时期他曾因体弱而极度自卑，藉锻炼身体冀求得到补偿。进入大学后，他读到心理学家阿德勒著作中自卑与超越的概念，获得深刻启示，从此改变了他的一生。

《动机与人格》中文版封面

足，将有利于自我实现。因此，他常常有意夸奖他的朋友们。

马斯洛于1954年出版了他的代表作——《动机与人格》，该书奠定了马斯洛的学术地位。《动机与人格》描述了人类满足感的天性及个人关系的重要性。对于那些自我实现度不够高的人，往往需要更多来自外部的鼓励与关爱，而自我实现度高的人，其"社交需求"相对较低，而更能够通过自己的导读达到自我实现。马斯洛认为如果父母无法为子女提供安全、关爱的成长环境，则子女长大后更容易产生不安全感。他相信获得良好照顾的人能够自由地发挥其天赋特长。《动机与人格》一书对后来的管理学、心理学、教育学等领域都产生了巨大的影响力。

在当代，没有一位心理学家像马斯洛那样受到学术界和大众读者的双重肯定与推崇。他的著作和精神遗产一直启发、影响着最富有创新精神的企业家，几乎每一本严肃的管理学著作都必然会引用他的见解和洞见。《纽约时报》评论说："马斯洛心理学是人类了解自己过程中的一块里程碑。"

马斯洛去世后，他的一位学生用诗一般的语言描述道："在马斯洛身上，有一种另一个世界的超然。他与柏拉图在一起时，能够轻松地讨论；在与一个看门人闲谈孙儿的可爱时，他同样也会兴高采烈。"另一位学生回忆说："他总是告诉我们，'生活中尽其所能，这就是通向幸福的最佳途径。'"

还有一个跟马斯洛素不相识的人，也道出了马斯洛在他热情的一生中接触过的许多人的心声："正是由于马斯洛的存在，做人才被看成是一件有希望的好事情。在这个纷乱动荡的世界里，他看到了光明与前途，他把这一切与我们分享。"

马斯洛在他的著作中留下了许多经典名句，诸如：成长往往是一个痛苦的过程，因而有人会逃避成长。为了避免对人性失望，我们必须首先放弃对人性的幻想。

创新启示

马斯洛提出的需要层次论、自我实现论、高峰体验论等著名理论，具有普遍价值，并且得到了广泛应用。他的某些思想甚至已经成为当今世界公众意识的一部分。他的理论和经历也昭示我们：任何人所追求的最光明的未来、最精彩的人生，只有当他全心全意投入自己热爱的事业时才会实现。

德鲁克 引领时代的管理思想家

彼得·德鲁克(Peter Drucker,1909—2005),美国管理学家,第一个提出"管理学"概念的人。出生于奥匈帝国统治下的维也纳,祖籍荷兰。他的父亲是一位负责文化事务的官员,母亲是当时奥匈帝国率先学习医科的妇女之一。

德鲁克早年做过新闻记者,在一些银行、保险公司和跨国公司做过管理顾问;曾任贝宁顿学院哲学教授和政治学教授,并在纽约大学研究生院担任了20多年的管理学教授。其重要著作有《管理实践》《卓有成效的管理者》《创新与企业家精神》等。

2005年11月11日,享誉世界的"现代管理学之父"德鲁克,在美国加利福尼亚州克莱蒙特的家中平静地离开了人世。这个日子距离他的96岁寿辰,仅差8天。

有人注意到,德鲁克在他1979年出版的回忆录《旁观者》中曾这样写道:"就在我14岁生日的前一个星期,我惊觉自己已经成了一个旁观者。那天是1923年的11月11日——再过8天就是我的生日了。"

这是一个奇妙的巧合。整整82年前的那一天,在"共和日"的大游行中,少年德鲁克威风凛凛地举着大红旗,领着"子弟兵"队伍,行进在奥地利首都维也纳的街头上。可奇怪的是,游行路上的一汪积水,居然让他猛地悟出了什么。于是他交了大旗,脱离队伍,打道回府。

《旁观者》中文版封面

"我从来没这么高兴过。"面对父母亲惊讶和疑虑的神情,德鲁克说,"我终于发现我不属于那一群人。"——他认定自己应该做一个体察入微的旁观者,而不能做一个随波逐流的盲动者。

后来,这个感觉敏锐、思想深邃而又特立独行的人,果真变成了一个善于从不同角度看事物、能够影响世界的旁观者,一个"20世纪最伟大的管理思想家""大师中的大师"。

早在20世纪50年代初,德鲁克就指出计算机终将彻底改变商业;1961年,他提醒美国应关注日本工业的崛起;20年后,又是德鲁克首先警告这个东亚国家可能陷入经济滞胀;20世纪90年代,德鲁克率先对"知识经济"进行了阐释。

"经营"自己

德鲁克非常善于学习。早年做记者时,他每隔三四年就挑选一个新主题加以研究。这种学习习惯不仅为他打下了坚实的知识基础,而且迫使他接触了不少新学科、新理论和新方法。他也因此得以从纷繁复杂的社会现象中,准确地把握和预测组织发展和管理的变化,避免了一叶障目的狭隘。

德鲁克的思维方式也十分独特。他曾认真地研究过20世纪50年代大学中所开设的课程,发现其中只有两门对于培养管理者最有帮助:短篇小说写作与诗歌赏析。他的结论是:诗歌可以帮助学生学习用感性的、富有想象力的方式去影响他人;而短篇小说的写作则可培养那种对于人以及人际的人微体察。事实上,他本人就是一位执着的文学爱好者,并且常常将他对文学的欣赏跟他的管理学研究相"关联"……

在成为教授之后,德鲁克每年暑假都要安排两个星期的时间,对自己上一学年的工作进行回顾、总结,并确定下一步应该优先完成的工作。

不愧是大师。他把自己"经营"得真好!

在回顾了历史上提高物品生产和移动的工作效率的努力之后,德鲁克将传统经济时代和知识经济时代的工作作了精彩至极的划分:前者可以归结为如何正确地做事,后者则提炼为应当做什么的问题。在传统经济工作中,管理者不得不教会工人怎样操作才能提高效率。但是,在知识经济中,受过专业训练的知识工作者们面临的真正考验却是决定自己应该做什么。

这位管理学的智者认为,古往今来能够成就伟业的人往往都善于进行自我管理,也因此而能够傲视群伦。但在今天,即使资质平庸的人,也必须学习"经营、管理自己",度过积极、充实而又富有意义的人生。在德鲁克看来,为了实现有效的自我管理,首先应该"对镜自照":我有着怎样的价值观?有什么长处？应该如何去发挥？我希望自己成为一个怎样的人？其次，要学会"自我约束"，努力改善取得绩效的方式，不要去做自己无论如何也得不到绩效或者绩效低下的工作。人应该把自己可支配的精力，集中应用于重要的机会。这是成功的唯一途径。

德鲁克发现，他所认识的、在漫长的生活岁月中能够保持效能的所有人，几乎都跟他一样在不断地学习，"我总能听他们讲述一些与我的故事非常相像的故事"。尤其是，那些活力常在、不断进取的人同样对自己的工作绩效定期进行总结。他们把自己的行动和决策结果记录下来，然后与预期的结果进行比较。这样，他们很快就能知道自己的长处是什么，而且还能知道哪些方面需要自己改进、改变和学习。最后，他们明白哪些方面自己并不擅长，应该让别人去完成。

德鲁克一向善于将抽象的理论还原为人们在日常工作生活中可以领悟到的思想观念。曾经有一位美国公司的经理写信向德鲁克报告说，他的经理班子对德鲁克发表的每一篇论文都要进行反复的探讨，并总结本企业可以从中得到的教益。对于管理学家来说，恐怕再也没有比这更高的奖赏了。

德鲁克一生一共写了39种书，并被翻译成了超过30种语言。他的作品在日本尤为受欢迎。基于德鲁克的理论所创作出来的《如果高中棒球队女子经理读了彼得·德鲁克》一书，通过独特的叙述方式及类似轻小说的包装模式，使得德鲁克的理论在年轻人当中引起热议，由此改编的动漫及电影也广受欢迎。

创新启示

作为"现代管理之父"，德鲁克将自己在管理工作中遇到的种种问题进行总结，进而提出了管理学的相关理论，其思想几乎涉及了管理学的方方面面，现在我们熟知的许多管理理论的概念都是他首先提出来的。这位"20世纪最伟大的管理思想家"也很好地践行了自己的理论，一生与时俱进，笔耕不辍。

爱因斯坦
人类智慧的代表

　　阿尔伯特·爱因斯坦(Albert Einstein, 1879—1955),德裔美籍物理学家、思想家、哲学家。出生于德国乌尔姆一个经营电器作坊的小业主家庭,父母都是犹太人。1900年毕业于瑞士苏黎世联邦工学院,1905年获苏黎世大学哲学博士学位。1902年在瑞士伯尔尼专利局任职,后执教于苏黎世工业大学。1913年返回德国,任柏林威廉皇帝物理研究所所长和柏林洪堡大学教授,并当选为普鲁士科学院院士。1921年,爱因斯坦因光电效应研究而获得诺贝尔物理学奖。1933年迁居美国,任普林斯顿高级研究所教授,从事理论物理学研究。

他的名字成了"天才"和"权威"的同义词,他的肖像成了"精英"和"奇迹"的文化象征;他显然已经形成并依旧在延续着一种时尚,更被看作是我们这个时代的神话,神话中的圣人。

他便是我们再熟悉不过的爱因斯坦。虽然这位伟大的科学家撒手人寰已经半个多世纪,但他浸润在我们文化中的那种神秘的偶像光环,却依然大放异彩、经久不衰。

这是为什么?

不妨从1905年说起。这是爱因斯坦的奇迹年,也是现代物理学的奇迹年。这一年里,身为专利局职员、年仅26岁的爱因斯坦,其创造力得到惊人的爆发和展现——他一口气发表了5篇划时代的物理学论文,在物理学3个领域中作出了4个历史性贡献:揭示微观客体的波粒二象性,推动量子论的发展;由液体中悬浮粒子运动推测出测定分子大小的方法,彻底解决了原子是否存在的争论;创立相对论,彻底改变了关于时间、空间的传统看法,具有划时代的意义;由相对论推出质能相当性,预示核时代的来临。

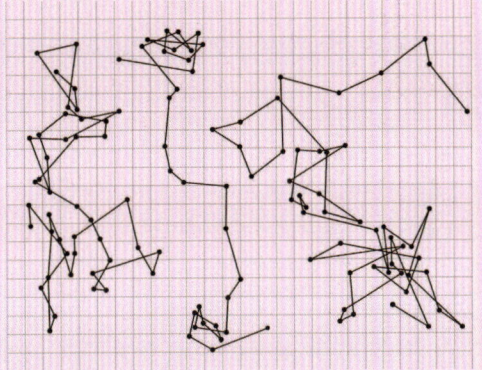

液体中的悬浮粒子

然而,爱因斯坦这些新理论由于其观念之新、数学方法之难,让人们难以理解,科学界一开始反应冷淡。1919年11月6日,英国皇家学会派往非洲西海岸的一个日食考察队证实:星光会在一个巨大的天体附近偏移方向。这个结果强有力地证明了爱因斯坦广义相对论的预言。就从这年秋天起,爱因斯坦成为世界性人物,被人们奉若神明。然而,由此他也永远失去了自己弥足珍贵的隐私。

奉承与抬举总是令人感到满足和愉悦的,爱因斯坦也不例外。但后来他渐渐地就感到迷惑和不自在了。他在1920年致一位朋友的信中写道:"这就好像是神话故事中那个点石成金的男人那样,与我有关的任何一件事情,都成了报纸炒作的对象。"

次年,在接受一家荷兰报纸的采访时,爱因斯坦"夫子自道",分析了他受到大众崇拜的原因:"这会不会给我一种荒唐的印象呢?这里那里,拥护我的人群因为我的理论如此激动,但那些理论他们是一个字也不懂的。我认为这看起来很好玩也很有趣。我

爱因斯坦的非凡童年

爱因斯坦生于德国乌尔姆市,15岁时,由于父亲事业的缘故,举家迁往意大利。年仅15岁的爱因斯坦留在了德国,继续他的学业。父亲希望他能学习电子工程,以便子承父业,但是爱因斯坦选择了追求自己的爱好,学习数学与物理。后来的发展也证明,他的这项选择是正确的。

爱因斯坦从小便擅长数学和物理,学习程度常常超过同龄人许多年。12岁那年的夏天,他自学了代数和欧几里得几何,并在同年自主证明了毕达哥拉斯定理(勾股定理)。他的家庭教师甚至表示,爱因斯坦的数学水平已经超过了他自己。对于几何和代数的热爱使得12岁的爱因斯坦相信,自然可以通过"数学结构"来理解。他12岁时开始自学微积分,并在14岁时,就自称"掌握了积分学与微分学"。

大约14岁时,他写了一篇关于科学的短论文,题目是《磁场中以太状态之研究》,虽然现在看来文章尚不成熟,但却是一个小男孩研究科学常识的第一步。

确信,正是由于不懂而感到神秘,才使他们这样起劲……"

不错,神秘、神奇往往会产生诱惑力和吸引力,天才的发现和巨大的成就无疑也让人景仰。但爱因斯坦之所以能够成为"传奇人物"并招人喜爱,跟他所处的时代背景和他的某些性格特征也大有关联。

事实上,当爱因斯坦这颗科学巨星闪亮之时,正值灾难深重的第一次世界大战刚刚结束,处于迷茫、困惑状态的人类图新求变;恰逢此时,打破"常识"的爱因斯坦理论

所传递出来的关于这个世界的革新观念,着实令人耳目一新,而电话、收音机和电视的逐渐普及,还有现代传媒业的崛起,更使得爱因斯坦声名远扬、深入人心。可以说,作为一个有着广阔的社会视角和开创性理论的人物,爱因斯坦象征了那个时代的希望与忧虑。

当然，爱因斯坦也有其独特的魅力：他是一位物理学家，却又具有哲学家的头脑和深邃的哲学探索精神，因而相对同行而言，他的眼界非同一般；他为人朴实谦和，富于同情心和社会责任感，却又不愿随波逐流，保持了独立的个性和勇于向旧传统及权威挑战的反叛精神；甚至，他的不修边幅也拉近了他与普通百姓的距离……

不过，作为物理学革命中的科学巨匠，爱因斯坦从来没有自认为是一个超人。他认识到，自己所走的道路是前人走过的道路的延伸，科学的新时代是在前人工作基础上的合理发展，因此，他总是抱着感激和敬仰的心情赞赏前人的贡献。他曾打趣道："为了惩罚我蔑视权威，命运也将我变成了一个权威。"他还说："我的政治理想是民主，让每一个人都作为个人而受到尊重，而不让任何个人成为崇拜的偶像。"

爱因斯坦生前留下遗嘱：死后不举行任何丧礼，不筑坟墓，不立纪念碑或任何纪念性标志，骨灰撒在永远对人保密的地方，为的是不使任何地方成为圣地。

1999年12月31日，爱因斯坦被美国《时代》杂志评选为"世纪之人"。这不只是针对他的科学成就来说，更多是就其对整个人类社会的影响而言。"爱因斯坦现象"昭示我们：一个真正伟大的、杰出的科学家，不仅可以将新思想、新观念带给世界，而且也能以其厚德之风和人文关怀影响世界。

创新启示 ▶

　　爱因斯坦是"相对论之父"，同时也是量子理论的开创者之一。他颠覆了经典物理学的时间、空间观念，揭示了物质与能量的深刻关系。在他辞世之时，他已经以一个宇宙揭秘者的身份成为人类智慧的代表和20世纪的文化象征。

后记

"青少年创新思维丛书"一套3种,追本溯源,可以说是一位科普界前辈的"慧眼"促成的。

这事得从大约10年前说起。

2009年春的一天,时任中国科普作家协会副理事长、人民邮电出版社原总编辑陈芳烈老师打来电话,约我到他家里谈事。见面时他告诉我,注意到我最近发表的一些人物传记故事,感觉写得不错,读来挺有味道。

老实说,那会儿我只当是前辈对晚辈抬爱的客气话。可陈老师却很认真,揪着这个"主题"不放,向我直言:"不是什么人都能把这件事做好的,我觉得你行,做得很好!你应该继续做下去,要不真的可惜了。"

前辈的点拨引起了我的思考。尽管当时我已经出版了3种书,有上百万字的作品发表,可我本人竟然都没有意识到,自个儿的"创作专长"在哪儿。

自那以后,我结合自己对科技史的偏好,更专注于人物传记故事的创作,同时潜心探索写作技巧。特别是,如何在有限的篇幅里准确、精练而又不乏生趣地描摹好每一个人物的形象、特质。

其实,打小我就爱读人物传记,并且深受其益。尤其是那些提升人类文明、推动历史进程的杰出人物的发展轨迹,常常给我带来触动和启示。后来,在我创作人物传记故事的过程中,由于时不时地穿越时空,融入所写人物的时代氛围,感同身受其思想与命运,自己常常也被点染、感化。

记得,正是在创作《马斯洛:展现"自我实现"之光》时,我更加真切地认识到,"自我实现"其实就蕴藏于人们对生活的某种态度之中。而在创作《樱桃树上的梦想》时,那位悲情的主人公——"液体火箭之父"戈达德的一句名言"昨天的梦想,就是今天的希望和明天的现实"也不时在我耳畔回响。当我在写作中遇到一个"坎",长时间推进不下去而突然"灵光一闪"顺畅落笔时,情也同时触动——被戈达德其人其事感染,我在不知不觉中泪流满面,接着就敲出了一句转折过渡的话:"永远没有这样的机会了……"

梦想、希望和现实在时空中延伸,总是不乏杰出人物的交集。如戈达德在自己的事业稍有起步而又面临重重困难之时,曾给英国科幻作家威尔斯(本丛书中有介绍)去信,叙说《星际战争》这部科幻小说对自己事业产生的巨大影响,并表达了对这位著名作家的感激之情。

书中也有介绍的法国哲学家伏尔泰,在他的《英国通信》一书中则谈到,1726年他旅居英国期间,曾无意中听到学者们在探讨这样一个问题:谁是最伟大的人?是恺撒、亚历山大、铁木真,还是克伦威尔?有位学者坚持认为牛顿是最伟大的人。伏尔泰同意其看法,因为"他用真理的力量统治我们的头脑,而不是用武力奴役我们"。

而英国哲学家弗兰西斯·培根在《学术的推进》(1605年)中更为明确地提出:"智慧与学术给人类社会所造成的影响远比权力与统治持久。在《荷马史诗》问世以来的2500年或更长的时间里,不曾有诗篇遗失,但却有多少宫殿、庙宇、城堡及城市荒芜或是被焚毁啊!"

我对书中所涉人物的选择与描摹,大致就体现了上述思想。为避庞杂和散乱,我尝试在篇章结构上以思想者、预言者、探索者、发现者、开拓者、创造者划分之。对单个人物的介绍,我也期望能够在内容与叙述方式上出新,因而没有采取面面俱到的写法(设有"小传"和"链接"等做补充)。作为主体的正文文字,我的设计是:一般从人物在其人生、事业发展的关键场景或重要时刻切入,以一种叙事性风格展开，力图进行视觉化呈现、趣味性表达。事实证明，这样做效果不错。

著有11卷本《世界文明史》的美国学者威尔·杜兰特曾经感慨，人们更喜欢看到的是：那些活着的天才都是常人，而那些死去的天才都是传奇。他进而发出疑问："为什么我们会充满敬意地面对高山之巅的飞瀑，面对夏夜海面的圆月，却不愿意以同样的敬意来面对一个杰出的、优秀的人呢？其实，没有什么自然奇观能比得上伟大的人性。"

在写过100多篇人物传记故事之后，我对杜兰特所持观点更有同感。是啊，如果说政治、经济是社会的骨架，那么，伟大的人物就应该是历史的命脉。无论对一个国家还是对整个世界而言，历史都不该忘记那些伟大的人物。

当然，创作此书并不是刻意要向读者呈现那种高不可攀、遥不可及的伟人或神人。在我看来，一味拔高难免就会失真，过度美化实则就是歪曲。有血有肉的人才最真实，最有魅力和感召力；也唯有真实，才能让人产生亲近感；相反，则会视为畏途，敬而远之。所以，我并没有专门花费心思去给笔下人物"穿靴戴帽"，也没有特意回避或曲饰其污点、过失。这是我创作人物传记始终坚持的一个准则。

回头再说，陈芳烈前辈对我人物传记作品的认可和鼓励，让我对创作人物传记故事更加上心，也更有兴趣。2014年初，适逢老牌科普杂志《知识就是力量》全新改版，郭晶主编邀我主持"探索发现"栏目，我又断断续续新写了一些人物故事。

2015年8月，应上海科技教育出版社新任总编王世平之邀，我参加上海书展，与卞毓麟老师一起做了一场关于阿西莫夫的讲座，并签售"阿西莫夫书系"作品，其中有一部我校译的《不羁的思绪——阿西莫夫谈世事》。我在少年时代就深深地迷上了阿西莫夫作品，并因此而喜好科普和写作。在人物传记写作方面，阿西莫夫对我影响至深。此番在与世平总编的交流中，我们敲定将我近来所写的部分人物传记故事结集出版，并初步商定了新版书框架。随后，又与出版社学生读物编辑室的侯慧菊主任具体讨论了篇章结构。

原来考虑分册新出的几种书是人物传记故事加励志，编辑部再度讨论时提出了一个新的创意：三种书以"青少年创新思维丛书"冠名之。随后申报"十三五"国家重点图书出版规划,获得通过入选,接着还申报了2019年国家出版基金项目。这样一来,我们又侧重从"创新思维"角度,对书中人物再做筛选。匡志强副总编给我提出了很好的建议。丛书的三位编辑李凌、郑丁葳、程着对书稿做了精心修改,还帮助我增写、补充了一部分内容。美编杨静的精美设计亦让全书增色不少。

  书马上就要付印了。这里谨向促成本书出版并付出了诸多关爱和心血的陈芳烈老师、王世平总编、侯慧菊主任以及李凌、郑丁葳、程着、杨静四位编辑表示衷心的谢忱。特别感谢艺术家刘夕庆老师专为本书人物绘制插画,特别感谢陈芳烈老师为本书撰写序言,特别感谢刘嘉麒院士、周忠和院士、王渝生研究员、刘兵教授为本书撰写推荐语。

尹传红

2018年12月7日,于北京

图片来源

本书所使用的图片均标注有版权所有者或提供者对应的标记。全书图片来源标记如下：

Ⓟ 已进入公版领域

Ⓢ 上海科技教育出版社

Ⓕ 合理使用图片

Ⓞ 其他图片来源：

题献 Rowena Morrill；P9 lepoSs；P23 BruceBlaus；P29 Ghedoghedo；P39 左下 Xhanthis；P48 Gn-sin；P52 NASA；P57 NASA；P67 Yann Caradec；P75 Zenit；P77 右中 www.birdphotos.com；P81 右上 Berthold Werner；P89 程着；P97 下 Morio；P102 Johnstone

特别说明：若对本书中图片来源存疑，请与上海科技教育出版社联系。

青少年创新思维培养丛书

创新的力量

尹传红 著

上海科技教育出版社

图书在版编目(CIP)数据

创新的力量/尹传红著. —上海：上海科技教育出版社,2018.12
(青少年创新思维培养丛书)
ISBN 978-7-5428-6881-7

Ⅰ.①创… Ⅱ.①尹… Ⅲ.①科学知识—青少年读物 Ⅳ.①Z228.2

中国版本图书馆CIP数据核字(2018)第258184号

责任编辑　郑丁葳
装帧设计　杨　静
人物肖像绘制　刘夕庆

青少年创新思维培养丛书
创新的力量
尹传红　著

出版发行	上海科技教育出版社有限公司 (上海市柳州路218号　邮政编码200235)
网　　址	www.sste.com　www.ewen.co
经　　销	各地新华书店
印　　刷	常熟市文化印刷有限公司
开　　本	720×1000　1/16
印　　张	7.25
版　　次	2018年12月第1版
印　　次	2018年12月第1次印刷
书　　号	ISBN 978-7-5428-6881-7/N·1046
定　　价	118.00元(共3册)

谨以此书

献给

艾萨克·阿西莫夫

在我求知若渴的当口，你给我阅读的酣畅、理性的滋养。
在我迷惘彷徨的时候，你是我人生的坐标、精神的向导。

近年来，不时地会看到传红有新作问世。用"目不暇接"来形容，恐亦不为过。他总是忙忙碌碌，怀着对科普事业的满腔热情和超乎寻常的旺盛精力，以报人、策划人、撰稿人、主持人等多种身份，游走于科学传播的各个领域，如鱼得水，如日中天。

迄今，传红出版的作品已逾200万字，涉猎甚为广泛。但不知为什么，在他的诸多作品中，我对他创作的人物传记却情有独钟。这也是我当年主编"爱问科学"丛书时，执意约请他写科学家小传的缘由。2011年，由他担任分册主编并主创的《樱桃树上的梦想》正式出版。书出来后，果然好评如潮，也引起了人们对这位阿西莫夫研究者人物传记作品的广泛关注。传红也借势发力，不断开拓新的选题，深化作品内涵，先后在《知识就是力量》《少年科学画报》《科普时报》等多家媒体上开辟专栏，还把讲座直接开到青少年中间去，这使得他在人物传记和科学随笔方面的写作益发炉火纯青，影响也日益扩大。

最近，得悉上海科技教育出版社以"青少年创新思维培养丛书"立项，精选传红近年来创作的人物传记作品结集出版，我真为自己多年来的等待终于有了回应而高兴，也为在青少年文库中即将增添一种有特色、有深度的励志作品而欣喜。

说到"创新思维"，我不禁想起唐朝诗人刘禹锡那句"我言秋日胜春朝"来。是他这句诗，颠覆了自古文人"悲秋"的思维定势，使人们转以平常心态对待大自然的四季轮回，发现并赞赏不逊于春色的秋日之美。

在人类的科学技术发展史上，也有许多敢于突破常规界限的科学家，他们以超常规乃至反常规的思维去思考问题、研究问题,从而发现和创造了一个个改变世界的奇迹。从跳出浴缸、总结出浮力定律,并喊出"给我一个支点,我可以撬动整个地球"的阿基米德,到坐在轮椅上不断思索宇宙规律并取得一个个惊人成就的霍金;从看到苹果落地而萌发出万有引力灵感的牛顿,到一生创意不断,直把苹果手机推向全世界的乔布斯,他们改变世界的壮举都无不从思维创新开始。思维创新是科学大师们认知世界、发现未知世界奥秘的金钥匙,也是他们迸发出无限想象力的源泉。

"青少年创新思维培养丛书"不仅抓住了青少年成长的关键环节,把展示和剖析科学大师们的创新思维作为主要着墨点,而且从取材、叙事形式到编排上,都有许多适合青少年阅读的可圈可点之处。作为人物传记作品,它既尊重史实,又不拘泥于它的系统性和完整性。全书采用化整为零、以小见大的创作手法,把青少年感兴趣且对他们成长有启迪的内容,都融化在一个个故事之中。

传红是一个很会讲故事的人。在这套书里,他不仅用文学的笔触写科学的故事,还纵横捭阖、广征博引,把每个故事都写得十分生动有趣。例如,他写克拉克时,不仅提到他在预言卫星通信和助推气象卫星发展等重大科学事件方面的历史贡献,而且又剑走偏锋,以《克拉克:在太空中"失去"十亿美元》为题,把这位科幻作家为人类无私奉献的精神境界,写得如此灵动而不落一点俗套。像这样有骨有肉、感人肺腑的故事,在这套书里可以说比比皆是,使人读来如沐春风,爱不释手。

在这套书内容的编排上,作者运用了他娴熟的编报技巧,在每个故事的主线之外,穿插了传主小传、名言警句以及读后启示等链接内容,加上精选的图片,使得每题两页的内容不仅显得多样而丰满,而且也便于读者根据自己的兴趣有选择性地阅读。我想,这也是这套书作者和编者的独具匠心之处。

续《樱桃树上的梦想》之缘,我拉拉杂杂地说了这些,权作对传红新作出版的由衷祝贺,也寄托我对他在科学传播道路上再创佳绩的深切期待。

2018年12月3日,于北京

目录

开拓者 / 1

莎士比亚　描摹人生舞台 / 2

赫顿　为古老的地球"作证" / 6

拉瓦锡　死在断头台上的"近代化学之父" / 10

贝多芬　用苦难铸成欢乐 / 14

霍桑　象征主义文学的奠基人 / 18

爱伦·坡　生错了时代的天才作家 / 22

柯南·道尔　塑造"刑侦科学的先驱" / 26

薛定谔　量子王国的"立法者" / 30

鲍林　洞察化学键之秋毫 / 34

钱学森　抵得上5个师兵力的战略科学家 / 38

爱德华兹　试管婴儿之父 / 42

纳什　普林斯顿的"幽灵" / 46

威尔逊　以一本书创立一个学科 / 50

创造者 / 55

达·芬奇　书写科学与艺术的传奇 / 56

瓦特　工业革命的助推者 / 60

诺贝尔　向大自然索取动力 / 64

贝尔　让"铁疙瘩"开口说话 / 68

爱迪生　从报务员到"发明大王" / 72

福特　从"机器迷"到"汽车大王" / 76

莱特兄弟　造一架机器把人类带上天 / 80

马可尼　用无线电打开即时交流的大门 / 84

迪士尼　娱乐帝国的缔造者 / 88

汤斯　"意外的收获"引领诺贝尔奖之路 / 92

乔布斯　"苹果"改变世界 / 96

盖茨　打造软件帝国 / 100

后记 / 104

开拓者

　　"开拓者"介绍了对各个学科发展起到重要促进作用的先驱者。他们努力探索、敢为人先,拓展了学科的边界,扩充了人类知识的疆域,也推动了时代的进步。了解这部分内容,有助于激发青少年读者的开拓进取精神,磨砺创新思维。

莎士比亚
描摹人生舞台

威廉·莎士比亚（W. William Shakespeare, 1564—1616），英国剧作家、诗人、演员。因家境贫寒，未能完成学业就走上独自谋生之路。

20岁后，莎士比亚来到伦敦，先在剧院当马夫、杂役，后入剧团，做过演员、导演、编剧，并成为剧院股东。代表作品有四大悲剧：《哈姆雷特》《奥赛罗》《李尔王》《麦克白》；四大喜剧：《仲夏夜之梦》《威尼斯商人》《第十二夜》《皆大欢喜》；历史剧：《亨利四世》《亨利五世》《理查三世》等。

11世纪的苏格兰有一位屡建奇功的大英雄麦克白,他由于受到女巫的蛊惑和妻子的鼓动,雄心变成了野心,继而弑君篡位、倒行逆施,最后众叛亲离、自取灭亡。这是莎士比亚戏剧《麦克白》讲述的一个悲情故事,贯穿全剧的是女巫的几个预言:她既预言麦克白将成为某地的领主,随即会登上苏格兰国王的宝座,同时也预言班柯(被害国王的将军)虽然不能当统治者,但他的孩子将是国王。前一个预言让麦克白激奋,后一个预言则让麦克白胆寒,而且一直不能释怀。

这神秘的预言伴随着一系列事件的发生,真的应验了!剧中人物的命运,尤其是麦克白的结局令人感慨万分:命运让种种虚伪的幻影迷乱他的本性,让他在自身欲望的驱使下,一步步地走向命中注定的结局。

莎士比亚的戏剧总是这样扣人心弦、发人深省。大约两百年后,散文作家黑兹里特曾这样概括莎士比亚的悲剧:"《李尔王》表现了深厚强烈的感情;《麦克白》表现了行动的敏捷和想象的奔放;《奥赛罗》表现了情感的渐进和急剧变更;《哈姆雷特》表现了思想和感情微妙的发展。"如果说天才的力量在这些剧本中表现出来是一件令人惊诧的事情的话,那么,它们的变化多端也绝不逊色。它们好像是出自同一头脑的不同创造,它们之间找不到一丝一毫的关联。这种特征和创造性,的确是真理和天性的必然结果。

正因为莎士比亚这些伟大的剧作几乎部部精妙绝伦,彼此之间又完全不同,而莎士比亚并没有受过高深教育,也没有经历过宫廷和权贵生活,所以近几百年来一直有人怀疑,莎士比亚的许多经典著作并非出自本人之手,真正的作者是当时的英国女王伊丽莎白一世;也有一些人认为是出自英国著名学者培根之手。但众多权威的莎学专家均否定了这些传言和说法。

菲斯利描绘的《麦克白》场景

莎士比亚戏剧中的名句

莎剧广泛采用民间语言,如民谣、俚语、古谚语和滑稽幽默的散文等,注意吸收外来词汇,还大量运用比喻、隐喻、双关语,可谓集当时英语之大成。莎剧中许多语句已成为现代英语中的成语、典故和格言。

相对而言,莎士比亚早期的剧作喜欢用华丽铿锵的词句;后来的成熟作品则显得更得心应手,既能用丰富多样的语言贴切而生动地表现不同人物的特色,也能用朴素自然的词句传达扣人心弦的感情和思想。以下是出现在莎剧中的一些脍炙人口的"金句":

生存还是毁灭,那是个值得思考的问题。——《哈姆雷特》

放弃时间的人,时间也会放弃他。——《皆大欢喜》

黑夜无论怎样悠长,白昼总会到来。——《麦克白》

外观往往和事物的本身完全不符,世人都容易为表面的装饰所欺骗。——《威尼斯商人》

勤劳一天,可得一日安眠;勤奋一生,可永远长眠。——《哈姆雷特》

年轻人的爱不是发自内心,而是全靠眼睛。——《罗密欧与朱丽叶》

其实,莎剧虽然在当时英国的舞台上大受欢迎,但其真正的价值直到100多年后的19世纪初才开始为人们所认识,并逐渐在世界范围内产生巨大的影响。研究者认为,莎士比亚的戏剧多取材于历史记载、小说、旧有剧本、编年史或民间传说等,但他在改写中注入了自己的思想,给旧题材赋予新颖、丰富、深刻的内容。

事实上,他开创了一种新的创作方法,使所有能够获取的资源都对他的艺术有所贡献。这种"联结力"大大激发了他的创造力。他认为,戏剧"仿佛要给自然照一面镜子,给德行看一看自己的面貌,给荒唐看一看自己的姿态,给时代和社会看一看自己的形象和印记"。

在艺术表现上,莎士比亚继承古代希腊罗马、中世纪英国和文艺复兴时期欧洲戏剧的三大传统并加以发展,从内容到形式都进行了创造性的革新。这使他得以塑造出众多栩栩如生的人物形象,描绘广阔的、五光十色的社会生活图景,并使之以悲喜交融、富于诗意和想象以及富有人生哲理和批判精神等特点著称。莎士比亚的朋友、著

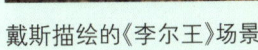

戴斯描绘的《李尔王》场景

名戏剧家本·琼斯评价他说："他不只属于一个时代，而是属于一切时代。"对莎士比亚叹服不已的英国女作家伍尔夫曾在她的日记中写道："以我们对文学的理解来评判，我可以说莎士比亚完全超越了文学。"

创新启示

莎士比亚属于所有的时代，但只有他那个时代才能造就他，而他也没有辜负他所生活的那个时代。他对英语词汇进行了大胆的创新，在作品中巧妙地运用比喻、双关、拟人等修辞手法，创造出大量生动俏皮、简练精辟、脍炙人口的经典句子，为早期现代英语的形成和发展做出了不可磨灭的贡献。

赫顿

为古老的地球"作证"

詹姆斯·赫顿(James Hutton, 1726—1797),英国地质学家、自然哲学家。出生于英格兰爱丁堡的一个商人家庭,2岁丧父,14岁时进入爱丁堡大学读法律。毕业后,出于对化学的兴趣,他又回到大学攻读医科,1749年获荷兰莱登大学医学博士学位。1768年,赫顿开始专注于地质科学研究。1785年,他在爱丁堡皇家协会上提出了"均变说"。1788年,他发表《地球理论》一书,对陆地形成、消失和再生的规律进行了探讨。

今天的人们难以想象,在二三百年前,世界上几乎没有人相信人类栖身于斯的地球非常古老。要知道,当科学体系还没有真正构建起来的时候,《圣经》主宰着人们的思想和生活。世人奉《圣经》的说法为神圣的真理,也相信历代《圣经》学者一再论证的"事实":神造宇宙的第一天大约发生在公元前4000年。

"地球非常古老"可谓是科学史上最惊人的主张之一,这类言论或观点在基督教会创立以来的任何时代,无疑都会被斥为亵渎上帝,为教会所不容。特别令人感慨的是,在如此漫长的历史时期,人类许多杰出、伟大的学者对于这个问题的认识也几乎可以说完全处于某种蒙昧状态。

但是,没有任何东西能够阻挡历史的车轮和人类思想的进步。1745年,一位名叫布丰的法国博物学家提出:地球的产生可能是一个巨大的物体(彗星)同太阳的一次灾难性碰撞的结果。在后来发表的著作中,他又大胆推测地球经历了7个发展阶段,并根据他这个所谓的地质分期理论推测地球可能已存在75 000年之久,而地球上的生命可能在40 000年以前就已经开始出现。在基督教笼罩的欧洲,这是一个非常了不起的大胆创见,它第一次质疑了《圣经》记载的6000年前神造宇宙的传说。

1788年,一位名叫詹姆斯·赫顿的英格兰人登上了历史的舞台。他明确提出:地球的年龄比6000年要久远得多,地壳的形成有一个缓慢的演变过程。他还以直观的材料进一步说明:现在正在慢慢地改变着地壳形状的那种力量在地球过去的整个历史中一直以相同的方式和相同的速度改变着地球的面貌——这种理论就是所谓的"均变说",它与某些人所坚持的地球的历史是一部突然变化的历史的说法(亦称"灾变说"或"激变说")针锋相对。

赫顿否定了《圣经》的计时方法,认为地球具有"不可确定的悠久年代"。像布丰一样,他也不轻易地对地球的年龄做出

赫顿所绘苏格兰高地一个大峡谷的俯视图

天然计时器

宇宙或地球究竟是在什么时候被创造出来的呢？通过计算河流、湖泊和海洋所携带的泥沙沉积的速度以及由此所形成的沉积岩的厚度，可以比较粗略地估算出地球的年龄至少有5亿年；而通过对海洋中盐分的聚集率的计算表明：河流要使海洋有3%的含盐量，必须要有10亿年的时间（假设海洋一开始全是淡水）。还有人通过对太阳能量消耗和地球冷却速率的推算，提出地球的年龄在2000万年到4亿年间。

1896年，贝克勒耳发现了天然放射性现象，一些含铀的晶体能够辐射出穿透力极强的射线，使被层层黑纸包裹着的底片感光。随后，居里夫妇、卢瑟福、索迪等人研究发现，自然界中存在一类放射性原子，它们自发地放射出射线和能量，而自身衰变成另一种原子。有趣的是，放射性母体同位素的原子数衰减到原有数目的一半所需要的时间是固定的，不随环境的变化而改变，这便是放射性元素的半衰期。卢瑟福由此提出了利用半衰期测量地球年龄的方法。

1907年，美国化学家博尔特伍德通过测量铀矿石中铀和铅的比例，计算出地球的年龄在4亿年到22亿年之间。1913年，英国地质学家霍姆斯首次采用放射性测量方法研究岩石的年龄，发现了形成于16亿年以前的岩石。其后，霍姆斯通过对地球内部温度分布的热量计算，对该结果进行了修正。

20世纪50年代中期，美国地质化学家派特森等人以铁陨石为主要研究对象，率先开发出复合的"陨石-地球时钟"，算出地球的年龄大约为46亿年——这也是现在人们所公认的地球年龄。

具体的推测。他还首创了一套严谨的地球理论，主张地球在不断地自我更新。该理论以一个基本的循环为基础：现今的陆地受到侵蚀，侵蚀产生的沙粒（或海洋生物遗骸）沉积在海床上；那些松散的沙料固结成沉积岩，这些岩石隆起成为新陆地；新陆地又受到侵蚀，之后同样的循环一再发生。

赫顿的观点提出之时即遭到宗教及保守人士的强烈抨击和抵制。他写的《地球理论》一书由于与当时流行的见解相悖，加上写作风格晦涩，不易为人所理解，因而也在一定程度上影响了他的见解的传播。后来，其密友约翰·普莱费尔结合他自己的研究

表面被侵蚀的沉积岩

心得，写了一本名为《赫顿地球理论说明》的书，简明扼要地进一步阐述了赫顿的"均变说"，使"均变说"更加严密、无懈可击。从此，赫顿的思想学说在地学界赢得了普遍的支持，并成为地质科学的基础。尤其是在英国地质学家查尔斯·赖尔的《地质学原理》于1830年出版后，赫顿的观点被广为传播，地质渐变的思想逐步深入人心，甚至使生物学家达尔文也产生了强烈的认同感（29年后，他出版了划时代的巨著《物种起源》）。

赫顿被誉为"现代地质学之父"，他还是发现地内热力非常重要的第一人。他的主张没错：地球非常古老，超出人类的想象。

创新启示

"现在是认识过去的钥匙。"身为现代地质学创始人的赫顿，在地质学草创时期尚还缺少一种能系统合理地把所有认知归纳起来的完整理论时，就为地质学贡献了革命性的概念——地球非常古老，而且还首创了地球不断自我更新的理论。他的思想导正了地质学的发展方向，也为达尔文的进化论提供了理论基础。

拉瓦锡

死在断头台上的"近代化学之父"

安托万·拉瓦锡(Antoine Lavoisier,1743—1794),法国化学家。出生于巴黎一个富裕的律师家庭,5岁时母亲病逝,此后他在姨母的照料下生活。11岁时,进入当时巴黎名校——马扎林学院就读,1763年获法学学士学位,并取得律师资格证书,后转向研究自然科学。1768年,拉瓦锡被法国科学院接纳为助理(最低级别的院士),1778年成为有表决权的18名正式院士之一,1785年出任科学院院长。著有《物理学和化学简论》《化学命名法》《化学概要》等。

1773年的一天，30岁的拉瓦锡在他的实验记录本上自信地写下了这么一句："我注定要在物理学和化学领域带来一场革命。"

他确实做到了。

然而，这位化学革命的主要推动者却没能预见到，20年后，他竟然会成为一场政治革命的牺牲品。

1794年，巴黎依然飘摇在法国大革命的惊涛骇浪之中。5月7日，执政的激进党开庭审判他们眼中的旧政权代表——包括拉瓦锡在内的28位包税商。此前，由一些科学界人士提出的赦免拉瓦锡的请求遭到了法官的断然拒绝。据说，那位法官还宣称："共和国不需要学者，只需要为国家而采取的正义行动！"

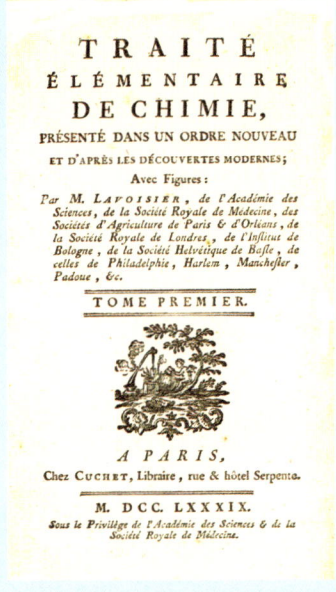

《化学概要》封面

第二天，拉瓦锡被推上了断头台。曾跟他有过交往的法籍意大利著名数学家拉格朗日闻讯，不禁悲叹："砍下他的头颅只需要一眨眼的工夫，但生出他那样的大脑一百年也不够。"

不错，这是一颗不平凡的大脑。正是它的精细运作，引发了化学史上第一次真正的革命，其影响可以用这样一句话来概括：拉瓦锡之于化学，犹如牛顿之于物理学。

在拉瓦锡登上历史舞台之前，化学远远落后于物理学、数学和天文学。尽管那个时代的化学家们已经发现了大量独立的化学现象，但并没有一个适当的理论框架来综合这些相互隔离的零碎的信息。当时，人们普遍相信物质可以燃烧的原因在于它含有燃素。物质（比如木头）在燃烧过程中会释放出燃素，所以会变得更轻。

可是，拉瓦锡却在实验中发现，某些固体物质（比如磷和硫）在燃烧之后质量反倒增加了。一个合理的猜测是：也许物质燃烧不是因为释放了燃素，而是因为吸收了某种气体。

1777年，拉瓦锡将实验结果报告给了法国科学院，证明根本没有燃素的存在。燃烧的本质是物质和"生命气体"（后来他将这种气体命名为"氧气"）的结合。由于燃烧减少了空气中氧气的含量，留下的不可呼吸的气体主要就是氮气。拉瓦锡还断定，氧

悲情拉瓦锡

1794年5月8日早晨，拉瓦锡第四个登上断头台，泰然受刑而死。导致拉瓦锡悲剧的原因主要有三个。

一是他早年加入了由商人组成的包税商集团。他们把法国国王的部分征税承包下来后又滥用职权横征暴敛，中饱私囊，激起了极大的民怨，所以革命一来就成了众矢之的。在被送上断头台的28位包税商中，除拉瓦锡外，还有他的岳父。尽管拉瓦锡很少参与对平民百姓的盘剥，并把大部分余钱投入科学研究之中，但仍然不能摆脱悲惨的结局。

二是树大招风，遭遇落井下石。拉瓦锡被捕后，革命领导人之一马拉带头对他提出指控，声称要"埋葬这个人民公敌的伪学者"。马拉多年以前曾企望以《火焰论》一书作为"敲门砖"加入法国科学院，但当时的科学院负责人拉瓦锡对此书进行了尖刻的评论，认为并无科学价值，从而跟马拉结下了私怨（马拉其人也没能善终，一幅名为《马拉之死》的著名油画描绘的就是他在浴室里被刺杀之后的惨象）。

拉瓦锡另外还有一个潜伏着的恶敌，可能是出于嫉妒而施展诡计上下其手，置他于死地，此人就是在落难时曾受拉瓦锡保护的知名化学家佛克罗伊院士。非常可恶的是，在后来为拉瓦锡举行的庄重而盛大的追悼会上，这个厚颜无耻的家伙还反过来对拉瓦锡表示悼念，做了歌功颂德的演讲。

有一个传言称，拉瓦锡在被处决前安排了他的最后一项实验。那时，断头台在法国被广泛使用，因为它被认为是处决的最人性的方式，可以在瞬间无痛地执行。现在有机会去弄清楚到底是不是这样了。按照约定，当拉瓦锡感受到刀片接触到脖子时，就开始努力地快速眨眼，而他的助手就站在人群中记录他眨了多少次眼（一共眨了15次），以此来确定头砍下后是否还有感觉。

气在呼吸过程中同样至关重要。他认为，从化学的观点看，物质燃烧和动物的呼吸同属于空气中氧所参与的氧化作用。后者是一种缓慢的燃烧过程，并且是所有动物赖以生存的基础。

在研究燃烧和气体的过程中，拉瓦锡借助他精湛的称量技术，看到了事物更深层的一面，进而从实验的角度验证并总结了物质（质量）守恒定律。针对当时化学物质的命名混乱不堪的状况，拉瓦锡与其他研究人员合作制定出化学物质命名原则，创立了化学物质分类的新体系，并在历史上第一次开列出化学元素的准确名称。

尽管拉瓦锡主张君主立宪制，是旧体制的既得利益者，但他依

拉瓦锡呼吸实验

然可以说是法国革命思想的忠实追随者。他在法国大革命时期也为新政府做了大量有益的工作，如设计城市照明、制定农业改革方案、贡献火药制造和矿物探寻资料。他还作为改革委员会委员参加了新政府主张的"改革旧度量衡制，创造新的国际通用单位"工作，确定了质量单位"克"和长度单位"米"。

在最后一封致妻子的信中，拉瓦锡写道："我度过了非常幸福的一生。我想，人们会带着一些惋惜的心情记住我，也许在我的身后还会留下一些名誉，我还需要什么呢？"

这一点他也"算"准了。

就在拉瓦锡撒手人寰不久，人们为他举行了隆重的追思大会，并在大街上为他立了塑像。

创新启示 🚩

"近代化学之父"拉瓦锡堪称化学领域的革命家。他开创了化学定量实验的科学研究方法，构建了以科学原理为基础的化学物质命名系统，给化学理论体系和化学语言体系带来了新的范式，从而引发了化学学科的革命，奠定了近代化学的基础。

贝多芬
用苦难铸成欢乐

路德维希·凡·贝多芬（Ludwig van Beethoven，1770—1827），德国作曲家、钢琴演奏家。出生于波恩，父亲是男高音歌手，从小便对他寄予厚望，进行严格管教。贝多芬是古典音乐向浪漫主义音乐过渡时期最具影响力的音乐大师之一。他的主要作品包括9部交响曲、32部钢琴奏鸣曲、5部钢琴协奏曲、16部弦乐四重奏以及多部小提琴奏鸣曲、歌剧、弥撒曲等。

18世纪70年代中期的莱茵河畔,德国小城市波恩的一栋破旧的居民楼里,夜半时分经常会传出一个男人的呵斥声,有时还伴随着一记响亮的耳光,接着便是一个小男孩的哀号和抽泣声。

这个叫做贝多芬的孩子只有4岁。他的父亲是一个男高音歌手,一心想把儿子培养成一个像莫扎特那样的音乐神童,因而不惜采取高压手段,逼迫贝多芬没日没夜地练琴。

"苦功"确实带来了实效,贝多芬8岁时就已开始在音乐会上表演并尝试作曲。为了使他看上去更像一个神童,父亲谎报了他的年龄,说他只有6岁。首次登台的贝多芬备受青睐,获得了巨大的成功,被人们誉为"第二个莫扎特"。

然而,这一时期的贝多芬所受的音乐教育十分有限。在音乐家尼弗的细心教导下,他进步很快:11岁时发表第一首作品《钢琴变奏曲》;13岁时参加宫廷乐队,担任风琴师和古钢琴师。

位于波恩的贝多芬像 ⓟ

1787年,尼弗又引导他去奥地利的维也纳拜会莫扎特。

莫扎特见到17岁的贝多芬时,给了一段音乐让他用钢琴即兴发挥,自己却到隔壁屋子跟别人聊天去了。不多会儿,邻屋充满灵感和创造力的音乐令莫扎特大感诧异,他对旁人说道:"注意这个年轻人!有朝一日,他会震惊世界!"

可正当贝多芬准备施展身手时,却传来母亲病危的消息,他只好又回到波恩。1789年,法国大革命爆发,贝多芬经常去深受进步思想影响的波恩大学旁听。那时,他已然奠定了人文主义世界观的基础——深信人类平等,追求正义和个性自由。

有一次,贝多芬在事先不知情的情况下被引见给占领军演奏。他愤而退席后发出了这样一封信:"公爵!您之所以成为公爵,只是由于偶然的出身。而我之所以成为贝多芬,则全靠我自己。公爵现在有的是,将来还有的是,而我贝多芬却永远只有一个!"

贝多芬创作时十分投入。一天,他来到一家饭馆用餐。点过菜后,他突然来了灵

贝多芬的创作历程

贝多芬创作的作品大致可分为三个阶段：1802年之前的为早期作品；1802—1812年的为中期作品，此后的为晚期作品。

1792年之前的早期作品倾向于模仿莫扎特的钢琴奏鸣曲和小提琴奏鸣曲，风格较为传统、保守。真正意义上的早期作品一般指贝多芬到维也纳之后，1792—1802年创作的作品。这段时间，贝多芬学习了以海顿和莫扎特为代表的"维也纳曲风"，并发展出自己的特色。他的作品充满激情和力量，甚至有点夸张，节奏也非常快。这段时期的代表作有《第一交响曲》《第二交响曲》、前两部钢琴协奏曲、早期的钢琴奏鸣曲等。

当贝多芬的耳疾发作后，随着听力逐渐下降，他意识到自己有可能再也听不到任何声音。这段时间，他的作品篇幅变长，表达一种英雄主义精神，体现出他在与疾病作斗争时的艰难处境。这段时期的代表作有《第三交响曲》至《第八交响曲》、最后两部钢琴协奏曲等。

贝多芬的晚期作品体现了深刻的思想内涵，形式上有更多的创新，具有强烈的个性色彩，如《第九交响曲》和晚期的钢琴奏鸣曲等。

感，便顺手拿起餐桌上的菜谱，在其背面作起曲来。侍者不敢打扰，过了大约一个小时后才问他是否上菜。贝多芬如梦初醒，以为自己吃过了，立刻掏钱结账。

随着贝多芬的声名逐渐达到如日中天，一件可怕的事情也开始降临到他身上。自1796年起的4年间，贝多芬感觉"耳朵里常闻低鸣和呼啸"，这是耳朵失聪的前兆。实际上，他的听力正渐渐衰退。对于一个音乐家来说，没有比失聪更可怕的了。

"要忘掉自己的不幸，最好的方法就是埋头苦干。"贝多芬乐思泉涌，在1803年写出了雷霆万钧的《第三交响曲》。此曲原是要献给拿破仑的，但在得知这个野心家加冕称帝之后，贝多芬愤而涂掉了他的名字，改称为《英雄交响曲》。

在贝多芬一生的最后10年中，他在耳朵完全失聪、健康恶化和生活贫困的情况下，仍以巨大的毅力创作了《第九交响曲》（原题为《以欢乐颂歌的合唱为结束的交响乐》）。在致友人的信中，他写道："我要扼住命运的咽喉。它决不能使我完全屈服……噢！能把人生活上千百次，该有多美！"

1824年,《第九交响曲》在维也纳举行首演。当大合唱结束时,狂热的听众热烈鼓掌、相互拥抱,许多人禁不住失声痛哭,仿佛发生了一场骚乱。皇族出场不过鼓三次掌,但贝多芬却享受了五次鼓掌谢幕,以至于警察不得不出面干预。

在大自然中散步的贝多芬

1827年3月26日,贝多芬逝世。据称,临终之际他说:"鼓掌吧,朋友,喜剧结束了。"当时,风雨交加、雷声隆隆,没有一个亲人在他身旁,但在几天之后下葬时,却形成了一个公众性的浪潮:有的学校全部停课表示哀悼,有两万民众护送他的灵柩。

不屈服于命运的贝多芬一生完成了100多部作品。他的墓碑上铭刻着奥地利诗人格利尔巴采的诗句:"当你站在他的灵柩前的时候,笼罩着你的并不是志颓气丧,而是一种崇高的感情;我们只有对他这样的一个人才可以说:他完成了伟大的事业。"

在常人看来,贝多芬取得了巨大的成就,也付出了巨大的代价,而且他的童年似乎也不是很幸福。他是这么看的:"智慧、勤劳和天才,高于显贵和富有。卓越的人的一大优点是:在不利和艰难的遭遇里百折不挠。只有德行,而不是金钱,才能使人幸福,这是我的经验之谈。那些立身扬名、出类拔萃的人凭借的力量是德行,而这也正是我的力量。"

创新启示

贝多芬在音乐创作上突破了传统的形式结构,运用创新的表现手法,使音乐具有非凡的气魄和力量。他还以直面苦难的英雄意志、震撼人心的悲悯情怀,将自己对世界的感受融入音乐创作中,成为"浪漫主义音乐之父"。

象征主义文学的奠基人 霍桑

纳撒尼尔·霍桑（Nathaniel Hawthorne, 1804—1864），美国作家。出生于马萨诸塞州塞勒姆镇。父亲是个船长，在霍桑4岁的时候死于海上。1821年，霍桑在亲戚资助下进入缅因州的博多因学院学习。大学毕业后，霍桑回到故乡，开始写作。其代表作《红字》已成为世界文学的经典之一。其他著名的作品有：《带有七个尖角楼的房子》《玉石雕像》《教长的黑面纱》和《石面人像》等。

一个年轻美丽的女子，怀抱着3个月大的女婴，孤零零地站在刑台上，任凭台下黑压压一大片街坊邻居对她指指点点、骂骂咧咧……她叫海丝特·白兰，因为触犯了基督教"十戒"中的一戒，为加尔文教（即清教）的教义所不容，而被法庭判定有罪：令她在刑台上站立3个小时当众受辱，并终身佩戴一个红色的A字标记（"通奸"的英文"Adultery"的第一个字母）作为惩戒——这是霍桑代表作《红字》开篇描述的一幕。

画家乌格斯·梅尔莱1861年根据《红字》小说内容创作的油画

这个时代离我们似乎已经很久远了。但小说所表达的深邃主题和象征意义一直为后世的人们乐此不疲地解读、研究。今天，霍桑不仅被看作是美国浪漫主义小说和心理分析小说的先驱，而且还被视为西方科幻小说的创始人之一。

事实上，置身于科学技术迅速发展时期的霍桑对自然、超自然现象以及新兴的科学亦有着十分浓厚的兴趣，并且敏锐地从中发掘了不少新鲜的素材。而在将这些素材写成小说的时候，他又大胆地构思了各种奇异的情节，着意渲染一种神秘的气氛。

在霍桑看来，人类征服自然就是违背自然，这不仅徒劳无益，而且还可能带来可怕的后果。他对科技发展所导致的社会变革颇感茫然，甚至将技术的进步和机器的发明视为邪恶。这在《红字》问世（1850年）以前他所发表的几部科学题材的作品中已经有所展现。如《胎记》讲述的是，一个名叫艾尔默的科学家为除去妻子脸上的一块胎记，以使她完美无瑕，给她涂上了一种药。结果，在胎记去掉的同时，爱妻也香消玉殒。

在1844年发表的《拉帕西尼的女儿》中，霍桑给我们讲述了一个哀怨、凄惨的爱

"青春之泉"

霍桑认为，客观物质世界仅仅是假象，其"灵性"才是本质。因此，在霍桑的笔下，一景一物都有其比喻象征的含义。他强调作品应有超出一般性主题之外的哲理的深刻性。

霍桑在1837年发表的幻想小说《黑德格医生的实验》对后来的科幻创作产生了一定的影响。它说的是，古怪的黑德格医生邀请四位老态龙钟的故交上门做客，并让他们各自喝下了一杯能够返老还童的"青春之泉"。这三男一女由此回到了春情勃发的青年时代。可三个当年的情敌旋即因为争风吃醋而恶语相向、大打出手。不幸的是，顷刻间他们又恢复了原态，"青春之泉"所引起的一阵狂热，像泡影一样幻灭了。

有意思的是，曾有一家英国杂志指责说，这篇小说的思想是从大仲马的一部长篇小说里剽窃来的。霍桑在声明自己早就动手创作这篇作品之后，揶揄道："我愉快地认为，仲马先生采用了我早年幻想小说的构思是我的荣幸，我对他表示衷心欢迎。由于这位伟大的法国传奇小说作家才华横溢，他多次利用他的特权，把名气稍逊的人们的智力财富据为己用，这仅仅是其中一例而已。"

情故事，还塑造了一个热爱科学、学识渊博但却灭绝人性的科学家形象。故事写的是一位精通药物学的医生拉帕西尼，深知世事的险恶和人心的叵测。他为了保护心爱的女儿，用特制的药物浸透其全身，结果不但毁掉了她的爱情，还戕害了她的生命。正是拉帕西尼这个"科学狂人"，让自己美丽、纯洁的女儿成了"邪恶的智慧"所带来的厄运的牺牲品。这里，作者似乎有着双重的创作意图：一方面在于警示科技发展可能会带来的可怕后果，一方面则是要借助科学的象征价值来揭示人的"恶"的本性。

霍桑是一位在思想上充满复杂矛盾的作家。他一方面接受了爱默生的超验主义哲学观，设想客观的物质世界只是某种隐蔽的神秘力量的象征，另一方面他又执着于宗教教条，去探寻所谓的抽象的"恶"，并把它看作是造成社会问题的根本原因。霍桑这种复杂的世界观和独特的创作思想及手法恐怕跟他的身世和经历有关。

霍桑出生于美国马萨诸塞州的塞勒姆镇，是当地移民望族的后裔。他的祖先曾参

霍桑故居

与过对异端的审判和迫害,这使得年轻的霍桑产生了一种负罪感,无怪乎罪恶问题成了他许多作品中经常出现的主题。而家道衰落、父亲早逝以及寄人篱下的生活,又使他养成了"可恶的孤寂独处的习惯"。

霍桑早年做过海关职员,成名后还曾担任过美国驻英国利物浦的领事。他的同胞、美国科幻史家冈恩对于他的科幻创作有过这样的评述:霍桑似乎对科学的可能性抱有诚挚的兴趣,但是他没有感觉到,总是对科学作现实的考虑,总把科学作为一种环境而不是道德的选择,那将有多么巨大的潜力。他利用科学,就像利用清教徒的负罪感一样,不过是取其象征价值而已。

创新启示

霍桑对人的内心和心理活动有着敏锐的洞察力,好似一个生活的旁观者。他的文学作品描绘了宗教狂热和宗教教条给人们所带来的影响,探讨了人与自然、人与科技的关系,引发了人们对人性的善恶以及道德准则的思考。

生错了时代的天才作家

爱伦·坡

  埃德加·爱伦·坡（Edgar Allan Poe,1809—1849），美国诗人、小说家和文学评论家。出生于波士顿的一个流浪艺人家庭，3岁时双亲过世，由一对烟草商夫妇收养。1826年，爱伦·坡进入弗吉尼亚大学，但仅念了11个月便因酗酒、赌博恶习而被停学，同时跟养父的关系也宣告破裂。次年，他离家出走，应征参加了美国陆军，并于1830年进入西点军校进修，8个月后又因故意"抗命"而被校方除名。此后，他正式开始了孤独的文学生涯，其间担任过报刊的编辑工作。

鬈曲的头发,清瘦的面容,忧郁的眼睛——这就是爱伦·坡,一个身世凄凉、命运多舛的"颓废诗人",一个著述丰盛、颇多创见的天才作家。

生前,爱伦·坡没能得到同代人的理解和赏识;死后,竟然还常常遭到歪曲和攻讦。1848年秋,他在点评平克尼的一首诗时曾讲过:"不幸的是,平克尼先生出生在遥远的南方,不然他早就……成了美国的头号抒情诗人。"如果说平克尼真是生错了地方的话,那么爱伦·坡则是生错了时代。这位天才似乎也意识到了这一点,他在《我发现了》一书中写道:"我不在乎我的作品是现在被人读还是由子孙后代来读。我可以花一个世纪来等待读者……"

爱伦·坡的的确确等到了这一天。

如今,人们一般把爱伦·坡看作是西方侦探小说的鼻祖。他创作的《莫格街谋杀案》《金甲虫》《失窃的信》等作品确立了整个西方侦探小说的一些基本特点,如神秘的环境和紧张的场面、曲折严密的情节、固定的人物、特定的故事背景等,并作了开拓性和奠基性的尝试。

在诗歌、短篇小说创作和文学评论方面,爱伦·坡也颇有建树。他主张写"纯小说""纯诗歌",认为艺术就是创造美,其本源是人类对美的渴望,美是艺术的基调和本质。因此,他极端厌恶所谓的"文以载道",反对文学附有道德、说教、效用等理性目的。简言之,他追求的是一种单纯的美和趣味,即"为艺术而艺术"。

人们通常把爱伦·坡创作的小说归纳为三类:推理严密的侦探小说、令人毛骨悚然的恐怖小说和想象奇特的科幻小说。尽管爱伦·坡不是以科幻小说著称,但他在科幻文学的发展中同样举足轻重。他对科幻文学最大的贡献和影响在于提出了一条规则,即对所有超乎寻常的现象都必须进行科学的合乎逻辑的解释。虽然这位身处变革时代的作家也有过不少迷惑和彷徨,但他崇

《金甲虫》插图

爱伦·坡的艺术主张

爱伦·坡一向主张"为艺术而艺术"。他的艺术主张几乎贯穿于他的所有作品中,包括诗歌、短篇小说和论文。在这些作品中,他声称"一切艺术的目的是娱乐,不是真理"。他认为艺术就是创造美,美是艺术的基调和本质,艺术的本源是人类对美的渴望。

爱伦·坡曾为诗下过定义,如"诗之所以是诗,仅仅是因为它可在启迪心灵的同时对其施予强烈的刺激";再如"诗是有韵律的美之创造"。

在爱伦·坡看来,"在诗歌中只有创造美——超凡绝尘的美才是引起乐趣的正当途径。音乐是诗歌不可缺少的成分,对诗人力求表现超凡绝尘的美尤其重要。而在故事写作方面,艺术家就不妨力图制造惊险、恐怖和强烈情感的效果,而且每篇作品都应该收到一种效果。"他常常力图在自己的作品中先确立某种效果,再为追求这种效果而思考创作。

尚科学,并不带偏见地对待科学家和科研成果。

在他看来,由于时空和人类理智等诸多因素的限制,现实被荒唐地歪曲了,许多自然现象不能合理解释、自圆其说。于是他尝试着完善"一种以科学和哲学思想为基础的思辨故事",在掺和着科学内容的作品中融入自己所想象的一些玄奥观念或见解。这样,他的科幻故事也就成了唯物主义和唯心主义色彩的调色板,反映了当时人们对科幻的认识:科幻是基于科学现象所创作的形而上学的思辨故事。

世界上第一部科幻小说《弗兰肯斯坦》发表时,爱伦·坡年方9岁。此时,欧美小说中已开始描绘电力及医学等一些新发明与新发现。随之而来的热气球的技术发明、催眠术的科学发现,以及新的科学思维方法的出现,则成了后来爱伦·坡创作科幻小说的灵感来源。如《汉斯·普法尔不平凡的探险》《荒凉山的传说》《瓦尔德马尔先生病例真相》等作品所涉及的内容均与当时的科技进展密切相关。

爱伦·坡的作品内容大多是关于死亡、怪异和幻灭,他的创作形式精美,注重细节描写和推理分析,善于营造气氛,常常也表现出一种忧郁和恐怖的情调。他自己曾称其小说的特点是"把滑稽提高到怪诞,把可怕发展成恐怖,把机智夸大成嘲弄,把奇特上升到怪异和神秘"。这恐怕跟他的身世和经历有关。

孤独而又倔强的爱伦·坡在情感上也屡受挫折。还在少年时代，他就深深迷恋于一个同学的美丽端庄的母亲。15岁那年，他这尊"心中美的偶像"病故，令他悲痛万分、神思恍惚——也正是这种"失美之痛"，激发他写出了著名的《致海伦》一诗。26岁那年，他娶了14岁的表妹弗吉尼亚。12年后，弗吉尼亚因肺结核病而撒手人寰，又给爱伦·坡以沉重的打击，曾一度引发精神错乱。其后两年，他在爱情方面亦是无言的结局。

爱伦·坡的墓碑

1849年10月3日，有人在巴尔的摩发现这位衣着寒碜的文坛怪杰倒卧在街头路边，已经不省人事、气息奄奄。4天后，爱伦·坡在医院里溘然长逝，年仅40岁。据称，他临终前留下的最后一句话是："愿上帝保佑我可怜的灵魂。"

创新启示

爱伦·坡的小说以缜密、紧凑的结构，铺设了关于死亡、恐惧与丑恶的幻境，直击深埋于人类灵魂的隐秘情感，在激起读者浓厚阅读兴趣的同时，震撼心灵、发人深省。他的写作风格对其后众多作家，如凡尔纳、柯南·道尔、希区柯克等，产生了巨大的影响。

柯南·道尔

塑造"刑侦科学的先驱"

柯南·道尔（Arthur Conan Doyle，1859—1930），英国作家。出生于爱丁堡的一个艺术之家，青少年时期在教会学校学习，1877年赴爱丁堡大学攻读医学，1885年获得医学博士学位。毕业后，他曾作为一名随船医生前往西非海岸，回国后在普利茅斯开业行医。在此期间开始写作。柯南·道尔最经典的作品是福尔摩斯系列探案故事，故事的主人公福尔摩斯家喻户晓。到了晚年，柯南·道尔开始创作科幻小说，其重要的科幻作品有《失去的世界》《有毒地带》《地球痛叫一声》等。

1887年4月,原来悬壶济世的柯南·道尔写出了他的第一部侦探小说《血字的研究》。它讲述的是福尔摩斯如何通过凶手留在墙上的血字和戒指,经过调查推理而侦破案件的故事。没想到,这样的侦探故事很受欢迎,柯南·道尔很快就出了名,不仅约稿不断,而且还发了大财。

尽管如此,柯南·道尔似乎还是有点儿不满足——他希望自己能有一些更为"严肃"的作品留存于世。所以,他也写了几部历史小说和科幻小说。但是,这些作品几乎都"不幸"地让福尔摩斯的光辉给遮盖了。这一点,柯南·道尔本人大概没有料到。

柯南·道尔笔下的福尔摩斯总是料事如神,自恋或优越感十足,他声称:"在探案过程中,我是最后、最高的上诉法庭。"(《四签名》)在他看来,探案应当是一门严谨的科学,而人们也应当以同样冷静和非情感的方式来对待探案。

福尔摩斯非常重视案件调查。在调查过程中,他又注意甄别出极其重要的线索,提出解决问题的假设。在《赖盖特之谜》中,福尔摩斯开导华生说:"侦探艺术中最重要的是,能够从一些事实中分辨出哪些是偶然的因素,哪些是重要的因素。"在《绿玉皇冠案》中,他提出:"当你已经排除了一切不可能之后,其余的情况无论多么的不可能,却必定是真的。"

他也非常注重细节,善于利用经由悉心观察所发现的痕迹来进行逻辑推理,不愧是一部"推理与观察的机器"。在案件的侦破过程中,如果毫不费劲就能发现所有的细节都相当吻合,他会感到困惑乃至不悦。相反,被遗漏的细节往往能够激发他敏感的天性。

比如,在《白额马》中,警长格雷戈里问:"你还要我注意其他什么问题吗?"福尔摩斯答:"应该注意那天夜里狗的奇怪反应。"格雷戈里说:"那天晚上,狗没有什么反应啊。"福尔摩斯道:"这正是奇怪的情况。"(而这个情况恰恰为破案提供了重要的线索,因为狗非常熟悉谋杀者,所以见到他并没有狂吠。)

晚年的柯南·道尔到埃及旅行时,曾惊讶

佩吉特创作的福尔摩斯画像

"科学证明"的时代

刑侦科学是在同犯罪作斗争的过程中成长起来的。自18世纪中期起,科学第一次把兴趣投向犯罪现场勘查分析;19世纪中叶,法医学悄然诞生,科学又被一些杰出的法医接纳为侦破案件的手段;而人类随后取得的更大程度的科技进步已促使刑事案件中"人证"这一司法证明的头把交椅让位于"物证"(即今天我们所谓的"科学证据"),司法活动从此进入到"科学证明"的时代。

在1887年发表的首篇福尔摩斯探案故事《血字的研究》中,福尔摩斯向华生夸耀说:"只要瞧一眼烟灰,我就能够辨别出任何已知品牌的雪茄或者香烟。"这当然是吹牛。不过,如今借助精密的仪器和分析方法,刑侦专家已能了解越来越多的物质及其特性。例如,他们可以从一辆汽车的反光镜和油漆碎片中辨别出汽车的牌子与生产年份;即便汽车的发动机号被磨光,也仍然能用化学方法将其还原。

再如,刑侦专家还可以从头发中检测出多种药物和毒物。如果头发足够长,甚至可以检测出服用这些药物或毒物的时间;即便受试者是秃顶,也可以从他的汗毛中得到满意的结果。

此外,计算机技术的应用与发展目前已使"指纹自动识别系统"可以容纳多达6500万个指纹形状,并在浩瀚的数据库里快速简便地辨别出这种独一无二的个人印记。还有在刑侦中大显身手的中子活化分析、声纹鉴定法、DNA分子检测技术、电子扫描显微镜等都是福尔摩斯那个时代的人们闻所未闻的科技手段。科学"福尔摩斯"可以检测到并获取越来越细微的犯罪证据,成功率也越来越高。

地发现开罗警方居然把福尔摩斯的故事当做侦探教材使用。长期以来,欧美一些警察学校也常常选用福尔摩斯的破案事例,让学生学习,并作为考题。这位"神探"的影响与魅力,由此可见一斑。

有人甚至还把并不真实存在的福尔摩斯视为"刑侦科学的先驱",因为在破案过程中他不仅运用了逻辑推理,而且还应用了科学证据和科学方法。他是以推理战胜武断和直觉,以证据排除谎言和伪证。据说,法国犯罪学家洛卡尔就是根据福尔摩斯故事中所提倡的方法——对显微证据的检查,建立了司法证据科学。洛卡尔的那句名言——"每次接触都会留下痕迹"适用于司法证据科学的所有领域。

关于福尔摩斯,还有一个有趣的故事:有一阵子,柯南·道尔大概是写厌了福尔摩斯,决定洗手不干了。1891年11月,在一封给母亲的信中,柯南·道尔写道:"我考虑杀掉福尔摩斯……把他干掉,一了百了。他占据了我太多的时间。"于是,他在一篇小说中故意"安排"这位大侦探在一个戏剧性的时刻堕入激流中淹死。

福尔摩斯像

孰料这结局竟引起了许多读者的愤慨。据说,曾有一个"福尔摩斯迷"写信威胁他,说福尔摩斯不能死,否则就对他不客气。柯南·道尔只能就范,1903年,他在《空屋》中让福尔摩斯死而复活,从而开始了另一组故事,题名《夏洛克·福尔摩斯归来记》,于1905年出版。这可真算得上是文坛奇谈了。

创新启示 ⚑

破案与科学探索也颇有共通之处,它们都用"证据"说话,都是科学和理性的践行者。柯南·道尔出色地塑造了现代的侦探形象,为侦探小说开创了新的局面和创作途径。福尔摩斯的侦探经验和方法至今仍有一定的借鉴意义。

量子王国的「立法」者

薛定谔

埃尔温·薛定谔（Erwin Schrodinger，1887—1961），奥地利物理学家，量子力学的奠基人之一，分子生物学的先驱。1906年进入维也纳大学学习，主修物理学和数学。先后任职于维也纳大学第二物理研究所、苏黎世大学、柏林大学、格拉茨大学和都柏林高级研究院。著有《波动力学论文集》《生命是什么》等。1933年获诺贝尔物理学奖。

出生于"音乐之都"维也纳的薛定谔在奥匈帝国最后岁月的闲适环境中长大。家境优裕的他几乎没有上过小学。在他的启蒙教育阶段，家庭教师每周两次上门给他授课。他的父亲经营家族油毡生意，颇有文化修养，也经常陪伴他玩耍嬉戏。当他父亲的兴趣转向植物学，开始研究形态遗传和种系进化的时候，他也贪婪地读完了达尔文的《物种起源》。从那以后，父子俩谈论、切磋的话题就不限于学校教授的内容了。

薛定谔家有夏季外出旅行的习惯，这不仅丰富了他的生活，让他"见识到了无数美好的事物"，而且也促进了他对知识的渴求。1898年，11岁的薛定谔进入维也纳高等专科学校所属的预科学校。这所学校强调人文学科的教育，但同时也开设了部分水平颇高的数理课程。在这里，他学到了许多东西，而他最喜欢提的问题便是："先生，您真的相信吗？"

薛定谔钟情于数学和物理学，也欣赏语法和哲学的逻辑性，但讨厌死记硬背和对诗文作"迂腐的解剖分析"。每一个科目，他的成绩在班上都是最好的。1906年，薛定谔以优异的成绩通过毕业考试，进入维也纳大学，主修物理学和数学，辅修化学和天文学。他的天赋和才干"被毫无嫉妒地公认"，同学们都相信他未来一定会打破狭隘的专业界限，去开辟新的探索自然之路，做出非常重要的贡献。

薛定谔像

大学毕业后，薛定谔服了一年兵役，然后再次回到维也纳大学开始其研究生涯。可1914年夏季第一次世界大战爆发，他又被征召入伍，成了帝国的一名炮兵军官。这场引发奥匈帝国解体的残酷战争促使薛定谔进行了哲学方面的深入思考，他甚至一度考虑转行从事哲学研究。不过，如他后来所说，他的"保护天使"出来干涉了这一计划：他准备去做专职哲学研究的那所大学所在地切尔诺维兹，按照停战和约已划出奥地利的版图（现属乌克兰，称"切尔诺夫策"），因而他只能专攻原本要作为业余研究的理论物理学了。

1921年10月15日，薛定谔被任命为苏黎世大学理论物理学教授。这个时候，世纪之交开始的一场激动人心的物理学革命正如火如荼：从普朗克提出量子概念到爱因斯

追求什么样的生活？

在担任炮兵军官的那一段岁月里，薛定谔虽然时常远离前线，没有经历过什么血腥，但日子过得相当无聊。一天，有哨兵报告说，阵地对面山坡上发现有向己方移动的灯光。薛定谔抵近查看后，以物理学家的眼光思忖，很快就明白，那是铁丝网上放电造成的"圣爱尔摩"之光。在这样的环境里，之所以看见火光在移动，是因为观察者自己走动造成的视差现象。

这之后不久，薛定谔开始想念他的科学工作了。他反躬自问："是什么原因使你无事可做？这是你追求的生活吗？"就在这个时期，他接触到了爱因斯坦的广义相对论，也关注着原子物理学的最新进展，做了许多阅读笔记。

战后经济萧条，大学里的学术性职位薪俸很低，这令正准备结婚的薛定谔心存疑虑，于是他问父亲："是否让我也来参与您的生意？"他可敬的父亲断然回答："不，我亲爱的孩子，你不应当来干这个，我不希望你从事这种营生。你要留在大学里继续你的学术生涯。"

此后不到一年，1919年圣诞夜，薛定谔的父亲坐在旧扶椅上安静地离开了人世。他生前看到儿子唯一的成就就是终于得到了一份薪水稍高的职位。

坦提出光量子理论，从卢瑟福发现原子结构到玻尔把量子论与经典电磁理论结合，几乎彻底变革了包括物质观、时空观、运动观、规律观和因果性在内的整个物理学概念框架和原理体系。

按照普朗克能量量子化的观点，物质辐射（或吸收）的能量不是连续的，而是一份一份地进行的，只能取某个最小数值的整数倍，就像一个个能量量子。1905年，爱因斯坦大胆采用了普朗克的能量量子假说，提出了光量子假说，认为光像电子一样具有粒子性。1924年，德布罗意进一步提出了物质波的概念，认为所有的物质都有波动性，尤其是微观粒子同时具有粒子性和波动性（即波粒二象性）。

当苏黎世大学的物理学家们聚在一起讨论德布罗意的离奇观点时，领头的德拜教授评论道：这些想法看起来都很幼稚，因为要正确地处理波的行为，应该有一个波动方程，用来描述波如何从一个地方走到另一个地方。这句话让薛定谔上了心思。他认定，既然电子具有波动性，那么对于电子的运动来说就应该能够找到一个波动方程，并且可以通过解这个波动方程去了解原子内部电子的行为。

奥地利旧纸币上的薛定谔头像

1925年的圣诞节假日期间，闲暇中也不放弃研究的薛定谔迸发出惊人的创造力，有了对波动方程的初步设想。从1926年1月27日到6月23日，在短短不到5个月的时间里，薛定谔接连发表了6篇关于量子理论的论文，其内容涵盖了诸多物理学前沿领域。波动方程（又称"薛定谔方程"）亦在其中，它为处理与光谱有关的问题提供了方便而简单的方法，成为当今物理学家不可缺少的工具。

几乎是在薛定谔创立波动力学的同时，海森伯创立了矩阵力学。狄拉克随后又证明：薛定谔和海森伯的两种研究思路在数学上彼此等价，只不过是表达方式不同而已。这正如"树"可以用两种（或更多）语言来描述，尽管用语及语法规则不同，但描述的是同一种事物——这是一个很深刻的思想。

1933年，薛定谔和狄拉克被授予诺贝尔物理学奖，以表彰他们发现了原子理论的很有用的新形式。1944年，薛定谔出版《生命是什么》一书，引导人们用物理学、化学方法去研究生命的本性，对分子生物学的发展产生了重要影响。

创新启示

薛定谔通过对物质波的研究而提出的波动方程，用数学的语言描述了物质粒子的波动性，为量子力学奠定了坚实的基础，对化学、统计学、生物学也产生了深远的影响。他提出的猫思想实验则通过形象的比喻，通俗易懂地解释了量子力学中的"不确定性"概念。

鲍林 洞察化学键之秋毫

　　莱纳斯·卡尔·鲍林（Linus Carl Pauling, 1901—1994），美国化学家，量子化学和分子生物学的先驱之一。1922年获俄勒冈农学院化学工程学士学位，1926年获加州理工学院物理化学博士学位。曾任加州理工学院化学与化学工程系主任、美国化学学会主席。1954年获诺贝尔化学奖，1962年获诺贝尔和平奖。著有《普通化学》《大学化学》《化学键的本质》《不再有战争》《维生素C与感冒》等书。

"我现在该读些什么书呢?"有一天,鲍林这样问他父亲。

成天忙于药店生意的药剂师懵了,不过心里倒是蛮高兴的。他给当地报纸《俄勒冈人》的一位编辑写信说,他的儿子刚9岁,阅读水平就远远超过了同龄人,言语间充满了自豪。只可惜,没过多久他就因病去世了。

虽然再也没有机会观察父亲在药房里配制粉剂和膏药,但鲍林依然对化学现象和矿物晶体情有独钟。11岁那年,他结识了比他年长1岁的未来的心理学家杰弗里斯,并很快成为亲密的朋友。

一天,杰弗里斯邀请鲍林去他家观看他"表演":只见他将白色粉末状的氯酸钾跟蔗糖混合,再加几滴浓硫酸,瞬间就发生了剧烈反应——产生蒸汽并生成了碳。鲍林十分震惊,从此开始留意周围世界的其他变化。这成了他化学生涯的开端。

又过了一些日子,鲍林熟识的一个实验器材管理员给他带来了不少简单的仪器零件,指导他装配,还教他制作昆虫标本的方法。尽管如此,他强烈的好奇心似乎依然未能得到满足。

升入高中后,鲍林突发奇想,与同学西蒙合伙开办了以他们的名字组合命名的"鲍蒙化学实验室"。这个装备有离心机和分析仪器的实验室位于西蒙家的地下室,他们还为此特制了名片,上面写着:"鲍蒙化学实验室,L.E.西蒙,L.C.鲍林,化学家。"课余时间,他们跑到乳品厂去洽谈"业务",许诺以很低的价格化验乳脂。然而,毕竟他们太"嫩"了,这项生意没过多久就以失败告终。

进入俄勒冈农学院后,年方16岁的鲍林为解决学费问题,先后做过送奶工、杂货店伙计、电影放映员、材料厂检验员,还给女生宿舍和船坞干过零活。在大学生活即将结束时,鲍林已经认识到,自己将以化学研究作为毕生职业。

一些化学家和物理学家的探索发现引起了鲍林的注意。如美国化学家路易斯在1916年提出了一套分子形成的机制,将化学键定义为由两个原子共用电子。在共价键中,每一个原子的最外面的电子层

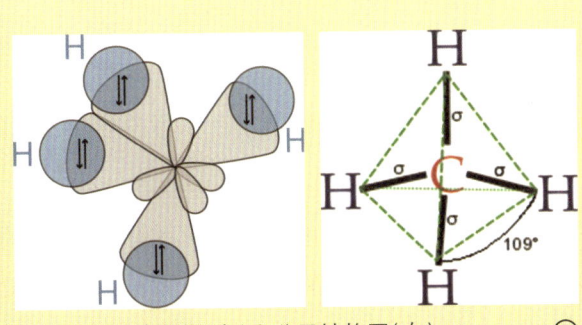

甲烷的杂化轨道图(左)和分子结构图(右) ⓟ

首提"分子疾病"概念

1945年的一天,鲍林在一次晚宴后与现代血液病学奠基人卡斯尔乘同一辆车自丹佛去往芝加哥。路上,卡斯尔告诉鲍林,他正在研究镰状细胞贫血症。他发现,当红细胞变成镰刀状时,偏振光显微镜下出现了双折射现象,其中必有什么分子上的变化。鲍林当即抓住这一线索,与助手伊塔诺展开深入研究。他猜测,红细胞发生变形,必定是血红蛋白分子本身的缺陷造成的。

后来,他们的研究进一步证明:镰状细胞贫血症是因为血红蛋白的变异,即由于突变基因表达所产生的异常蛋白质引起的。这是人类历史上首次揭示出某种疾病与蛋白质结构异化间的关系。

顺着上述思路,鲍林首次提出了"分子疾病"的概念,又发现并阐明了蛋白质的α螺旋结构,指出了氢键对蛋白质及其他生物分子之结构与功能的至关重要的影响。现在,α螺旋被认为是蛋白质"二级结构"的关键要素之一。通过这种方式,长的多肽链被折叠成了一个紧凑的功能性形状。这一发现为蛋白质空间构象打下了理论基础。

(即在价电子层)都有8个电子,以达到稳定的状态。共用电子的最终结果就是所有原子都具备了像惰性气体原子那样的电子结构。

另一位美国化学家朗缪尔则在研究热金属丝在不同气体氛围下的反应时受到启发,思考原子彼此之间是如何形成键的,他认为原子实现最外层8个电子稳定结构的难易程度决定了它的化学反应能力。后来,人们将化合价(原子的化合能力)的8电子理论称为路易斯-朗缪尔电子理论,这便是现代电子价键理论的开端。

受前辈学人启迪,鲍林对原子如何聚集成为分子兴趣大增。进入加州理工学院攻读物理化学博士学位后,他得到名师指点,应用X射线进行无机晶体结构的研究,从而掌握了大量的关于晶体结构的信息、原子间距离和键角的细节。

在以往的经验及理论观察的基础上,鲍林开始应用量子力学的理论——电子有自旋角动量、具波动特性——来探索化学键的形成与性质,并引入"共振"的思想和"杂化轨道"的概念,用以解释围绕碳原子的4个键的等价性,进而完整地解释了甲烷的正四面体结构。1931年,他发表了《化学键的本质》等一系列关于化学键研究的论文,名震化学界。此时,他刚过而立之年。

20世纪30年代中期,生物学领域不断传来令人振奋的新突破,鲍林的研究兴趣也开始转向生物大分子,特别是蛋白质结构的探测。这一跨学科融合之举又给鲍林的科学生涯书写了浓墨重彩的一笔。

最初,鲍林在实验中发现,血红蛋白得氧和失氧状态下结构不同。1949年,他推测镰状红细胞贫血症是由于血红蛋白分子的缺陷造成的。随后,他开始尝试运用X射线衍射方法测定蛋白质的结构。1950年,他根据结构化学知识和蛋白质的X射线衍射图谱建立了蛋白质α螺旋结构模型。后来还发现了另一种被称为β折叠的结构。

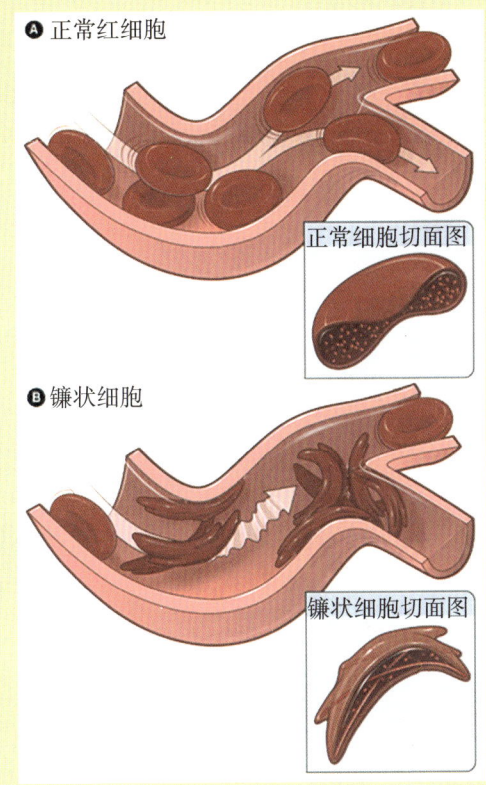

正常红细胞(图A)与镰状细胞(B)

1954年,鲍林因阐明了化学键的本质和分子结构的基本原理而被授予诺贝尔化学奖。1962年,鲍林又因对终止核试验做出的艰苦卓绝的努力而被授予诺贝尔和平奖。他是迄今为止世界上唯一一位两次单独获得诺贝尔奖的科学家。

创新启示 🚩

将量子理论应用于化学,又将化学研究的触角伸向生物学、物理学领域,将思考和观点从一个知识领域带入另一个知识领域——鲍林的跨学科融合之举大大拓展了他探索发现的视野,提升了他科学研究的水平,为化学、医学、分子生物学、生物化学的发展做出了划时代的贡献。

抵得上五个师兵力的战略科学家——钱学森

钱学森(1911—2009)，生于上海，祖籍浙江杭州。1934年从交通大学机械工程系毕业后，考取清华大学公费留学。在美国加州理工学院工作期间，钱学森和导师冯·卡门共同创立了著名的"卡门-钱公式"。它的提出和证明，为克服早期飞机热障、声障提供了理论依据。

自1958年4月起，钱学森长期担任我国火箭导弹和航天器研制的技术领导职务，为中国火箭和导弹技术的发展提出了极为重要的实施方案，对中国火箭、导弹和航天事业的发展做出了不可磨灭的巨大贡献。

钱学森的学生时代是在血雨腥风中度过的。当时的中国正处于动荡的年代,整个国家先是陷入军阀割据的无政府状态,然后便是此起彼伏的内战。1932年,日本侵略者驾驶着轰炸机在上海的上空投下一大批炸弹,顷刻间,数十万人妻离子散、无家可归。

这场大轰炸给钱学森带来了巨大的冲击。他觉得,中国之所以被侵略,一个很重要的原因是科技力量太弱。国家需要流血的革命者,也需要科学的人才。1935年,钱学森开始在美国麻省理工学院学习航空工程。1936年,他转学到加州理工学院,研究航空工程理论。博士毕业后,钱学森与导师冯·卡门共同创立了著名的"卡门—钱公式"。

1950年,已跻身世界一流火箭专家之列的钱学森开始积极争取回归祖国。当时,美国海军的一位高级将领金布尔说:"钱学森知道所有美国导弹工程的核心机密,他无论走到哪里,都抵得上5个海军陆战师的兵力,我宁可把这个家伙枪毙了,也不能放他回红色中国去!"

1955年10月,经过周恩来总理与美国政府外交谈判上的不断努力——甚至不惜以释放15名在朝鲜战争中俘获的美军高级将领和飞行员作为交换,钱学森终于冲破种种阻力回到了祖国。

此后不久,钱学森作为综合规划组组长参加了"1956—1967十二年科学技术发展规划"的制定工作。在讨论国防问题时,大家对我国空防应重点发展导弹还是空防飞机产生了争议。军事部门的一致意见是应重点发展空防飞机,以巩固我国的空防。当时,导弹还鲜为人知,它能否成为国防技术的现实,尚无公论。何况中国又是一个科技落后的国家,有没有能力发展这种尖端技术呢?会不会在战略决策上犯过急的错误?这一切都令

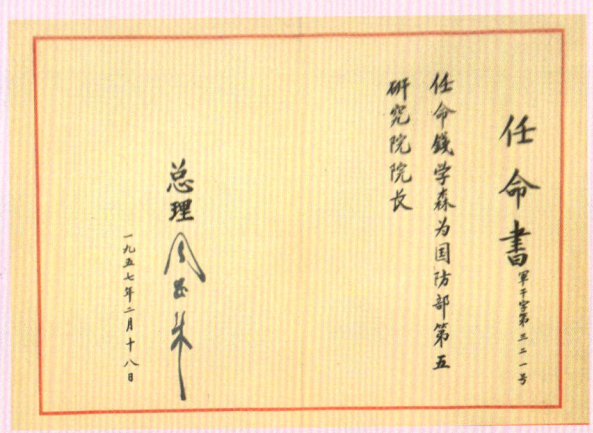

1957年2月18日周恩来总理签署的任命书,任命钱学森为国防部第五研究院院长

钱学森的教育思想

2009年钱学森去世后,"钱学森之问"成为中国教育界有识之士关注的焦点。这位杰出的科学家提出的一个问题震撼了国人——"为什么我们的学校总是培养不出杰出人才?"这个问题引起上至国务院总理下至普通学生的深思。

钱学森非常重视教育。他提出的"现代科学技术体系"包括所有通过人类实践认知的学问。这是个活的体系,是在全人类不断认识并改造客观世界的活动中发展变化的体系。随着社会的发展、科学的进步,这个体系不仅结构在发展,内容也在充实,还会不断有新的科学部门涌现。他也提出了人才必备的几项素质:(1)熟悉科学技术的体系,熟悉马克思主义哲学;(2)理、工、文、艺结合,有智慧;(3)熟悉信息网络,善于用电子计算机处理知识。

钱学森一贯坚持专业教学应把基础理论、技术科学、应用技术统一起来;要充分利用计算机、信息网络,人机结合,优势互补;还要重视学生的品德与精神教育。因此,要靠伟大的科学精神和崇高品德的教育与熏陶,要靠自觉地追求真理的兴趣与激情,要靠人在与计算机优势互补中对知识的有效集成与积累,要靠在社会实践中长期的锻炼,才可能培养出真正高端的智慧人才。

人生疑。

但钱学森力排众议,坚决认为中国应重点发展导弹。理由是:从攻击、防御的角度看,导弹的性能均比飞机要优越。更重要的一点在于:掌握或开拓导弹技术并不见得比飞机更难——导弹使用的是一次性材料,飞机则不然,它对燃料、发动机以及结构材料等都有着特殊的要求。而发展导弹技术,可暂时撇开上述需要长期经验积累才能解决的技术难题不管,专攻"制导"这一在短期内易于突破的课题……钱学森的具有真知灼见的分析自然为许多人(包括领导人)所接受,于是,一个重大战略决策就确定下来了。

几乎与此同时,钱学森向毛泽东主席提交《建立我国国防航天工业的意见书》,提出了我国国防建设,尤其是航空工业的建设蓝图。同年,国务院、中央军委根据他的建

议,成立了导弹、航空科学研究的领导机构——航空工业委员会。

1960年,我国第一枚自主研制的近程导弹发射成功;1964年,我国研制的第一颗原子弹爆炸成功;1967年又爆炸成功第一颗氢弹。由于钱学森回国效力,中国导弹、原子弹的发射进程至少向前快进了20年。

1965年,钱学森正式向国家提出报告和规划,建议把人造卫星的研究计划列入国家任务。1970年,我国把"东方红一号"人造卫星送上了天。

鉴于钱学森长期担任火箭导弹和航天器研制的技术领导职务,对中国火箭导弹和航天事业的发展做出了重大贡献,1991年,国务院、中央军委授予他"国家杰出贡献科学家"荣誉称号和一级英雄模范奖章;1999年,中共中央、国务院、中央军委授予其"两弹一星功勋奖章"。

创新启示 🚩

钱学森堪称"战略科学家"。除了自己的专业,他还终生潜心于研究工程控制论、系统工程理论,涉足自然科学和社会科学的多个领域。他的传奇经历和杰出成就向我们昭示:明智、正确的决断源自理性严谨、求真务实的科学精神,也离不开正确的思想方法。

试管婴儿之父 —— 爱德华兹

罗伯特·爱德华兹（Robert G. Edwards, 1925—2013），英国生理学家。早年先后在英国威尔士大学、爱丁堡大学学习生物学，于1955年获得生物学博士学位。1958年，他进入英国医学研究院，开始在生殖医学领域的研究。从1963年起，他在剑桥大学供职，并与帕特里克·斯特普托伊研发出体外受精技术，即试管婴儿技术。他们还共同创立了全球首个体外受精研究中心——伯恩霍尔生殖医学中心。

新生命的到来是具有重大意义的事件,对于一个家庭而言,意味着家族的延续;对于人类历史而言,意味着种族的繁衍。

新生命是如何诞生的?对于这个问题,英国胚胎学家爱德华兹和妇科学家斯特普托伊进行了颠覆传统的解答。爱德华兹一直致力于人类卵细胞发育、激素调节作用、精子"激活"等基础研究,而斯特普托伊则着手研究腹腔镜手术技术。1968年,拥有不同专业特长的两个人开启了跨专业合作之路,共同开拓一个关乎新生命奇迹的全新领域。他们从人体卵巢组织培养出成熟的卵细胞,然后在培养液中加入精液。透过显微镜,他们观察到:正好一个精子钻进一个卵细胞,人卵体外受精成功了!1975年,他们把一个人工胚胎成功地植回母体,但没能成功发育,以流产告终。

1976年,一对婚后长期不孕的姓布朗的夫妇找到了他们,请求帮忙治疗。精心准备后,他们先从布朗夫人的卵巢中取出卵细胞,在实验室中用布朗先生的精子进行体外受精。受精卵在培养液中培养到胚胎阶段时,再移植到布朗夫人的子宫中。1978年的夏天,布朗夫人产下了世界上首例试管婴儿,一个健康的女婴,路易丝·布朗。

路易丝的诞生轰动了全世界,这标志着人类体外受精技术的成功,科学技术的进步进入了一个新时代。然而,一些尖刻的舆论却谴责爱德华兹采用"一项没有人性和损害人之生命尊严的技术",扭曲了人类生殖的核心意义,削弱了历久弥珍的人与人之间的关系。

的确,试管婴儿的横空出世给传统的家庭伦理关系带来了不小的冲击。根据配子来源、受精场所和妊娠场所这3个变量的相互组合,试管婴儿可以有16种非自然的生殖方式。其中最微妙的一种情况是,一个孩子可能有5个父母:提供精子的"遗传学父亲"、提供卵子的"遗传学母亲"、十月怀胎的"代理母亲"、养育孩子的"社会学父亲"和"社会学母亲"。这当中关系之复杂,责任、权利与义务界定之困难,不言而喻。

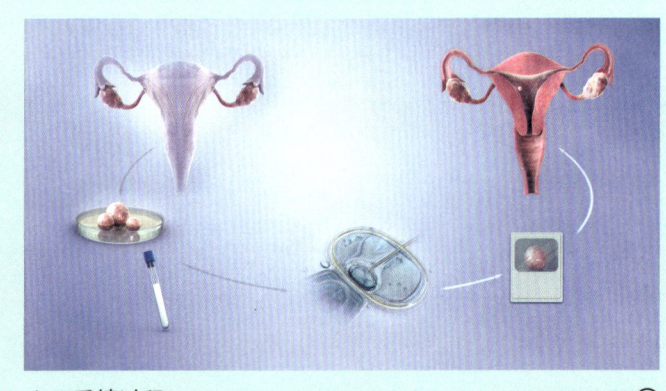

人工受精过程

"真是不可思议"

爱德华兹研究体外受精技术路途坎坷。在1971年于华盛顿召开的一场有关生物医学道德规范的研讨会上，DNA的发现者之一、1962年诺贝尔生理学或医学奖得主詹姆斯·沃森严词批评爱德华兹研究体外受精将会使屠杀婴儿成为必要。而爱德华兹则用热情和激情详细描述了研究的目的和手段，并且赢得了热烈的掌声。他说服反对者的道理很简单："人一生中最重要的事情是孩子，孩子是人生中最特别的礼物。"

爱德华兹研究体外受精的巅峰时刻是1978年，那是第一个试管婴儿路易丝·布朗出生的年份。路易丝的母亲当时为了躲避媒体，不得不在一处秘密地点分娩。后来加入爱德华兹研究团队的埃尔德回忆说："那是多么可怕的时刻，当时媒体认为，即将有可怕的怪物出生，人们认为，篡改人类规律不合道德且不受欢迎。"而天主教会则指责他们是"纲常伦理的叛逆者"。

2008年，路易丝迎来30岁生日。爱德华兹参加庆祝，表达了自己的荣誉感。

"真是不可思议，"爱德华兹当时对路易丝的父母说，"我走遍全球，我告诉人们，路易丝的家庭是那么平凡的一个家庭，他们不是什么诺贝尔奖得主或者其他显贵，他们是那么普通。"

此外，如果没有严格的法规、制度约束，一旦精子或卵子被频繁采集和过度使用，就有可能导致借助捐赠精子或卵子生育的后代之间近亲婚配的机会增大，引起遗传疾病发病率的上升；而如果在"代孕"过程中出现意外或冷冻受精卵的提供者双双离开人世，诸如此类的一系列问题也都会给道德、法律、伦理和社会管理带来严峻的挑战。

尽管如此，人们现在还是越来越倾向于从积极的方面来看待人工生殖技术的发展。事实上，自路易丝·布朗出生以来，全球已有约400万个人类生命拜试管婴儿技术之所赐而得以降临人间。如今，试管婴儿技术已经走过三代：体外受精-胚胎移植技术、卵子胞浆内单精子显微注射技术、胚胎移植前基因(遗传学)诊断技术；而且，已然超越了单纯解决不孕不育问题的范畴，正向着规避遗传疾病、实现优生优育的更高层次迈进。

爱德华兹的贡献使治疗不育症成为可能，包括全球超过10%的夫妇在内的人类因此获益匪浅。在爱德华兹的引领下，对体外受精疗法的研究获得了许多重要发现，一门新医学领域也由此得到拓展。

2010年10月4日，瑞典卡罗林斯卡医学院宣布，将2010年诺贝尔生理学或医学奖授予英国生理学家罗伯特·爱德华兹，以表彰他在开创体外受精技术方面做出的成就。因为健康原因，85岁的爱德华兹在获奖的第一时刻已无力接受众多媒体的追逐采访。有人就此调侃说，人生的戏剧性莫过于此：数十年前，伦理抨击四方而来；现如今，媒体的追逐让他无处藏身。

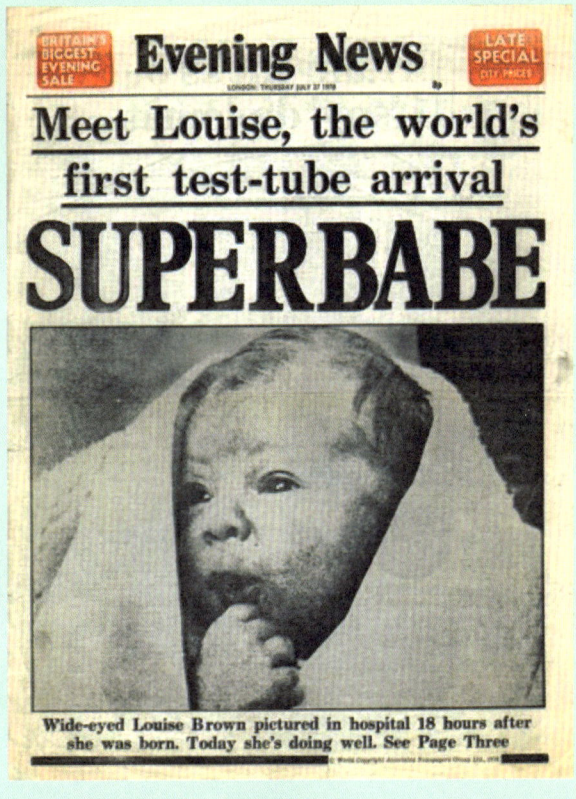

当年报纸报道路易丝·布朗出生

创新启示 🚩

试管婴儿技术的兴起给众多不孕不育家庭带来了希望，帮助他们实现了生育梦想。敢为人先的爱德华兹几经磨难，受尽有关伦理道德的各种指责，仍矢志不渝地坚持体外受精技术的研究。他的贡献在现代医学史上又树立了一座丰碑。

普林斯顿的「幽灵」
纳什

小约翰·福布斯·纳什(John Forbes Nash Jr,1928—2015),美国数学家。出生于美国西弗吉尼亚州的布鲁菲尔德市。父亲做过电子工程师和教师,母亲曾做过教师,结婚后即辞去公职,成为一名家庭主妇。纳什最初在卡内基理工学院(如今的卡内基大学)学化学,后来改学数学,并在普林斯顿大学获得博士学位。1950年,纳什进入兰德研究所工作,后来任教于麻省理工学院和普林斯顿大学。1994年获得诺贝尔经济学奖。

纳什的一生实在是太奇妙、太富有戏剧性了。

让我们从1958年讲起。这一年,由于纳什在博弈论、代数几何学和非线性理论方面取得的成就,《财富》杂志推举他为同时活跃在纯粹数学和应用数学两个领域的新一代天才数学家中最杰出的人物。他本人也被麻省理工学院赋予教职,还与他美丽优雅的学生艾利西亚结为连理。然而,就在这人生幸福的巅峰,悲剧发生了。

当1959年的新年钟声刚刚敲响的时候,麻省理工学院的教师们已经明显地感觉到,原本就以古怪、傲慢著称的那个天才数学家纳什越来越不对劲了。在失踪两个星期之后,无精打采的纳什来到学院休息室同事的身边,神秘兮兮地指着手中的一份《纽约时报》说,来自外太空或外国政府的抽象力量正在通过《纽约时报》跟他进行交流;还说他收到的是只给他一个人的信息,已经用密码加密,需要经过精密的分析才能看出来;而现在他已得到许可,可以和整个世界分享这些秘密。

随后,他又声称,按照计划,他将出任南极洲皇帝。几乎与此同时,纳什还给驻华盛顿的各国大使馆去信,声称自己正在组建一个世界政府,想跟大使们谈谈,以后还要跟各国首脑们磋商。在1962年夏末发病最厉害的时候,纳什甚至还给母校普林斯顿大学寄去让其转给毛泽东的一张明信片,上边只用法语写了一句有关三重切平面的神秘评语。

被诊断患了妄想型精神分裂症的纳什处于疯癫状况,多次被强制送进精神病医院。难得的是,艾利西亚在飞来横祸面前却保持了非同寻常的沉着和耐性,她知道自己可以给予纳什一些他不能从医生那里得到的东西。

普林斯顿大学数学系

普林斯顿大学对纳什也十分关照。求学在普林斯顿,生活和养病在普林斯顿,纳什是幸运的。他的康复可以说是一种渐进式的改善。人们注意到,这个被精神疾病折磨了许多年的"普林斯顿的幽灵"竟然去听学术讲座了,能够跟人讨论学术问题了,可以编写电脑程序了。

1994年10月12日中午时分,瑞典皇家科

纳什靠什么获诺贝尔奖？

纳什由于对非合作博弈理论中的均衡问题进行了开创性分析，与哈尔萨尼和泽尔膝分享了1994年的诺贝尔经济学奖。

博弈论是深刻理解经济行为和社会问题的基础。纳什在1950年和1951年发表了两篇关于非合作博弈的论文，确立了"均衡"的重要概念。所谓"纳什均衡"，是这样一种策略对局形势：其中没有任何局中人可以因为单独改变自己的策略而获利。纳什获得诺贝尔经济学奖，就是基于这两篇论文。把上述思想应用于现实经济、政治等境况，可以得出许多有益的结果，加深对于人们的社会行为的认识。

学院金碧辉煌的会议厅内，到处都是记者和摄影队。此时，场面已经有些混乱，因为大家翘首以盼的本年度诺贝尔经济学奖迟迟没有揭晓。按照惯例，诺贝尔奖记者招待会总是在正式投票之后举行，而且永远准时——在11点半钟开始。

今天是怎么了？一直也没有人出来解释，这样的事情以前可从来没有发生过。记者们猜测，一定是在获奖人选上出现了意见分歧。

其实，此前一年的夏天，关于诺贝尔经济学奖可能落在博弈论领域的传言就已经到处蔓延，候选人还可以列出好几个。后来获知，经济学评奖委员会当时确已在一个问题上达成了共识，即希望将1994年的诺贝尔经济学奖授予博弈论领域的学者。因为这一年正好是冯·诺伊曼与摩根斯膝合著的《博弈论和经济行为》出版50周年。自该书问世以来，博弈论经过学者们的进一步发展完善，给现代经济学带来了深刻的变革和影响，成为工商界能够"图利"的一门学问。而纳什正是博弈论领域中的一个佼佼者，早在20世纪80年代中期，他的名字就已经出现在一份诺贝尔经济学奖候选者的名单中。

博弈论研究的是人们的策略互动行为，即在直接相互作用时的决策以及决策的均衡问题。博弈论认为人是理性的，即人人都会在约束条件下最大化自身的利益；人们在交往合作中有冲突，行为互相影响，而且信息不对称。现在人们所说的博弈论，一般指非合作博弈论。"囚徒困境"是一个典型的非合作博弈的例子：警察抓捕了两个犯罪嫌疑人,将他们分别关在两个独立的审讯室里。如果只有一个嫌疑人承认罪行,那么这个承认者会被无罪释放,另一个否认罪行的嫌疑人则被判刑5年;如果两人都认罪,他们将分别被判刑3年;如果两人都不认罪,则警察将因为证据不足而让他们无罪释放。虽然两个人彼此合作,均拒不认罪,便可得到最优结果,双双脱罪,但

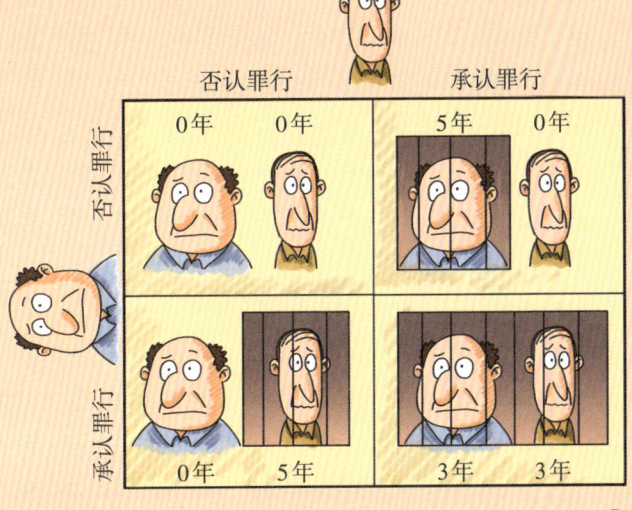

"纳什均衡"会导致两个嫌疑人同时认罪。在现实生活中,非合作博弈比合作博弈更为广泛。正因为如此,纳什的成果被广泛应用于经济学、政治学、社会学等领域。

10年一晃而过。这一次,经济学评奖委员会又开始考虑纳什了。然而,具体讨论时,委员会内部出现了尖锐、对立的意见。反对者称,纳什的贡献是在很久以前做出的,而且,数学味道太重。更关键的一点在于,他还是一个心智不正常的精神病患者,他能不能应付颁奖典礼那个大场面也很值得怀疑。

那天下午1点钟左右,记者们终于从科学院秘书长宣读的新闻发布稿中听到了这么一段话:"……小约翰·福布斯·纳什,普林斯顿大学,新泽西州……"

创新启示 🚩

纳什的非合作博弈理论从一个全新的角度考察博弈问题,为博弈论发展成为一门成熟的学科做出了创始性的贡献。他从小就喜欢进行深度的思考,对那些极其复杂、难以解决的问题冥思苦想、锲而不舍。他不满足于简单地得到结果,而是努力将事物与自己熟悉的东西联系起来,尝试采用各种不同的方式做事情,从中选择最佳的方式。

以一本书创立一个学科

威尔逊

爱德华·威尔逊（Edward O. Wilson,1929— ），美国生物学家、博物学家，社会生物学的奠基人。出生于亚拉巴马州伯明翰，1949年毕业于亚拉巴马大学，1955年获哈佛大学生物学博士学位。1975年出版了著作《社会生物学》。他还建立了岛屿生态地理学，是最早宣传"生物多样性"概念的人之一。他的《论人性》和《蚂蚁》均获得了普利策奖。他还撰写了《昆虫社会》《生命的未来》等著作。1996年，威尔逊被《时代》杂志评为对当代美国影响最大的25位美国人之一。

人的行为像所有其他动物一样具有适应性,用生物学家的话来说,这意味着其特征是由基因决定的;基因在决定人类的行为方面起着重要的作用;人类各种行为的遗传成分都有其进化的基础……1975年,上述这些"离经叛道"的生物学"新论"第一次出现在威尔逊的皇皇巨著《社会生物学》及随后的一些相关论述中,旋即引起了巨大的争议和风波。

威尔逊其人不同寻常。他在7岁时遭遇了父母离异和右眼失明的双重打击,可他却乐观地觉得,独眼使他更专注于观察小动物。他说:"我比其他孩子更关注蝴蝶和蚂蚁,不由自主地喜欢它们。"他9岁时开始搜集昆虫,长大后,蚂蚁成为他的主要研究对象。他对蚂蚁进行分类,研究蚂蚁群体如何沟通、如何演化,从而开创了社会生物学这一全新的学科领域。

《社会生物学》整合了动物行为学、进化论、群体生物学等学科的思想,对社会性动物的社会行为和社会结构进行了系统性的探讨,并将该理论应用于人类社会,用以解释人类行为、社会组织、性别分工,甚至人类的文化、伦理和宗教等。该书一出版,美国《科学》杂志便对它进行了介绍,《纽约时报》则称它"具有革命性的含义"。

1977年8月1日,社会生物学登上美国《时代》杂志封面。11月22日,威尔逊从卡特总统手里接下了褒扬他对这门新学科贡献的美国国家科学奖。

然而,两个月后,在美国科学促进会于华盛顿所举行的年度会议上,当威尔逊正准备发表演讲时,一个示威者冲上讲台,把一罐冰水倒在了他头上……据知,这次"湿身事件"是迄今为止近代美国史上科学家仅仅因为表达某个理念而遭到身体攻击的唯一一宗案例,尽管攻击的程度很轻微。

威尔逊的磨难不止于此。

"湿身事件"前后,他的一些同行、同事乃至朋友也纷纷向他发动"攻击"。勒沃汀和古尔德是其中最著名的两位。他

《社会生物学》封面 ①

"政治白痴"与"过街老鼠"

从某种程度上说，社会生物学真正的学科意义被带有意识形态色彩的争论掩盖了。威尔逊坦言："在1975年的时候，我可以说是个政治白痴。"他称自己对意识形态一点儿都不感兴趣，也为批评者认定他一定怀有某种政治动机而抱屈。

在来自四面八方的攻击甚嚣尘上，以致平日里熟悉的同事都对他避之唯恐不及的时候，威尔逊也忍不住怀疑起自己来："我把社会生物学这个主题扯上人类行为，是否犯了某个推理上的致命大错？"多年以后，他这样描述自己的处境："当时我想到，我正面临被贬为贱民的危机——被认为是一个差劲的科学家以及社会上人人喊打的过街老鼠。"

让威尔逊感到欣慰的是，近十几年来，行为遗传学和神经生物学的研究已提供了大量的证据，足以证明至少人的某些行为是受遗传因素影响的。而且可以推断：遗传因素必定经由长期进化形成，如此一来，用进化论解释人的本能行为的缘由，就没有什么说不过去的了。

们宣称人类社会生物学不仅缺乏足够的证据来支持，同时还具有政治上的危险性，进而指责威尔逊是为一个旧的诡计提供一个新样本，"是按阶级、种族或性别为某些群体的统治现状和既得特权提供一种遗传辩护"。

而当时正值美国民权运动高涨时期，人们不能不想到，这种有遗传决定论嫌疑的理论曾为美国在1910年到1930年之间颁布绝育法和限制性移民法律，同时也曾为那些导致纳粹德国建立毒气室的人种优化政策提供过重要的基础。因此，在人权活动家看来，威尔逊是种族主义者、社会达尔文主义者；又由于威尔逊认为男女的行为差别由遗传决定，所以女权活动家毫不客气地给他扣上了"性歧视主义者"的帽子；右翼保守分子也同样没放过威尔逊，因为他居然认为进化论可以解释宗教、道德的起源……

威尔逊承认，《社会生物学》之所以"恶名昭彰"，主要在于它的混合特性，尽管其本意不过是试图为人类行为的起源提供一个进化论的解释。他自己做过总结，批评者主要反对的是他们所看到的两个所谓的严重缺陷：第一个是不合时宜的还原论，即认为最终可以将人类的行为还原到生物学中去理解；第二个缺陷就是遗传决定论，即相信人类的基因决定了人类的本性。

威尔逊给社会生物学所下的定义是"有关动物社会行为与复杂社会组成这两者的生物学基础的系统研究"。在他看来,社会生物学的"目的"在于获得关于整个社会的生物特征的普遍原理。就人类而言,社会生物学的任务就是从进化意义上科学地解释人类行为的起源与进化的生物学机制。

1981年,威尔逊与拉姆斯登合作出版了《基因、心灵与文化》一书,将发展心理学、认知科学与人类社会生物学相结合,确认了激发基因向上转译到文化的机制,并评估了新型文化模式中心灵基因的进化属性,指出人性既不是任意的,也不是注定的。

《基因、心灵与文化》封面

对生命世界的着迷与热爱贯穿着威尔逊的一生。晚年的他仍致力于创造生物学与社会科学之间的知识大融通,圆自己的伟大整合之梦。

创新启示 🚩

威尔逊一直在努力尝试从进化意义上科学地解释包括人类行为的起源与进化在内的生物学机制,实现生物学与社会科学的伟大整合。严格的实地调查、非凡的观察视角和精湛的思考洞见促成了他辉煌的学术伟业。

创造者

"创造者"大体囊括了在人类历史上产生过重要影响的发明家和艺术家。他们通过自己的创造性思维,为人类社会奉献了光耀千古的精品杰作。这部分内容重在鼓励青少年读者展开想象的翅膀,激发创造的力量。

达·芬奇 书写科学与艺术的传奇

　　列奥纳多·达·芬奇（Leonardo Da Vinci, 1452—1519），意大利画家、科学家。出生于佛罗伦萨附近的安奇亚诺。他的父亲是佛罗伦萨有名的公证人，家庭殷实。达·芬奇的童年是在祖父的田庄里度过的。14岁时前往佛罗伦萨拜师学艺。他博学多才且颇具科学素养，在数学、力学、天文学、光学、植物学、动物学、人体生理学、地质学、气象学以及机械设计、土木建筑、水利工程等方面都有不少创见或发明。达·芬奇与米开朗琪罗、拉斐尔并称"文艺复兴三杰"，尤以《最后的晚餐》和《蒙娜丽莎》等画作驰名。

1452年4月15日夜里10点半，在意大利佛罗伦萨的芬奇小镇的一个公务员世家，达·芬奇呱呱坠地。幼年时代的达·芬奇跟爷爷、奶奶，还有疼爱他的叔叔生活在乡间，与蜥蜴、萤火虫、小鸟等小动物为伴。他依着自己的天性用左手反向写字，常常醉心于抽象的数字组合及奇妙的几何形态。渐渐地，他爱上了佛罗伦萨的文化、艺术、诗歌和音乐，并展现出了最初的绘画天赋。

看到达·芬奇在没有任何老师指点的情况下创作了不少绘画和小型雕塑作品，他的父亲十分惊喜，意识到应该就着他的天分给予他充分发展，于是便带着14岁的儿子去找好友、佛罗伦萨很有人气的画师韦罗基奥拜师学艺。

"全能艺术家"韦罗基奥带出的一些学徒后来成了文艺复兴时期最杰出的一批艺术家。在他的画坊里，自由探索、交流的气氛浓郁，各种艺术思想相互碰撞，达·芬奇学到了许多东西，还参与了一些艺术作品的创作，并且涉猎了许多与绘画相关的知识。

1478年，26岁的达·芬奇自立门户，成为独立的艺术家。在从事绘画、雕塑和建筑设计工作之余，他沉迷于各种机械装置，并埋头研习机械原理和机械设计。

达·芬奇不断地从解决实际问题中学习和掌握知识。为了认识人类自身，他亲自解剖了几十具尸体，观察人体的肌肉和骨骼的构造，研究人体在各种姿势下肌肉骨骼的变化，并且绘制了人体解剖图。

他一度还专注于光学与透视法研究。他随身携带的记事本记录了许多研究思绪和技术梦想。他在笔记中写道："画家应该研究普遍的自然，就眼睛所看到的东西多加思索，要运用组成每一事物的类型的那些优美的部分。用这种办法，他的心就会像一面镜子，真实地反映面前的一切，就会变成好像是第二自然。"

受到鸟类飞行的启发，达·芬奇产生了设计带机翼的飞行器的念头。为此，他研究过鸟的飞行，分析鸟在张开翅膀时每一根羽毛的秩序。在1482年至1514年

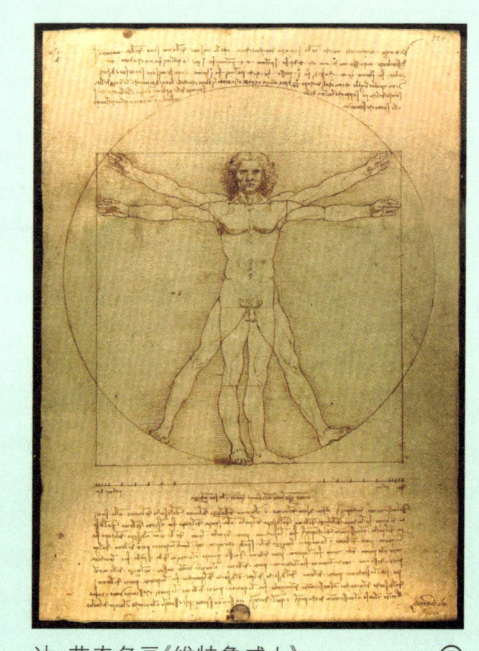

达·芬奇名画《维特鲁威人》

超越时代的设想

无论是在艺术领域,还是在自然科学领域,达·芬奇都取得了惊人的成就。他的眼光与科学知识水平超越了他的时代。

达·芬奇被公认为人类飞行科学重要的先行者、第一个运用科学知识对飞行问题进行研究的人。他一直梦想着能够飞起来,并相信鸟类有飞行的秘密,而这秘密人类是能够复制的,总有一天,人类可与鸟类在空中争雄。

他曾写道:"一只鸟,就是一具依据数学定理而运转的器械……由人来制造这样一种器械,除了鸟的生命之外,什么都不缺少。所以,仅须由人的生命去替代鸟的生命变成。"为此,他研究过鸟的飞行,分析鸟在张开翅膀时每一根羽毛的秩序。在1482年至1514年之间,他设计出了许多飞行器械,包括滑翔机、直升机和降落伞的雏形。他在笔记本里留下的许多草图和文字记录成为人类以后研究飞行的重要基础。

之间,他设计出了许多飞行器械,包括滑翔机、直升机和降落伞的雏形。他被公认为人类飞行科学重要的先行者、第一个运用科学知识对飞行问题进行研究的人。他一直梦想着能够飞起来,并相信鸟类有飞行的秘密,而这秘密人类是能够复制的,总有一天,人类可与鸟类在空中争雄。

达·芬奇还阅读了许多文学作品,尤其喜爱警句和俏皮话。有时在一些公共场合,他会故意讲些俏皮话或笑话,让听众哈哈大笑,他则借机用画笔记录下各色人等的笑相。每当遇到长相怪异的人,他总会跟踪观察,将其描摹下来。

对达·芬奇来说,科学与艺术是密不可分的。他注意到,远观时的物体,其阴影不如近瞧时清晰,轮廓也不那么清楚。因此,他建议美术家考虑这一微妙的现象,以求在表现自然景物时得到更准确的效果。针对阴影的这一特性发明的表现方法就是晕涂法(又译"晕染法""渲染层次法"),意大利原文是"sfumato",意为"化为烟气"。达·芬奇将晕涂法这一技巧发挥到极致,便诞生了《蒙娜丽莎》,从而给一个无名的年轻妇人创造出了一种淡雅朦胧的意境和永恒的神秘气氛。

达·芬奇与米开朗琪罗、拉斐尔并称"文艺复兴三杰"。他的兴趣爱好十分广泛,想要了解万事万物如何运作,以及所有事物如何互相关联,这些成为他创作灵感的源泉。后世的人们把达·芬奇看成"人类智慧的象征"。

临终前,达·芬奇将自己所有的绘画作品和大量手稿,都托付给了他最钟爱的学生梅尔兹。梅尔兹感慨道:"达·芬奇的死,对每一个人都是损失,造物主无力再造出一个像他那样的天才了。"

达·芬奇的大多数著作和手稿(包括他对诸多机械装置

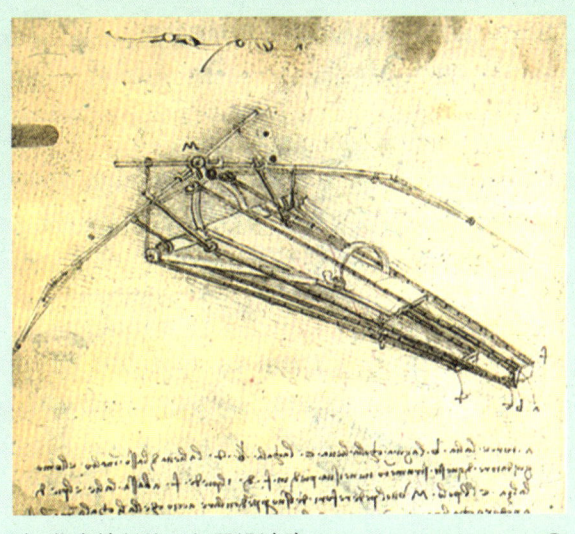

达·芬奇绘制的飞行器设计稿

的研究笔记和草图)直到他逝世多年后才被世人发现。无论是在艺术领域还是在自然科学领域,达·芬奇都取得了惊人的成就。他的眼光与科学知识水平超越了他的时代。

就此,英国科学史家丹皮尔评价达·芬奇说:"如果他当初发表他的著作的话,科学本来一定会一下子就跳到一百年以后的局面的。猜测这种情况对于人类的学术与社会进步的影响自然毫无用处,但是,我们可以万无一失地说,如果真有这种情况发生的话,人类的学术和社会演变一定都会大不相同了。"

创新启示 🚩

达·芬奇是一个善于观察、思考和研究的多面手。他最早将艺术与科学相融合,运用光学透视法、人体解剖学和几何数学等科学方法进行艺术探索实践。如果说,他杰出的成就乃是以他自己为范例,证明追求"美"和追求"真"这两者并非不相容,那么,他究竟是一位研究艺术的科学家,还是一位研究科学的艺术家呢?

瓦特
工业革命的助推者

  詹姆斯·瓦特(James Watt，1736—1819)，英国机械师、发明家。出生于苏格兰格拉斯哥市。父亲是造船装备工人，后来经商。母亲来自一个贵族家庭并受过良好的教育。瓦特童年时在父亲做工的工厂里学到了许多机械制造知识，后来到一家钟表店学手艺。

  1781年，瓦特制造了从两边推动活塞的双动蒸汽机，提高了蒸汽机的热效率和运行可靠性。1785年，他因对蒸汽机改进做出重大贡献而被选为英国皇家学会会员，并当选法兰西科学院外籍院士。后人为了纪念他，将国际单位制的功率单位定为"瓦特"，常用符号"W"表示。

1790年，经过进一步改进后的瓦特蒸汽机被广泛投入使用，产业革命进入了一个新的高潮。

　　瓦特的祖国英国成为产业革命的发祥地，绝非偶然。英国在历史上的发展，通常被看作是一个经典的资本主义发展的模式。这个"日不落"帝国确实也有着太多骄人的荣耀：第一个实现工业化的国家，最早出现资产阶级政党的国家，第一个西方资本主义的民主国家，还有"海上霸主""世界工厂"等称号。它在近代自然科学的发展中亦占有重要的地位，并且留下了深深的足迹。

　　在产业革命发生以前，哥白尼提出了"日心说"，开普勒发现了行星运动的三大规律，牛顿发现了万有引力定律。肇始于英国的产业革命实际上是工业技术革命，其标志是以机器代替人力，以大规模的工厂生产代替个体工场手工生产。它使整个社会的生产力和生产关系均发生巨大的变革，人类社会由此进入了一个全新的时期。恩格斯在其名著《英国工人阶级的状况》中这样写道：

　　英国工人阶级的历史是从18世纪后半期，从蒸汽机和纺纱机的发明开始的。大家知道，这些发明推动了产业革命。而产业革命在引起经济变革的同时发生了社会革命，因为它引起了市民社会的全面变革。这场革命在世界历史上的真正意义只是到现在才开始被认识清楚。

瓦特蒸汽机　　　　　　　　　　　　　　　　　　①

瓦特"发明"蒸汽机的传奇

根据瓦特的一位表妹所讲述的故事，瓦特似乎在很小的时候就对蒸汽着迷。有一天晚上，瓦特和他的婶婶米尔黑德太太一起坐在茶桌旁，他婶婶对他说："瓦特，我从来没有看到过像你这么懒的小孩。拿着一本书，无所事事，整整一个钟头一句话也不说。不停地掀开茶壶的盖子又把它盖上，一会儿拿杯子，一会儿拿银调羹放在蒸汽上，看着它怎么从壶口喷出来，还把蒸汽凝成的热水滴收集起来。这样浪费自己的时间，你不觉得害羞吗？"这可能就是瓦特传奇的一个源头。

瓦特在回忆自己产生创造性灵感时则是这样说的："那是一个晴朗的星期天下午，我出去散步，从察罗托街尽头的城门来到了草地上，走过旧洗衣店。那时，我正在继续考虑蒸汽机的事情，然后来到了牧人的茅舍。这时，我突然想到，因为蒸汽机是具有弹性的物质，所以能够冲进真空中。如果把汽缸和排气的容器连接的话，那么蒸汽猛然冲入容器里，就可以在不使汽缸冷却的情况下使蒸汽在容器中凝结了吧！当这些想法在我的头脑里考虑成熟的时候，我还没有走到高尔夫球场。"

是的，只在不到三代人的时间内，一场史无前例且影响深远的革命就改变了一个国家的面貌。从那以后，世界也变了样——工业革命使人类从农夫、牧羊人变成了由非生命的能量驱动的机器的驾驭者。

有关瓦特因看到水壶壶盖被蒸汽掀动而受到启迪发明蒸汽机的故事，在世界范围内流传甚广，这完全可以肯定纯粹是编造的。实际上，瓦特打算制造自己的蒸汽机的想法，是在他修理他的同胞纽科门发明的一台原型蒸汽机时产生的。

这种蒸汽机早在此前50多年就问世了，而且仅英格兰就已经制造了100多台。它有两大缺点：活塞动作不连续而且慢；蒸汽利用率低，浪费原料。瓦特的贡献在于改进和革新，使蒸汽机更为有效，功率更大。其中一个专利权是"一种新的在火力发动机中减少蒸汽和燃料消耗的发明方法"。在19世纪初期从英国开始的工业革命中，瓦特的蒸汽机起着核心的作用，后来被推广到欧洲大陆和美国。

瓦特不管是在他生前还是死后，都得到了社会的承认与认同。瓦特的发明和革新

劳德绘制的瓦特改良蒸汽机图

彻底改变了我们的生活。蒸汽革命给整个工业带来的进步是不可估量的。在瓦特的讣告中,人们对他发明的蒸汽机有这样的赞颂:"它武装了人类,使虚弱无力的双手变得力大无穷,健全了人类的大脑以处理一切难题。它为机械动力在未来创造奇迹打下了坚实的基础,将有助并报偿后代的劳动。"

创新启示

作为第一次工业革命的重要人物,瓦特对纽科门蒸汽机进行了改良,通过在汽缸外加冷凝器,制作双冲程、双动蒸汽机等方法,使蒸汽机的效率成倍提高,成为具有实用价值的机器,广泛应用到纺织、冶金、采矿、运输等工业活动中,从而引发了一场技术革命,带来了人类社会的巨大变革。

诺贝尔
向大自然索取动力

阿尔弗雷德·伯纳德·诺贝尔（Alfred Bernhard Nobel，1833—1896），瑞典发明家、化学家、企业家。出生于斯德哥尔摩，父亲是一个技师，母亲是淋巴管的发现者鲁德贝克的后裔。他从小主要受家庭教师的教育，1850年赴法国巴黎学习化学。1867年，诺贝尔发明了安全炸药，取得了多项专利，并兴办了许多工厂、实业。他用自己的全部遗产设立了以自己名字命名的奖励基金，成为举世瞩目的最高科学大奖。为纪念诺贝尔，102号元素锘（Nobelium）就是以他的名字命名的。

1864年9月3日这一天,诺贝尔离开他设在斯德哥尔摩海伦坡的实验室,进城去会晤一位对炸药极感兴趣的瑞典富翁。他最小的弟弟埃米尔像往常一样,在实验室里协助化学师净化甘油。不知什么缘故,实验室突然着火了,接着是雷鸣般的一声爆炸。转眼之间,实验室化作一片废墟,埃米尔与另外4人全都送了命。

这起严重的爆炸事故引发了全城骚动和周围居民的恐慌。警察局调查、检察官传唤,闹得沸沸扬扬,一时间谣言四起,人们竟相信诺贝尔家族倒腾的那种不安全的新炸药一旦"发作",就会把整个城市送上天。

在巨大压力之下,诺贝尔只好把设备转移到斯德哥尔摩附近的马拉伦湖,在一只船上试验制造硝化甘油。此前不久,他刚刚发明用雷管来引爆硝化甘油并取得了专利权。他一直在探索并深信完全有可能解决硝化甘油不稳定的问题。

接下来的日子里,诺贝尔在反复试验中发现:用一些多孔的木炭粉、锯木屑和硅藻土等吸收硝化甘油,能减少容易爆炸的危险。随后,他用一份重的硅藻土去吸收三份重的硝化甘油,第一次制成了运输和使用都很安全的硝化甘油工业炸药。这就是诺贝尔安全炸药。

为了消除人们对硝化甘油炸药的怀疑和恐惧,诺贝尔于1867年7月14日在英国的一座矿山做了一次实验:他先把一箱安全炸药放在一堆木柴上,点燃木柴,结果,这箱炸药没有爆炸;他再把一箱安全炸药从大约20米高的山崖上扔下去,结果,这箱炸药也没有爆炸;然后,他在石洞、铁桶和钻孔中装入安全炸药,用雷管引爆,结果获得了完全的成功,打消了人们的顾虑。

不久,诺贝尔建立了安全炸药托拉斯,向全世界推销这种炸药。人类由此结束了手工作坊生产黑色火药的时代,进入到安全炸药的大工业生产阶段。矿山开发、河道挖掘、铁路修建及隧道的开凿,安全而又有效的烈性

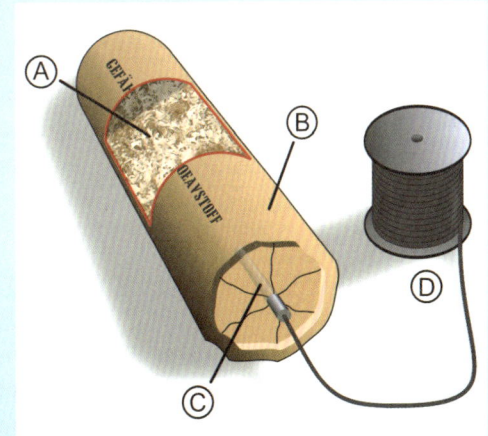

硝酸甘油炸药(Dynamite)示意图。A.浸泡了硝酸甘油的木屑;B.保护层;C.雷管;D.连接到雷管的电线

"诺贝尔奖崇拜"

很久以来，诺贝尔奖一直是唯一得到公众广泛承认的科学奖项。发展到今天，它享有高出人们想象的声望。它有某种光环，虽然曾经出现过科学和科学家不受信任或者不受尊重的情况，但是人们对诺贝尔奖的迷恋却从未减弱过。

按说，当某人获得了诺贝尔奖，他的名字就被载入不朽的史册中了。然而，这不是诺贝尔委员会做的，更不是诺贝尔做的。诺贝尔并未打算挑选出最伟大的科学家、最伟大的智慧。他在遗嘱里明确指出，他设立奖金的意图是要奖励"在前一年中对人类贡献最大的人"。

如此说来，诺贝尔奖应该被认为是颁发给某个特定的发明或发现而不是终身成就的；而且，这些特定的发明或发现也不一定是由受到高度尊敬的、知识最渊博的科学家做出的。这意味着，幸运的专业人员也有资格像知识最渊博的人那样获得这个荣誉，因为判断的标准不是这个人，而是注重发明本身。

也许可以这样概括：伟大并非诺贝尔奖考虑的东西，相反，伟大的发现才是。诺贝尔奖章背面印着的一句铭辞多少也表达了这层意思："多么仁慈而伟大的人物，人们依靠他的贡献和发现，使得智慧生活更见充实。"近些年来，那些期望诺贝尔奖"向最初的诺贝尔理念回归"的人也一直在呼吁：应该让实际的发明或发现能够成为诺贝尔奖"关注的唯一焦点"。在他们看来，这似乎更符合诺贝尔遗嘱里的要求。

炸药都派上了用场，极大地推动了社会生产的发展。

在描述自己一生的科技成就时，诺贝尔只用了简短的几句话："本文作者生于1833年10月21日，他的学问从家庭教师处得来，从没有进过高等学校。他特别致力于应用化学的研究，生平所发明的炸药有：猛炸药、无烟火药、'巴立斯梯'或称C89号，1884年加入瑞典皇家科学会、伦敦的皇家学会和巴黎的土木工程师学会。1880年获得瑞典国王创议颁发的科学勋章，又得到法国大勋章。"

诺贝尔一生没有妻室儿女，也没有固定住所。他曾说过："我在哪里工作，哪里就是我的家。"因此，他生前就被戏称为欧洲"最富有的流浪汉"。诺贝尔在他生命的最后几年，曾先后立下过3份内容非常相似的遗嘱。最后一份立于1895年，也就是要以它为准的最后遗嘱。这份遗嘱取消了将财产分赠亲友的部分，而将自己的全部财产用于设立奖励基金（总金额约为920万美元，每年利息约为20万美元）。

瑞典诺贝尔博物馆展出的诺贝尔实验室

他写道："我所留下的全部可变换为现金的财产，将以下列方式予以处理：这份资本由我的执行者投资于安全的证券方面，并将构成一种基金；它的利息将每年以奖金的形式，分配给那些在前一年里曾赋予人类最大利益的人。上述利息将被平分为5份，其分配办法如下：一份给在物理方面做出最重要发现或发明的人；一份给做出过最重要的化学发现或改进的人；一份给在生理和医学领域做出过最重要发现的人；一份给在文学方面曾创作出有理想主义倾向的最杰出作品的人；一份给曾为促进国家之间的友好、为废除或裁减常备军队以及为举行和平会议做出过最大或最好工作的人……"

今天，以诺贝尔名字命名的科学奖已经成为举世瞩目的最高科学大奖。他的名字和人类在科学探索中取得的成就一道，永远地留在了人类社会发展的文明史册上。

创新启示

诺贝尔一生都在冒着极大的危险从事炸药研究，为人类向大自然索取动力。他凭借非凡的勇气、胆识和智慧获得了巨大的成功，又在晚年立下遗嘱，把自己的遗产全部捐献给科学事业，激励后人勇攀科学高峰。他是科学家创新探索和勇担社会责任的典范。

贝尔 让"铁疙瘩"开口说话

　　亚历山大·格雷厄姆·贝尔(Alexander Graham Bell, 1847—1922)，英国发明家。出生于苏格兰的爱丁堡，中学毕业后曾在爱丁堡大学和伦敦大学学院听课。1864年开始声学研究。

　　1871年，贝尔开始在波士顿聋哑学校供职，1873年担任波士顿大学发声生理学教授。1875年，他的多路电报获得专利。1876年，美国专利局批准他的电话专利。1880年，法国因贝尔在电学上的科学成就而授予其伏特奖和法国荣誉勋章。

出生于"语言世家"的贝尔发明电话真可以说是恰如其分。他的祖父与父亲都是对发声法和语音学颇有研究的语音专家,他本人受家庭影响,自青年时代就致力于帮助聋哑人克服语音障碍。稍稍有点儿不"和谐"的是,他的母亲因听力严重受损而耳背,他又娶了5岁就因猩红热而失聪的自己的一个学生。

1874年末的一天,贝尔在实验中观察到一个现象:当电流接通或断开时,螺旋线圈会发出噪声,就像发送莫尔斯电码的"滴、嗒"声一样。一个大胆的设想顿时在他脑海中浮现:如果能使电流强度的变化模拟声波的变化,那么,用电传递人的声音不就能够实现了吗?

1876年3月10日,贝尔打算测试一种新型酸性溶液送话器。当溶液接入电路时,他不小心把酸液溅到了衣服上,便不由自主地大喊了一声:"沃森快来呀,我需要你。"片刻之后,他的助手托马斯·A·沃森从电路的另一端飞奔而至,激动地说道:"我听到了,我听到了!"沃森听到的正是人类通过电话机传递的第一句话。

这一年,贝尔获得了电话专利权。同年,在美国费城举行的庆祝《独立宣言》签署100周年的百年纪念展览会上,贝尔展示的电话引起了轰动。当巴西皇帝佩德罗二世接过电话时,竟吃惊得把听筒扔到了地下,喊道:"天哪,它会说话!"

次年,爱迪生发明了通过声波压力变化而改变碳粉电阻的送话器,取代了贝尔用

贝尔(后排右一)与聋哑学校师生合影

最早发明电话的人

贝尔并不是唯一一个研究出"电话"的人,而电话专利事实上也是历史上引起争议最多的一项专利。贝尔生前曾经为此打过上百次官司,烦不胜烦,但最终还是取得了胜利。

客观地说,电话是一个时代的产物,它凝聚着包括贝尔在内的许多电话发明家的智慧和汗水,而贝尔无疑是成功地使电话商品化的第一人。

有报道称,美国国会2002年6月15日曾通过议案,认定梅乌奇为电话最早的发明者。

梅乌奇是美籍意大利人,他与电话结缘始于1849年。在给一个生病的朋友治疗时,他发现了振动变为电流可以传递声音的物理现象,从而开始了"会说话的电报机"的研究。在妻子生病瘫痪后,他用自己发明的第一个电话将自己的工作室与妻子的病床连接起来。

1860年,梅乌奇向公众展示了自己发明的历史上第一个远距离通话系统,纽约的一家意大利语报纸曾报道了这一振奋人心的消息。但依靠救济金生活的梅乌奇无法拿出250美元申请专利来保护自己的发明,终因贫病交加含恨而逝。

液体震动捕捉声音的送话器,使语音保真度大大提高(贝尔后来也改进了爱迪生发明的留声机,提高了其性能)。电话在美国迅速普及开来。

将近40年后,1915年1月25日,第一条横跨北美大陆的电话线铺设典礼隆重举行,位于纽约(东海岸)的贝尔与位于旧金山(西海岸)的沃森进行的深具意义的特别通话把典礼推向了高潮。沃森后来在自传中写道:

贝尔博士让我等一下,以便让他使用另一个话筒和我通话。过了一会儿,他的大嗓门传了过来:"现在使用的是当初你给我制造的、我们一起在1875年6月做实验用过的那部电话的复制品。你能听见我讲话吗?"我说听得清清楚楚。他于是向我重复了当初说过的那句话:"沃森快来呀,我需要你。"我回答说:"非常愿意过去,贝尔博士,可我现在要花一个星期的时间而非当初的一分钟才能赶到您身边。"我觉得研究电话40年的经历仿佛都凝聚在这一瞬间了。

贝尔在晚年曾向他的忘年交、著名的盲人女作家海伦·凯勒倾诉说："人们也许认为我除了发明电话，别无所成。这是因为，电话是一项赚钱的发明。很多人仅仅以金钱论英雄的做法，真令人感叹。"年近七旬的时候，他又一次跟人说起，他为发明了电话而自豪，但更自豪的是"别人认同我在聋哑人教育方面的工作，这比别人认同我的电话发明更让我高兴"。

其实，贝尔终其一生都一直在不断地努力寻找他心中永无止境的事物的答案。好奇心促使他涉足了许多科学发明的领域：风筝、飞行器、水翼船、金属探测仪、人工呼吸器，还协助改良了绵羊养殖品种，并参与创立了美国地理学会，创办了《科学》杂志。有一次，贝尔对秘书口述了"1892年构想的未来飞机"，其预测竟与半个世纪之后才出现的直升机大体相当。直到生命的最后一刻，他还在思索如何从海水中蒸馏出纯净的饮用水。

1922年8月4日下午6时25分，贝尔的遗体下葬。为了表达对这位发明家的敬意，整个美国的电话系统都暂停工作一分钟。

贝尔在展示电话

创新启示 🚩

在电报发明以前，将人类的语音或其他声音通过电线传输简直就是天方夜谭。热爱思考、动手能力极强的贝尔借助电报技术大胆创新，实现了用电流传递声音，使人们能够跨越时空障碍，建立起沟通的桥梁。

爱迪生
从报务员到"发明大王"

托马斯·阿尔瓦·爱迪生（Thomas Alva Edison, 1847—1931），美国发明家、企业家。出生于俄亥俄州的米兰镇。父亲经营木材生意，母亲是小学教师。爱迪生8岁上学，但仅仅读了3个月，因为他的老师认为他是一个低能儿。退学后，他主要靠母亲的教育、指导和自学来掌握知识。爱迪生早年在火车上卖过报纸和杂货，做过报务员。取得多项发明专利后，他于1876年建立了第一个工业研究实验室，专事发明创造。爱迪生一生共持有1000多项发明专利，被誉为"世界发明大王"。

在成为职业发明家之前,爱迪生是一个非常棒的报务员。他通晓电报原理,对电报机的结构、性能了如指掌,而且发报速度快如闪电,甚至连收报专家都招架不住。他的绝活,是用自己的一次见义勇为"换"来的。

1862年8月的一天,15岁的爱迪生以大无畏的英雄气概,在铁道上救下了一个差点被火车撞着的小孩。孩子的父亲麦肯齐对此感恩戴德,表示愿意教授爱迪生电报技术作为酬谢。要知道,在电话出现以前,电报可是个香饽饽。求知欲旺盛的爱迪生顺势就"拿下"了这个技术活儿。

不久,爱迪生在麦肯齐的帮助下,当上了一个火车枢纽站的晚班报务员,具体任务是接收夜间电报。为防止值班员脱离岗位或偷懒睡觉,铁路当局有个规定:晚上9点以后,报务员需每隔一小时发一次讯号给车务中心。爱迪生当班时常会借机鼓捣一下自己的小发明,时不时也会打个盹休息一下,自然不愿意老被"打扰"。

于是,他专门制作了一台与时钟相连的定时装置,每隔一小时就会自动接通电路,向总值班员发出信号。不料,这回小伙子的运气实在是不好:新装置刚用上不久,就在一次查勤中被发现了。爱迪生因此被炒了鱿鱼。

1868年,爱迪生来到波士顿,在一家电报公司当报务员。同年,他获得了生平第一项发明专利。几天以后,当他带着自己发明的自动投票记录机去往华盛顿,向议会主席推销产品时,那位绅士却给他泼冷水说,事实上并不需要加快议事的进程,而慢吞吞地投票有时在政治上倒是需要的。这个遭遇给了爱迪生一个终生警示:在没弄清楚是否需要时,决不贸然去搞发明。

第二年,爱迪生到了纽约,在一家黄金股票公司当电报技师。这期间,他就当时所发现的问题着手改进股票交易记录器。这是一种能够向股票商快速通报最新股票价格的通信装置。他很快获得了成功。华尔街一家大公司的老板想买下这项发明的专利权,便向爱迪生询价。其实,爱迪生自己心里也没谱。据他后来讲,他当时心想5000美

爱迪生向公众展示的第一个白炽灯泡

①

换个角度思考问题

有一天，爱迪生递给助手一个没封口的空玻璃灯泡，说："你量量灯泡的容量。"但过了好半天他都没得到回应，转身一看，那个小伙子正拿着软尺在测量灯泡的周长、斜度呢，纸上还写了好些数字。爱迪生摇摇头，走过去，拿起那个空灯泡，向里面注满了水，说："把里面的水倒在量杯里，马上告诉我它的容量。"

爱迪生从来都没有因为害怕失败而畏缩不前。"失败也是我所需要的，它和成功一样对我有价值。只有在知道一切不可行的方法以后，我才知道做好一项工作的正确方法是什么。"有一次，他对一个屡次试验失败而灰心丧气的助手说："没那回事儿，我们并没有失败。我们已经知道有1000种东西不能用。这就是说，我们离找到能用的东西更近了。"

元足矣，即使给3000美元也没有怨言，可他没有勇气说出口（自然也是一种策略）。这时，老板张口问道："你觉得40000美元怎么样？"

成交！爱迪生激动得差点晕了过去。他后来回忆说："我担心他会听见我的心跳，就尽量抑制着自己的感情，表示这个价钱是公平的。"

拿到这笔巨款，爱迪生马上就在新泽西州的纽阿克建立了自己的"发明工厂"。数年后的1876年，他又在纽约郊区的门罗公园建立了一个研发实验室，招募了各个领域的人才协助他进行发明创造。这是美国第一个有组织的工业科学研究机构，这一创举也是集体研究的开端。1877年，爱迪生最具独创性的发明——留声机获得了专利；1879年，他又发明了可供大规模制造和应用的白炽灯，并开启了发电和配电的新时代。

爱迪生终其一生，都以勤奋的精神、坚定的意志和执着的追求从事发明创造活动。他一共持有1093项单独或与他人共同发明的专利，是到目前为止最多产的发明家。1881年是他收获最丰的一年，仅此一年，他申请立案的发明就达141种，平均每3天就有一种新发明。

1924年5月，美国投票选举国内最伟大的人。爱迪生得票最多，光荣当选。

84岁时，爱迪生的健康状况日趋恶化。数十名记者日夜守候在病房外，医生每小

被复原的爱迪生实验室

时向他们报告一次病情,用的是这样的话语:"灯还在燃着。"1931年10月18日下午3时24分,病房里终于传出令人悲痛的消息:"灯灭了。"

  为爱迪生举行葬礼那天,美国原计划全国停电一分钟默哀致敬。但又考虑到这样做代价太大,也很危险,结果就改为:1931年10月21日太平洋时间下午6时59分,全美国除了关键的电灯(如交通信号标志等)以外,其他所有的电灯都在自愿的情况下关闭一分钟,芝加哥高架铁路车辆和有轨电车都停驶一分钟,以此纪念爱迪生。

创新启示 🚩

  爱迪生一生获得了1000多项发明专利,这与他的勤奋努力、苦心钻研和善于识别人才、协同创新是分不开的。他还有着强烈的求知欲、坚定的意志和执着的追求,这也是推动他接连不断地取得发明创造的伟大成就的重要因素。

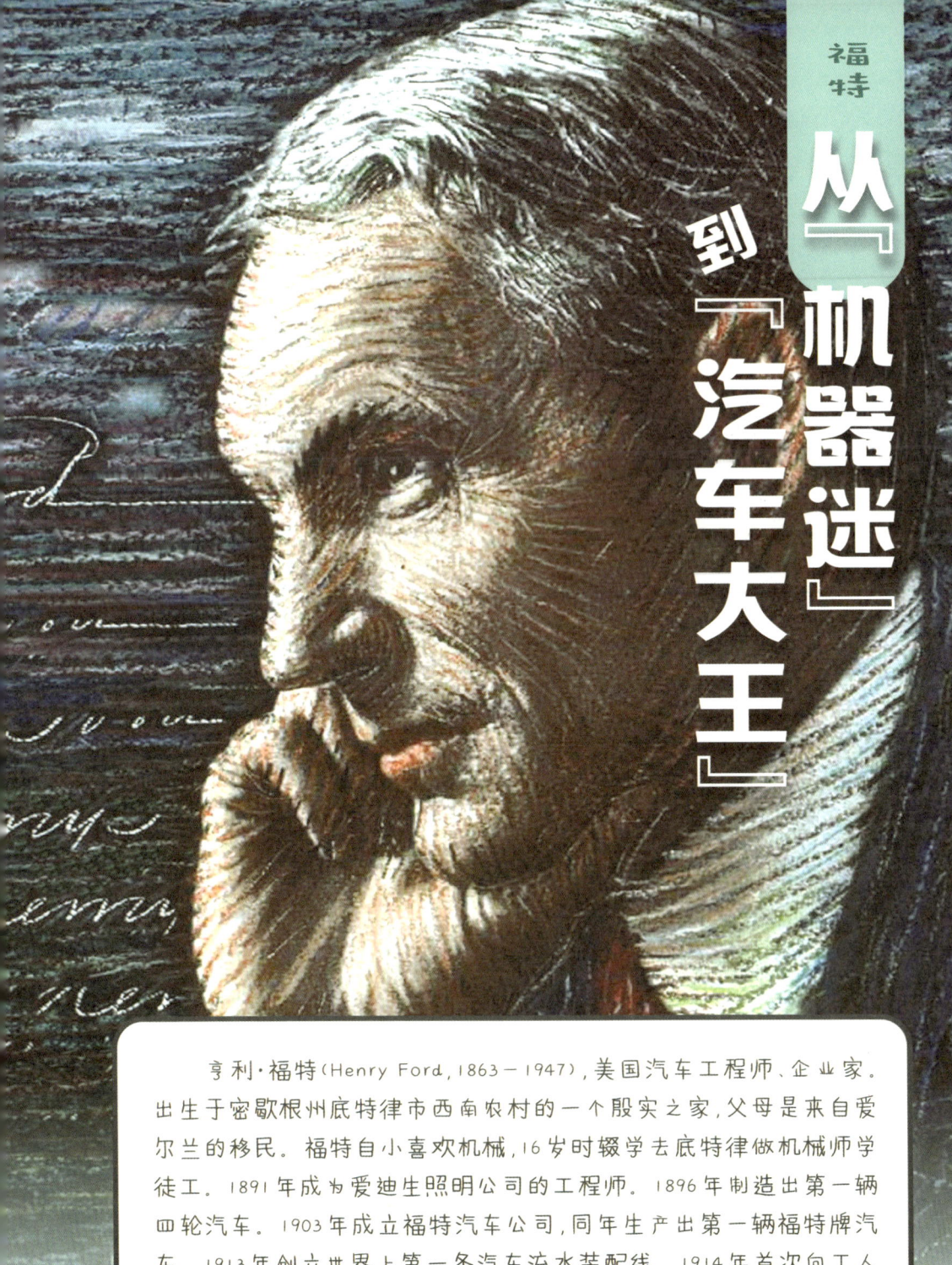

福特
从"机器迷"到"汽车大王"

亨利·福特（Henry Ford，1863—1947），美国汽车工程师、企业家。出生于密歇根州底特律市西南农村的一个殷实之家，父母是来自爱尔兰的移民。福特自小喜欢机械，16岁时辍学去底特律做机械师学徒工。1891年成为爱迪生照明公司的工程师。1896年制造出第一辆四轮汽车。1903年成立福特汽车公司，同年生产出第一辆福特牌汽车。1913年创立世界上第一条汽车流水装配线。1914年首次向工人支付8小时5美元的工资，改变了美国工人的工作方式。

1879年12月的一个阳光灿烂的早晨，16岁的农家子弟福特以离家出走的方式开始了新的生活，标志性地告别了他的少年时代。

17年后（1896年），福特制造出他的第一辆汽车，他将它命名为"四轮车"；27年后（1908年），他生产出世界上第一辆T型车，彻底改变了美国人的生活方式；又过了5年，他创立了全世界第一条汽车流水装配线，并在全世界广泛推广，他也成了名副其实的"汽车大王"。

福特打小就是个"机器迷"。他的事业起步于底特律，他最初做机械师学徒工的地方。但进城后找到的第一份工作，他只做了6天就干不下去了，用他后来的话说，原因是"该公司优秀的员工需要花费好几个小时才能修复的机器，我只要30分钟就可以修好，因而其他员工对我十分不满"。

好在，此时底特律城正处在一个大发展时期，机会多得很，一见机器就喜欢的福特很快就找到了新的差事。他干过机修工，修理过手表，总之只要是鼓捣机器，他就乐此不疲，并且一边努力工作一边用心学习，以便将来能够"不屈居于人下被别人利用而度过一生"。他后来在自传中写道："如果你想永远做个雇员，那么下班的汽笛吹响时，你就可以暂时忘掉手中的工作；如果你想继续前进，去开创一番事业，那么，汽笛仅仅是你开始思考的信号。"

1891年，福特成为爱迪生照明公司的一个工程师。制造经验日渐丰富之后，福特开始潜心研制自己的汽车。他经历了几次失败，甚至破产，并且常常面临资金紧缺的问题，但他毫不气馁，终于获得了成功。在以T型车为代表的福特牌汽车稳健地开进了千家万户之后，他又开动脑筋，对汽车生产流程进行分解、优化和创新，创造了前所未有的高效率的装配流水线，大大降低了生产成本。其流水线作业模式成为20世纪大规模生产的基础。

福特的T型车

曾经风靡世界的T型车

在20世纪初,"火星上有人"的说法十分流行,甚至融入了人们的日常生活。有一幅漫画描绘的是"汽车大王"福特生产的T型车风靡全球,竟然也引起了火星人的注意。他们惊讶地侦察到地球上T型车遍布,连太阳上都有福特全球汽车标志。这个略显夸张的艺术表现却在一定程度上反映了实情。

1903年到1908年之间,福特和他的工程师们研制了A、B、C、F、K等多款车型,并相继获得了成功,但它们都是把目标市场定位在贵族层面上。福特希望新开发的T型车能够让人们买得起、操作简单且结实耐用,其目标是生产"全球车"。为此,他投入了很大的精力和资金去开发T型车。

T型车自推出伊始便令千百万美国人着迷,由它推广开来的创新很多。第一个将发动机气缸体和曲轴箱做成单一铸件;第一个使用可拿掉的气缸盖以利检修;第一个大量使用由福特汽车公司自己生产的轻质耐用的钢铜合金,其灵巧的行星齿轮变速器让新手也觉得换挡轻松自如。

更重要的是,T型车的价格也很合理:最初售价850美元。随着设计和生产的不断改进,最终降到了260美元。投产当年,T型车的产量达到10660辆,创下了汽车行业的纪录。到了1921年,T型车已占世界汽车总产量的56.6%。自1908年10月1日第一辆T型车交货,直至1927年夏天T型车成为历史,共售出1500多万辆。

T型车成了那个年代的影星最青睐的汽车,并通过好莱坞载入了史册。它常常出现在早期一些优秀的无声电影中。

T型车后来被福特公司研制的新一代A型车所取代。T型车生产线关闭后,仅底特律就多了6万名失业工人,全美国的商人、专业技术人员、提供原材料的厂商也都不同程度地受到牵连,由此也可见T型车当年影响之大。

福特曾总结说:"成功的秘诀,在于把自己的脚放入他人的鞋子里,进而用他人的角度来考虑事物。服务就是这样的精神:站在客人的立场去看整个世界。"

晚年的福特在巨大的声誉笼罩之下日益变得独断专行,听不进不同的意见,但他依然保持着旺盛的奋斗精神。在他居家附近丛林中有一个小木屋,屋里墙上挂着一个镜框,里边是这样一首小诗:不经锤炼难以成钢,未遇挫折难成理想;在灾难中要有勇

流水线作业

气,乌云过后一定是曙光;梦想一定会成为现实,辛苦过后才能尝到硕果的甜香。

　　1947年4月3日,福特去世。他下葬的那一天,美国所有的汽车生产线停工一分钟,以纪念这位"汽车界的哥白尼"。1999年,《财富》杂志将福特评为"20世纪最伟大的企业家",并评价他这位"工业创建者……改变了我们生活的每一片土地,第一个创建了'大市场',并为之供应产品"。2005年,《福布斯》杂志公布了有史以来最有影响力的20位企业家名单,福特名列榜首。

创新启示

　　作为世界上第一位采用流水线大批量生产汽车的企业家,福特使汽车成为一种大众化产品,将人类带入了汽车时代。他创新的流水线模式减少了人工操作的复杂程度,大幅提高了生产效率,奠定了20世纪大规模生产的基础。

莱特兄弟
造一架机器把人类带上天

　　莱特兄弟——威尔伯·莱特(Wilbur Wright, 1867—1912)和奥维尔·莱特(Orville Wright, 1871—1948)，美国发明家。生于牧师家庭，没有受过高级中学教育。他们从小就对机械装配和飞行怀有浓厚的兴趣。

　　19世纪末，莱特兄弟通过总结多个飞行探索者失败的原因，认识到飞行的关键是使飞行器保持平稳，并由此提出了解决的办法。又经过数年的艰苦探索，他们终于在1903年初获成功。1906年，他们获得了美国的承认和专利。1908年，他们成立了自己的飞机制造公司，由此也成为世界航空事业和飞机工业的开端。

像鸟儿一样在天空飞翔,自古以来就是人类的梦想。

1903年的10月7日和12月8日,一个名叫撒穆尔·兰利的人驾驶受美国政府财政支持的"空中旅行者号"飞机,两次从河里一条游船的顶棚上进行弹射试飞,可惜均因与发射架相磕碰而坠落。据后人分析,兰利离成功仅一步之遥,遗憾的是,当时他没能得到一台大功率的、足以使螺旋桨有足够转速的发动机。

然而,兰利的失败没能得到社会和公众的宽容。在兰利一次试飞失败后,《纽约时报》曾载文批评政府不该在一个愚蠢的梦想上浪费钱财。1903年10月9日,该报发表的一篇社论把飞机同鸟类比较了一番:"一种翅膀发育不全的鸟,从开始飞腾直到能自由翱翔,如果说需要1000年;另一种动物,如果根本没有翅膀而不得不长出来,直到它能在天空飞翔,假如说需要10 000年……那么,由数学家和机械师联合制造的飞机,如果真要上天,大概需要100万年到1000万年。"

两个月后,《纽约时报》又发表一篇社论"奉劝"兰利说:"我们希望兰利教授不要继续浪费他的时间,拿他作为一个科学家的声望去做进一步的冒险,不要再在今后的飞机试验中浪费金钱了。生命是短暂的,他是有能力为人类服务的,这要比探索飞机所能得到的结果要大得多。"

富有戏剧性的是,这篇社论发表7天后,1903年12月17日,莱特兄弟试飞的第一

莱特兄弟1903年试飞

粉碎"权威人士"的断言

现在我们都知道,莱特兄弟发明了飞机。不过别忘了,任何一项发明都是在前人积累的经验基础上诞生的,飞机的发明也不是凭空出现的。在莱特兄弟之前,不少像兰利那样的飞行先驱进行了艰苦卓绝的探索。而即便到了莱特兄弟那个时代,依靠机械驱动飞行的飞机在常人眼里几乎是完全不可能的。莱特兄弟的巨大贡献在于,他们成功制造出依靠发动机和螺旋桨驱动的载人飞机。

此前,一批科学界名流曾对此不以为然,甚至还为飞机制造设置重重阻碍。最先站出来反对飞机制造的是最早用三角法测量月球与地球之间距离的法国著名天文学家勒让德,他认为制造比空气重的飞行装置是异想天开;不久,德国杰出的发明家西门子也发表了类似的见解;发现能量守恒原理的德国著名物理学家亥姆霍兹则从物理学角度判断,凭机械系统飞行是不可行的,这使得原先对飞行器寄予厚望的德国金融界及工业集团改变了支持飞行器制造的主张。

当时,美国最有名气的天文学家纽科姆进行了大量的科学计算,论证比空气重的机械甚至根本不可能离开地面。纽科姆那篇文章刊出后反响不小,而此时莱特兄弟正在紧锣密鼓地调试他们的飞行机器。不久,他们成功的消息传到了纽科姆的耳朵里,这位天文学家大吃一惊,但随即又给自己圆场说:"飞行机器的问世是有可能的,不过肯定不会有什么实际价值,因为它只能运载飞行员,绝不能再承受另一名乘客的重量。"很遗憾,纽科姆没能活到看见在第一次世界大战期间盛行起来的载人飞机。

架重于空气、带有动力、由人操纵、可连续飞行的飞机就获得成功:它在空中总共飞了97秒钟、441米远。这是人类第一次真正地乘动力飞机飞行。当最后一次飞行结束时,威尔伯·莱特激动地说道:"飞行时代终于来临了。"

不过,由于莱特兄弟那一次划时代飞行的目击者只有5人,报界对此漠然置之。甚至,直到1905年,著名的《科学美国人》杂志还称那次飞行只不过是一个骗局而已。事实上,也就是在那一年,莱特兄弟完成了半小时240英里(39千米)的飞行。可在1907年,法国军事学院战略学教授福熙居然还说:"飞机是有趣的玩具,但不具有军事价值。"

当第一代飞机已经开始飞行几年之后,美国著名天文学家皮克林发表文章预言说,飞机的速度恐怕还比不上火车和汽车。有意思的是,在这位著名天文学家以80高龄去世时的1938年,他已目睹了以每小时400英里飞行的飞机,而且飞机载运的乘客比原先说的"一个或两个"要多得多。

美国资深航空学家克劳奇评述说,莱特兄弟的第一次飞行"真正的影响力是在人类的想象上。1903年以前,你会听到'如果上帝安排我们飞翔,他一定会给我们安翅膀';1903年之后,人们说'如果有人能够造一架机器将人类带上天,那还有什么事情做不到?'"

莱特兄弟在1905年的一次试飞

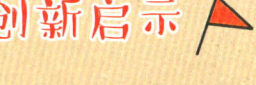

尽管一些"权威人士"和媒体对"载人飞行器"的设想充满不信任感,各种冷嘲热讽不绝于耳,但是莱特兄弟始终保持坚定的信念。他们认真借鉴前人经验,悉心观察大自然中鸟类等飞行生物的特征,最终实现了人类的飞行梦想。飞机不仅提升了人类的身体,更提升了人类的想象力,改变了人类对自身能力的看法。

马可尼
用无线电打开即时交流的大门

伽利尔摩·马可尼（Guglielmo Marconi, 1874—1937），意大利无线电工程师、企业家，实用无线电报通信的创始人。早年接受家庭教师授业，曾在里窝那技术研究所学习。致力于研究无线电通信技术。1896年获得无线电报的第一个发明专利，次年在英国成立马可尼无线电报公司，开拓了无线电报的商业应用。1909年被授予诺贝尔物理学奖。1929年被意大利政府封为侯爵。

出生于意大利北部名城博洛尼亚的马可尼打小就过着一种养尊处优的生活。他的父亲是一个精明的商人兼地主,母亲是一名来自爱尔兰酿酒世家的歌唱演员。家中图书馆藏书丰富,他可自由浏览。他还时常随母亲和哥哥出门旅行,见识了许多新奇的东西。

1887年,13岁的马可尼接触到科学课程后爱上了物理学,尤其喜欢做电学方面的实验。有一年在外地亲戚家过冬时,他为一个视力不好的老电报员读故事,作为回报,老人教他使用莫尔斯电码。

在马可尼成长的那个年代里,电话已经进入了人们的生活。科学家对电磁波的探索正逐步展开。1864年,英国物理学家麦克斯韦从理论上预言了电磁波的存在,并推导出电磁波的传播速度等于光速。1887年,德国物理学家赫兹则用实验证实了电磁波的存在,进而预言可以不通过电线传递信息。不过,当时的人们对赫兹的大胆预言难以置信,将其视为"心灵感应"之类的灵异故事。1894年1月1日,年仅36岁的赫兹撒手人寰。马可尼的老师里奇写了一篇纪念文章,文中提到赫兹所做的那个著名的实验:他设计了一个振荡电路,在两个金属球之间周期性地发出电火花,同时又在不远处设置了一个带缺口的金属环状线圈。结果,当振荡电路发出火花时,金属缺口处也有较小的火花出现。这证实了电磁波确实存在。

马可尼看到里奇的文章后陷入了沉思。他相信那些电磁波不必像电报和电话那样,非得通过电线来输送信号不可。换句话说,如果把收发电报的装置与电磁波的发射和接收结合起来,不就可以实现无线电通信了吗?这意味着,只要频率合适,电磁波也是可以用来传递电

位于瑞士的"马可尼石"曾是1895年实验无线电波的现场

救命电码

1912年4月14日至15日子夜前后,行进在北大西洋的"泰坦尼克"号游轮在航行途中撞上了冰山,这艘巨轮沉没前用马可尼发明的电报机发出了国际通用摩尔斯码求救信号:三点三横再加三点,译成字母就是"SOS"。附近的船只接收到这条信息之后迅速前去救援。尽管此次海难有1496人遇难,但712人因受到救援船只的及时救助而逃离了死神。马可尼一时间成了举世瞩目的国际大英雄。

码乃至声音信号的。

对于马可尼的设想,连里奇都觉得匪夷所思。多年以后,马可尼回忆当时的情景,说:"我最大的难题就是这个设想太简单了,以至于不敢相信竟然没有其他人想到并将其付诸实践。对我来说,这个设想非常真实可行,让我没想到的是,其他人会将这一理论视为空想。"

马可尼随即自制了一个能产生高压电的感应线圈,并用一个单圈环形天线来检测所产生的电磁波,由此成功地再现了赫兹所观察到的现象。经过不断地改进装置,信号发送器和接收器的距离越来越远。为了直观地显示效果,马可尼把检波器跟一个金属铃连接起来,当有电流通过时铃声就会响起来。在1895年的一个深夜,当信号已经可以传送大约8.2米远时,欣喜若狂的马可尼用这种办法弄醒了他的母亲。

这之后,他又不断地改进发射装置和天线。到了1895年9月,他已经能够把信号传送到800米之外了。遗憾的是,意大利方面并没有意识到马可尼在无线电报上取得成功的重要意义,马可尼遂与家人前往英国,跟英国邮政总局展开合作。

1896年,22岁的马可尼在英国申请了"利用赫兹波发电报的系统"的专利(1897年获得美国专利)——无线电诞生了。

在诸多友人的协同帮助下,马可尼乘胜追击、再接再厉,取得了更大的成绩。1897年3月,他向6.4千米外发送了信号;5月,他从英国大陆向16千米以外的一个英吉利海峡小岛发送信号;7月,他完成了第一次舰港之间的信号传送;1898年,无线电首次应用于商业;同年,马可尼利用无线电传送了第一批新闻报道——在一艘汽船上把赛艇比赛结果和评论拍发给都柏林的《每日快报》。

当马可尼在那艘旧蒸汽船上搭载信号线时,一位英国记者近距离地观察他,在报道中写道:"这位年轻的意大利发明家个头很高,有着运动员的体型,发色较深,眼睛灰蓝,嘴唇紧抿,前额宽阔,谦逊而自信。他说话直率,坦承自己与其

英国邮电局工程师测试马可尼的无线电报机

他科学家在电学及以太方面缺乏更多的专业知识……马可尼先生听着他的设备上传来的噼啪声,带着些许疑惑与兴致,就好像阿拉丁摩擦神灯,等待神灵现身一样。"

1899年3月,第一个国家无线电信号从英国的多佛跨越英吉利海峡被发送到了51.5千米之外的法国维梅勒克斯。1900年,马可尼发明调谐电路,增加了无线电信号的传送距离,也大大消减了无线电发射机之间的干扰。1901年,马可尼成功地进行了从英国到加拿大纽芬兰岛之间的首次越洋无线电通信试验。此后不久,无线电开始正式应用于船只与陆地之间的通信联系。1906年,无线电中第一次播出了讲话和音乐。1909年,马可尼与德国物理学家布劳恩一起获得了这一年度的诺贝尔物理学奖(布劳恩发明了可研究电流细微变化的阴极射线示波器,并成功地用定向天线系统接收到了定向发射的信号)。

1937年7月20日,马可尼在罗马逝世。意大利政府为他举行了国葬,当时英国和美国的广播都为他默哀两分钟。

创新启示

作为业余发明家的马可尼通过独辟蹊径、矢志不渝的探索,用自己的智慧和汗水发明了第一个实用的无线电报系统,开创了无线电通信事业,打开了世界范围内即时交流的大门,为丰富人类文化生活、推动文明进程做出了重要贡献。

迪士尼 娱乐帝国的缔造者

沃尔特·埃利亚斯·迪士尼（Walter Elias Disney，1901—1966），美国艺术家、企业家。出生于芝加哥一个西班牙移民家庭。1922年创办了自己的动画片制作公司。后来，他与哥哥合作成立了迪士尼兄弟动画制作公司，1926年公司名称改为沃尔特·迪士尼公司。

迪士尼一生曾多次由于其创造性的艺术形式而获奖，他亲自参与制作的600部电影和动画短片共获得了29个奥斯卡奖和数百个其他奖项。1965年，美国总统约翰逊授予迪士尼"总统自由勋章"，以表彰他对世界艺术的特殊贡献。

1928年2月,正在好莱坞打拼的迪士尼遇到了一点小麻烦。

这一天,他带着妻子莉莲到纽约去找电影发行人明茨,讨论续签《幸运兔子奥斯华》系列动画片合同的问题。由于《幸运兔子奥斯华》推出后反响不错,迪士尼原来盘算要提高价格,但没想到这一次明茨却要求他降低价格,并威胁说,他已经买通了《幸运兔子奥斯华》的大部分制作人员;而且,根据合同,他拥有这个系列动画片的版权,如果迪士尼不答应降价要求,他自己也可以继续制作此片。

年轻的迪士尼很窝火,却又无可奈何。在回好莱坞的火车上,迪士尼突发灵感,创作出了一个以老鼠为原型的卡通形象——莫迪默。莉莲与同事们很认可这个可爱的小家伙,但对它的名字不太满意。后来大家商议,就把这个全新的卡通形象命名为"米奇老鼠"(Mickey Mouse),并赋予它这样的个性:对弱者很同情,对强者很淘气,不自量力,好打抱不平,急躁而且粗心。

很快地,迪士尼带领他的团队创作出3部以米老鼠为主人公的卡通片。前两部《飞机迷》和《飞奔的高卓人》反响平平,但第三部《威利汽船》因为搭上了有声电影之车,成为世界上第一部有声动画片,于1928年11月18日在纽约首映,反响空前,这一天也被定为米奇的生日。之后,米老鼠系列片一部接一部地拍了出来。1932年7月30日,迪士尼推出世界上第一部彩色动画《花与树》,并获得了当年的奥斯卡奖。1934年6月9日,迪士尼推出动画短片《聪明的小母鸡》,唐老鸭第一次出现。后来问世的《白雪公主》《木偶奇遇记》等动画片也产生了巨大的反响。

拥有了诸多"资本"且想象力丰富的迪士尼又生发出了构建户外娱乐世界的创新概念。他心目中的那个童话乐园是一个孩子们的世界,不仅有动画片和童话故事里的人物、建筑和树林,还有各种各样新颖有趣的游戏。总之,这并非一般的游乐场,它应该充满童趣。

迪士尼乐园内的米奇和米妮

迪士尼的"蠢事"

1934年的一个晚上,迪士尼把公司的几位骨干动画师带到录音室,让大家在他面前围成一个半圆坐下,表演《白雪公主》的故事。其中一个动画师后来回忆说:"他把我们圈在那里,从8点钟折腾到半夜。我们扮演他设计好的角色,互相对话,甚至唱里面的歌和哼音乐。"

当表演结束时,迪士尼向在场的所有人宣布:"这就是我们将要摄制的第一部动画长片。"

《白雪公主》的剧情大纲完成后,迪士尼和动画师们就开始设计7个小矮人的形象,希望他们既有鲜明的个性又能连成一个整体。起初,迪士尼设计了50多个名字和个性,最后选中的是"快乐""瞌睡虫""博士""害羞""神经""怪人"和"第七个"。

由于迪士尼对这部动画片期望很高,在制作上精益求精,预算超支非常厉害——最初预算为25万美元,可到了1936年末,已花费75万美元。一时间,几乎所有的人都把拍摄《白雪公主》称作"迪士尼的蠢事"。为迪士尼公司提供贷款的银行家们终于也坐不住了,迪士尼只好硬着头皮允许他们来公司"考察"。在一个星期六的下午,迪士尼坐在自己的工作室里,为银行家罗森伯格放映《白雪公主》的片段。由于后期制作尚未完成,他只得亲自在空缺处唱歌和对话,制造效果。罗森伯格在观看影片时始终面无表情,可在将要上车离开的时候,他突然转身对迪士尼说了一句话:"这个东西将给你带来一大笔钱。"

1937年12月21日,历时3年,花费近200万美元打造的全球首部动画长片《白雪公主》在美国洛杉矶首映,好莱坞的大人物悉数到场。当影片放映结束时,全场响起了雷鸣般的掌声。上映后仅6个月,《白雪公主》就帮助迪士尼公司还清了全部债务,首轮发行总共获得800万美元的收入。此片还获得了当年奥斯卡最佳影片奖,这是动画影片首次获得这一奖项。迪士尼的"蠢事"最终帮助迪士尼迈上了事业的巅峰。

1955年7月17日,世界上第一座迪士尼主题乐园在美国加利福尼亚州阿纳海姆落成。迪士尼在主持乐园开幕典礼时这样说道:"置身迪士尼乐园,成年人可重拾青春气息,重温儿时旧梦;年轻人可体验各种挑战,迎接光明未来……迪士尼乐园乃献给怀抱理想、梦想且实干的人，而这些正是美国的特色……冀望迪士尼乐园能为全世界带来欢笑及鼓舞。"随后，迪士尼在美国东部的佛罗里达州又建了一座规模更大的乐园，叫做"迪士尼世界"，园内设有酒店和更多的旅游景点，具备了度假村的条件。迪士尼的娱乐帝国由此越造越大。

迪士尼制片厂总部

迪士尼逝世后，美国哥伦比亚广播公司在晚间新闻的颂词中说："迪士尼是一位富有创造性的天才，他为全世界的人带来了欢乐，但若我们仅仅从这一方面去判断他所做出的贡献，仍是不够的。迪士尼在医治、安慰人类心灵方面所做的贡献也许比世界上任何一位心理医生都要大。"

据说，迪士尼去世前曾特意嘱咐家人及有关人员不要向媒体透露有关他葬礼和墓地的情况。由于迪士尼逝世后一切安排都没有公开，当时就有传言说，他的遗体已被冷冻起来，以待未来的人类有能力复活他。许多人相信这个传言，是基于他们了解迪士尼是一个狂热的技术迷。看看迪士尼乐园里的明日乐园、单轨火车、太空山、未来世界……这样一些东西，就不难想象人体冷冻技术会如何打动迪士尼的心了。

创新启示

创造了风靡世界的卡通人物米老鼠，制作了全球第一部长篇动画电影，创建了迪士尼主题公园，缔造了一个享誉全球的娱乐帝国——迪士尼的绝妙创意极大地改变了人们的生活。他本身就是一个传奇和一种梦想的象征。

汤斯"意外的收获"引领诺贝尔奖之路

查尔斯·哈德·汤斯（Charles Hard Townes, 1915—2015），美国物理学家。出生于美国南卡罗来纳州格林维尔。他的父亲是农场主，早年学习过法律，是一位业余博物学家；母亲亦有一定学识。这对夫妇对孩子们的要求很严格，但同时也很支持他们课余的求知探奇。

1939年获加州理工学院物理学博士学位后，汤斯曾先后在贝尔实验室、哥伦比亚大学、麻省理工学院工作。因"导致按微波激射和激光原理制成振荡器和放大器的量子电子学基础性工作"，汤斯荣获1964年诺贝尔物理学奖。

好些著名科学家的传记给人们留下的印象是：这一类人大多打小就聪明绝顶、才华出众，并且就读于名校，从学于名师，可谓是一帆风顺、少年得志。然而，在美国南部农业区长大，并在普通高校接受本科教育的汤斯可没有这般"传奇"。

1935年，汤斯从默默无闻的富尔曼大学毕业。他希望能够继续深造，可他没能从自己心仪的名校申请到任何奖学金或研究职位。在杜克大学拿到硕士学位后，他向几所名牌大学寄去的读博申请竟然也都被拒绝了。

尽管心情沮丧，但汤斯依然决定孤注一掷：在事先没有得到助学金的情况下，到美国西海岸的加州理工学院读博。这是一次由"幸运的失败"导致的让汤斯终身受益的"冒险"，因为这迫使他"直接去谋求自己真正想要的东西"。

博士毕业后，找工作又成了一个难题。当时在基础研究方面还不怎么出名的贝尔实验室派人到加州理工学院招募毕业生，汤斯的研究顾问斯密特教授向招募小组作了推荐，说了不少他的好话。可不久斯密特就接到一个电话，大意是说："汤斯那个家伙是怎么回事？这是我们看到过的最马虎和最潦草的申请表了。他看来对此没有什么诚意。"斯密特马上就打电话劝说汤斯认真对待，他最终得到了任命。

在那之后不久，美国卷进了第二次世界大战，汤斯接受美国空军的任务，研制高频率的雷达。雷达技术涉及微波的发射和吸收，为了产生高强度的微波，汤斯不得不深入思考如何改进微波器件。为了将微波信号放大，需要有一个叫谐振腔的东西，谐振腔的尺寸应与微波波长接近。通常的谐振腔只能放大波长较长的

汤斯和他的第一台微波激射器

激光器的产生

1916年,爱因斯坦提出了受激辐射的概念,一些物理学家希望根据这个原理实现光放大,但是始终未能如愿。直到1958年,汤斯和肖洛发表了一篇题为《红外区和光激射器》的经典论文,提出了将微波激射器的原理推广至红外光、可见光甚至更短的波长的设想,详细讨论了激光器的原理,并且对以钾蒸汽为工作物质的红外激光器进行了具体设计。这篇文章解决了制造激光器的一个重要难题——谐振腔。不久,1960年,梅曼便制成了第一台激光器——红宝石激光器。此后,各类激光器不断涌现,性能日臻完善。

激光的发明是20世纪的一项划时代的成就,对人类社会文明产生了极其深远的影响,被称为"最快的刀""最准的尺""最亮的光",在医学、军事和工业上许多领域都有重要的应用。

无线电波,若要放大比无线电波短得多的微波,谐振腔的尺寸就必须极小,在当时看来几乎无法实现。1951年的一个早晨,汤斯坐在公园的长凳上陷入沉思,忽然之间,脑中灵光一闪,分子的尺寸与微波的尺寸相当,为何不直接利用分子作为谐振腔,对微波进行放大呢?汤斯随手拿过一只信封,把自己的想法记录在了信封背面。

1953年,汤斯和他的学生终于制成了微波激射器,得到了所需要的微波束。微波激射器又称"脉泽"(maser),是"受激辐射微波放大"英文首字母的缩写。你也许会对maser产生似曾相识之感,那是因为它与"laser"(激光,即受激辐射光放大)的拼写仅一字之差。事实上,激光的原理与微波激射器类似,它利用晶体或某些特殊气体实现光放大,产生比微波还短的电磁波束,也就是激光。1957年,汤斯开始思索制造激光器件的可能性。不过,1960年,梅曼捷足先登,率先制成了第一台激光器——红宝石激光器。

没有得到第一流大学的职位,没有进入自己理想中的研究单位,对汤斯来说真是"塞翁失马,焉知非福"。晚年回顾往事时,他说:"谁也不能预知什么样的失败背后隐藏着真正的成功,因此最好的做法就是简单地去做在当时看来还算对头的事情。当你心里怀着失败的感觉时,后来的结果却可能是非常美妙的。"

2002年6月18日下午,清华大学经济管理学院报告厅——香港凤凰卫视"世纪大讲堂"的录制现场,早已等候于此的清华学子们以热烈的掌声迎来了一位个子高大的87岁的老人。他便是激光的发明人之一——汤斯。他马上要做的主题讲演是《激光的故事》。

"汤斯先生,"主持人在对老人做过介绍后首先发问,"您那么年轻就进了贝尔实验室,是不是当时就怀着远大的志向,要发明出一项特别棒的技术,能够拿诺贝尔奖?"

"不,我不是为了获得诺贝尔奖而工作的,它不是我的目的。"汤斯笑了笑,回答道,"工作是为了做好某件事情,你的工作可能会得到认可,你也可能会得到奖励。但是,如果你是为了获得诺贝尔奖而工作的话,那么你就可能走入歧途。"

汤斯成长的经历,或者说早年的"不顺",在验证他所说的那番话的同时,也给"机遇只偏爱有准备的头脑"写下了又一个生动的注脚。

氢微波激射器

创新启示

汤斯那看似意外的成功,实质是他善于盘根究底、寻找线索、捕捉机遇的结果。科学的道路充满坎坷,当你刚刚起步的时候,常常会感到迷茫,而当你努力跨过眼前的障碍之后,就能看到更广阔的天地,甚至会得到意外的收获。

乔布斯 "苹果"改变世界

史蒂夫·乔布斯（Steven Jobs，1955—2011），美国发明家、企业家。其生母是个未婚妈妈，由于无力抚养孩子，在他出生不久就将他交给他人收养。养父是一位机械师，带领他从小接触各种电子设备。

1976年，乔布斯与沃兹尼亚克共同创立了苹果公司，推出最早期的个人计算机。1985年，乔布斯离开苹果公司并创办了NeXT公司。1997年，苹果公司并购了NeXT公司，乔布斯重返苹果公司担任董事长。此后，苹果公司打出"不同凡响"的口号，推出iMac、iPod、iPhone、iPad等一系列让人耳目一新的产品，再次成为行业领导者。

1955年2月24日这一天,美国威斯康星大学一个名叫乔万妮的在读研究生生下了一个男孩。此后不久,这位未婚妈妈发现,安排好收养孩子的乔布斯夫妇连高中都没有毕业,为此她拒绝在领养文件上签字。

僵局持续了数周,乔万妮最终放宽了领养人必须是大学毕业生的要求,但责成乔布斯夫妇在一份保证书上签字承诺:设立专款,将来送这个孩子上大学。这对经济上并不宽裕的夫妇答应了,他们给孩子取名为史蒂夫·乔布斯。

乔布斯在后来被称作"硅谷"而当时还是一片果园的环境中长大。养父母待他很好,总是尽可能地满足他的各种要求。他最初就是从做机械师的养父那里,通过汽车第一次接触到电子设备,并由养父领着第一次见到了计算机终端。

那个时候,半导体和计算机技术正处于快速发展之中,层出不穷的酷炫产品不断地给人们带来惊喜。乔布斯对那些新玩意充满了好奇,经常问这问那。他的养父母已然认识到,这是一个非常聪明、非常任性同时也非常特殊的孩子。

麻烦来了。乔布斯在小学三年级时,曾因调皮捣蛋被送回家两三次,但养父母从来没有因为他在学校犯错而惩罚他。有一次"出事"后,养父挺不客气地对老师说:"听着,这不是他的错。如果你提不起他的兴趣,那是你的错。"

高中的最后两年,乔布斯沉浸在极客的电子世界中,同时也喜欢文学、音乐和创造性的尝试。在结识了比他大几岁的校友沃兹尼亚克后,乔布斯对电子产品更为痴迷。他们不时还会利用自己发明制作的电子装置搞恶作剧。

有一天,他俩带着一个便携装置进入宿舍。几位同学正看着《星际迷航》,沃兹悄悄按下藏在衣兜里的装置按钮,电视屏幕马上就因静电干扰而变得模糊。有人刚站起来要调试,他就让电视恢复正常,一坐下他又再次让电视画面扭曲。

1972年,乔布斯进入里德学院。可他很快就厌倦了刻板的大学生活,不想去上他不感兴趣的必修课。他提出退学,但仍住在学校里。校方竟然容忍了这个叛逆

第一代苹果计算机 ①

苹果公司的Logo为什么缺了一角

苹果公司Logo上的苹果缺了一角，看起来像被咬了一口似的。这很容易让人联想到英国计算机科学家图灵自杀时咬了一口的毒苹果。2001年的英国电影《Enigma》中也虚构了图灵自杀与苹果计算机Logo关系的情节，不少人对此信以为真。不过，该Logo的设计师在一次采访中亲自证实这个Logo与图灵无关。他说："被咬掉一口的设计，只是为了让它看起来不像樱桃。"

者，让他接着上他感兴趣的课（比如对他后来设计产品颇有影响的书法课）。

两年后的一天，热门的游戏制造商雅达利公司老板接到报告："有个嬉皮小子赖在大厅里，他说我们不雇他，他就不走。我们该打电话报警还是让他进来啊？"老板大为惊讶，说放他进来瞧瞧。乔布斯就这样成了雅达利的技术员。

在雅达利的这段经历帮助乔布斯完成了他走上商业和设计道路的入门课。他通过改进芯片，做出了更有趣的设计和更人性化的人机交互。业余时间里，他和沃兹两个"电子小子"全身心地研究、鼓捣自己的创新装置——桌面电脑。

1975年6月29日，个人电脑历史上具有里程碑意义的时刻来了：键盘、屏幕和计算机被整合在一套个人装置中，沃兹在键盘上按下几个字符，然后就在自己面前的屏幕上看到它们立刻被显示了出来。乔布斯马上意识到，商机来了。

经过一段时间的运作，乔布斯和沃兹筹集到1300美元，成立了一家公司。那一阵，乔布斯正在吃水果餐，又刚从一个苹果农场回来，于是他提议起个名字叫"苹果电脑公司"，公司就设在乔布斯家的车库里。苹果电脑很快就掀起了销售热潮。

1985年，乔布斯离开苹果公司。此后，苹果公司的经营状况持续低迷，甚至濒临破产。1996年，乔布斯回到苹果公司，担任CEO。凭借iMac、iPod、iPhone及iPad等一系列创新产品，苹果公司重新走出危局，业绩屡创新高，并且引领了手机、通信、娱乐、计算机等行业进行里程碑式的变革。2011年8月，乔布斯去世前两个月，苹果公司成为全球市值最高的企业。

这一切验证了乔布斯对"数字生活时代"的预见:个人电脑就是为许多改变我们生活方式的更为精巧的小玩意——音乐播放器、蜂窝电话、掌上电脑等配备的一个接口。在其所涉足的领域,乔布斯都留下革命性的科技创新印迹。

第二代苹果计算机

他说过:成就一番伟业的唯一途径就是热爱自己的事业。拥有使命感和目标感才能给生命带来意义、价值和充实。如果你还没能找到让自己热爱的事业,那么继续寻找,不要放弃。跟随自己的心,总有一天你会找到的。

2011年,乔布斯在与胰腺癌抗争8年后,于事业的巅峰时刻与世长辞,年仅56岁。乔布斯去世后,苹果公司官网发布了一份简短的讣闻:"一位富有远见、充满创意的天才离开了苹果。一位杰出的、了不起的人物告别了世界。曾有幸与他结识并共事的我们,从此失去了一位挚友、一位精神导师。史蒂夫留下了一家唯有他才能创建的企业,他的精神将成为苹果永续前进的基石。"

创新启示

乔布斯是一位勇于变革、不断创新的企业家。他总是与众不同地思考问题、寻找最优秀的人才一起合作,设计出方便快捷并且具有艺术品位的电子产品,深刻地改变了全球娱乐和通信行业乃至人们的生活方式,极好地阐释了他所说的"创造力只是关联各种事物的能力"。

盖茨 打造软件帝国

  比尔·盖茨（Bill Gates，1955— ），美国企业家、软件工程师、慈善家。1955年出生于西雅图的一个中产阶级家庭，父亲是一名颇有威望的律师，母亲是一名教师和社会活动家。曾就读于哈佛大学法律系。

  1975年，盖茨与保罗·艾伦一起创建了微软公司，曾任微软CEO和首席软件设计师，为公司最大的个人股东。在1995年到2007年的《福布斯》全球亿万富翁排行榜中，盖茨连续13年蝉联世界首富。2008年6月27日，盖茨正式退出微软公司，并把580亿美元个人财产悉数捐到比尔与美琳达·盖茨基金会。

不管从哪个角度来看,要成为盖茨,有些东西是普通人承受不了的。而他早年对计算机产生兴趣,乃至在这个领域取得巨大的成就,或许在一定程度上可以说是一场家庭危机的结果。

少年时代的盖茨感情不稳定,对周围的一切显得异乎寻常的好奇。8岁那年,他从头到尾读完了一本大部头的《世界图书百科全书》。据他父亲后来回忆,他在11岁时便表现出与众不同的智力水平,经常向父母问一些有关国际关系、商业和生命本质的问题。

大约也就是在那个时候,盖茨越来越让家人感到头痛了——他开始不断地抗拒母亲对他的管教,诸如保持房间干净、按时吃饭、不要咬铅笔头这类事情都会成为母子俩产生摩擦的起因。有一天,"大战"终于爆发了。晚餐时,12岁的盖茨"极其不敬,带有狂妄自大的孩子般的粗鲁"(他多年以后的描述),冲着母亲大吵大嚷。一向好脾气的老盖茨再也按捺不住心中的怒火,将一杯水泼到了儿子的脸上。

盖茨被父母带去看了心理医生。他后来回忆道,他当时对心理医生说,他正在与想控制他的父母爆发战争。据说,心理医生告诫这对父母,他们的儿子最终将赢得"独立战争"的胜利,他们最好减少对他生活的干涉。

这对明智的父母最后选择的是"放手",并把儿子送到了西雅图市收费最高的一所私立学校——湖滨中学。盖茨入学的第二年,湖滨中学校董会做出了一个极有眼光和前瞻性的决定:给学生们提供接触电脑的机会(如今这所学校正因成为盖茨首次接触到计算机的地方而闻名于世)。

盖茨深深地迷上了这个新鲜玩意儿,只要一有时间,便钻进计算机房去,几乎到了废寝忘食

微软公司总部

比尔·盖茨是怎样工作的？

盖茨曾向媒体讲述过自己在信息流日益增长的时代成功保持很高工作效率的秘诀。他说，他的工作风格从他当年创立微软公司时就已经发生了根本性的改变，30多年来，他已经养成了一种所谓的"数字化风格"。

他在工作时喜欢同时操作3台电脑。左边一台电脑显示的全是电子信息列表；中间一台显示的是其中一条信息的全文；右边一台是浏览器窗口。这样一来，他就能很快地将看过的某段内容输入浏览器的相应地址栏，而且信息文本一直展示在眼前。

盖茨平时每天收到大约上百条信息，为此公司给他准备的是一种万能过滤器。他总是要求把信息按重要性程度分门别类，这样就不会让他忘记重要项目或最近安排的会晤。

他参加会晤或展览会时，总是拎着便携式电脑。他每年安排一次所谓的"思考周"。在这7天中他不上班，专门研究公司员工寄给他的上百份文件。这些文件所提的问题一般是关于微软公司未来发展和信息技术发展前景的问题。

的地步。很多计算机精英刚开始的时候都被人看成是异类，或许可以做出这样的解释：当他们发现一个能使他们自由驰骋的天地后，真实世界里的他们就显得有些怪异了。

13岁那年，盖茨独立编出了第一个电脑程序，可以在电脑屏幕上玩月球软着陆的游戏。他还与好伙伴保罗·艾伦一起帮助一家电脑公司抓"臭虫"（软件中的错误），并用除虫的报酬来支付他们操作电脑的费用；他们还帮助学校设计排课用的电脑软件，帮助企业设计工资表程序软件。15岁时，盖茨的电脑才能已经远近闻名了，他向一个同学夸下海口，"要在25岁时赚来这辈子的第一个100万美元"。

盖茨的这个预言（不是幻想）基于他对自身和电脑发展前景充满信心。艾伦也预感到，电脑必然会进入千家万户，并引发一场新的技术革命，就像当年的蒸汽机、汽车和飞机等发明一样，使人类的生活发生巨大的变化。

1974年夏天，艾伦毅然从华盛顿州立大学退学，应聘到波士顿一家公司做编程工

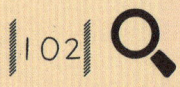

作。1975年4月4日,身为哈佛大学法律系二年级学生的盖茨与艾伦在新墨西哥州的阿尔伯克基成立了一家电脑公司,全名为"微型电脑与软件公司",它就是成就了当今软件霸业的微软公司。"我们意识到,软件时代到来了,并且对于芯片的长期潜能,我们有足够的洞察力,这意味着什么?我现在不去抓住机会反而去完成我的哈佛学业,软件工业绝对不会原地踏步等着我。"

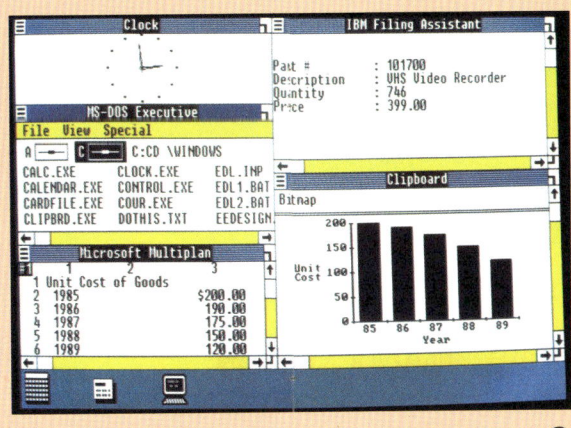

Windows 1.0界面

盖茨决意从哈佛大学退学,全身心地投入公司业务。他的这个惊人之举得到了开明的父母的默许。

1985年,微软公司推出DOS系统的图形拓展版本Windows,其后续版本逐渐发展成为个人计算机和服务器用户广泛使用的操作系统,并最终获得了个人计算机操作系统的软件地位。

微软公司是目前全球最大的计算机软件提供商,该公司也生产一些计算机硬件产品,如Surface系列平板电脑、Xbox系列游戏机等。

31岁那年,盖茨荣登美国《福布斯》亿万富翁榜;39岁时,他成了世界首富。

创新启示

盖茨以敏锐的洞察力和超乎寻常的前瞻眼光,全身心地投入到创建微软公司的事业中,促成了20世纪最重要的创新之一——个人计算机和简便易用的操作系统。它们的出现正是得益于旧想法持续不断地组合成新想法并转化为优秀的发明这一过程。

后记

"青少年创新思维丛书"一套3种,追本溯源,可以说是一位科普界前辈的"慧眼"促成的。

这事得从大约10年前说起。

2009年春的一天,时任中国科普作家协会副理事长、人民邮电出版社原总编辑陈芳烈老师打来电话,约我到他家里谈事。见面时他告诉我,注意到我最近发表的一些人物传记故事,感觉写得不错,读来挺有味道。

老实说,那会儿我只当是前辈对晚辈抬爱的客气话。可陈老师却很认真,揪着这个"主题"不放,向我直言:"不是什么人都能把这件事做好的,我觉得你行,做得很好!你应该继续做下去,要不真的可惜了。"

前辈的点拨引起了我的思考。尽管当时我已经出版了3种书,有上百万字的作品发表,可我本人竟然都没有意识到,自个儿的"创作专长"在哪儿。

自那以后,我结合自己对科技史的偏好,更专注于人物传记故事的创作,同时潜心探索写作技巧。特别是,如何在有限的篇幅里准确、精练而又不乏生趣地描摹好每一个人物的形象、特质。

其实,打小我就爱读人物传记,并且深受其益。尤其是那些提升人类文明、推动历史进程的杰出人物的发展轨迹,常常给我带来触动和启示。后来,在我创作人物传记故事的过程中,由于时不时地穿越时空,融入所写人物的时代氛围,感同身受其思想与命运,自己常常也被点染、感化。

记得，正是在创作《马斯洛:展现"自我实现"之光》时，我更加真切地认识到，"自我实现"其实就蕴藏于人们对生活的某种态度之中。而在创作《樱桃树上的梦想》时，那位悲情的主人公——"液体火箭之父"戈达德的一句名言"昨天的梦想，就是今天的希望和明天的现实"也不时在我耳畔回响。当我在写作中遇到一个"坎"，长时间推进不下去而突然"灵光一闪"顺畅落笔时，情也同时触动——被戈达德其人其事感染，我在不知不觉中泪流满面，接着就敲出了一句转折过渡的话："永远没有这样的机会了……"

梦想、希望和现实在时空中延伸，总是不乏杰出人物的交集。如戈达德在自己的事业稍有起步而又面临重重困难之时，曾给英国科幻作家威尔斯（本丛书中有介绍）去信，叙说《星际战争》这部科幻小说对自己事业产生的巨大影响，并表达了对这位著名作家的感激之情。

书中也有介绍的法国哲学家伏尔泰，在他的《英国通信》一书中则谈到，1726年他旅居英国期间，曾无意中听到学者们在探讨这样一个问题:谁是最伟大的人？是恺撒、亚历山大、铁木真，还是克伦威尔？有位学者坚持认为牛顿是最伟大的人。伏尔泰同意其看法，因为"他用真理的力量统治我们的头脑，而不是用武力奴役我们"。

而英国哲学家弗兰西斯·培根在《学术的推进》（1605年）中更为明确地提出:"智慧与学术给人类社会所造成的影响远比权力与统治持久。在《荷马史诗》问世以来的2500年或更长的时间里，不曾有诗篇遗失，但却有多少宫殿、庙宇、城堡及城市荒芜或是被焚毁啊！"

我对书中所涉人物的选择与描摹，大致就体现了上述思想。为避庞杂和散乱，我尝试在篇章结构上以思想者、预言者、探索者、发现者、开拓者、创造者划分之。对单个人物的介绍，我也期望能够在内容与叙述方式上出新，因而没有采取面面俱到的写法（设有"小传"和"链接"等做补充）。作为主体的正文文字，我的设计是:一般从人物在其人生、事业发展的关键场景或重要时刻切入，以一种叙事性风格展开,力图进行视觉化呈现、趣味性表达。事实证明,这样做效果不错。

著有11卷本《世界文明史》的美国学者威尔·杜兰特曾经感慨,人们更喜欢看到的是:那些活着的天才都是常人,而那些死去的天才都是传奇。他进而发出疑问:"为什么我们会充满敬意地面对高山之巅的飞瀑,面对夏夜海面的圆月,却不愿意以同样的敬意来面对一个杰出的、优秀的人呢?其实,没有什么自然奇观能比得上伟大的人性。"

在写过100多篇人物传记故事之后,我对杜兰特所持观点更有同感。是啊,如果说政治、经济是社会的骨架,那么,伟大的人物就应该是历史的命脉。无论对一个国家还是对整个世界而言,历史都不该忘记那些伟大的人物。

当然,创作此书并不是刻意要向读者呈现那种高不可攀、遥不可及的伟人或神人。在我看来,一味拔高难免就会失真,过度美化实则就是歪曲。有血有肉的人才最真实,最有魅力和感召力;也唯有真实,才能让人产生亲近感;相反,则会视为畏途,敬而远之。所以,我并没有专门花费心思去给笔下人物"穿靴戴帽",也没有特意回避或曲饰其污点、过失。这是我创作人物传记始终坚持的一个准则。

回头再说,陈芳烈前辈对我人物传记作品的认可和鼓励,让我对创作人物传记故事更加上心,也更有兴趣。2014年初,适逢老牌科普杂志《知识就是力量》全新改版,郭晶主编邀我主持"探索发现"栏目,我又断断续续新写了一些人物故事。

2015年8月,应上海科技教育出版社新任总编王世平之邀,我参加上海书展,与卞毓麟老师一起做了一场关于阿西莫夫的讲座,并签售"阿西莫夫书系"作品,其中有一部我校译的《不羁的思绪——阿西莫夫谈世事》。我在少年时代就深深地迷上了阿西莫夫作品,并因此而喜好科普和写作。在人物传记写作方面,阿西莫夫对我影响至深。此番在与世平总编的交流中,我们敲定将我近来所写的部分人物传记故事结集出版,并初步商定了新版书框架。随后,又与出版社学生读物编辑室的侯慧菊主任具体讨论了篇章结构。

原来考虑分册新出的几种书是人物传记故事加励志,编辑部再度讨论时提出了一个新的创意:三种书以"青少年创新思维丛书"冠名之。随后申报"十三五"国家重点图书出版规划,获得通过入选,接着还申报了2019年国家出版基金项目。这样一来,我们又侧重从"创新思维"角度,对书中人物再做筛选。匡志强副总编给我提出了很好的建议。丛书的三位编辑李凌、郑丁葳、程着对书稿做了精心修改,还帮助我增写、补充了一部分内容。美编杨静的精美设计亦让全书增色不少。

书马上就要付印了。这里谨向促成本书出版并付出了诸多关爱和心血的陈芳烈老师、王世平总编、侯慧菊主任以及李凌、郑丁葳、程着、杨静四位编辑表示衷心的谢忱。特别感谢艺术家刘夕庆老师专为本书人物绘制插画,特别感谢陈芳烈老师为本书撰写序言,特别感谢刘嘉麒院士、周忠和院士、王渝生研究员、刘兵教授为本书撰写推荐语。

尹传红

2018年12月7日,于北京

图片来源

本书所使用的图片均标注有与版权所有者或提供者对应的标记。全书图片来源标记如下：

Ⓟ 已进入公版领域

Ⓢ 上海科技教育出版社

Ⓞ 其他图片来源：

题献 Rowena Morrill; P13 Kim Traynor; P15 Sir James; P25 Ogram; P33 Dave Souza; P35 Caderot; P43 Joseph Barillari; P45 Joseph Barillari; P47 Edward O. Wilson; P51 Manu5; P65 Ashley Dace; P69 Pbroks13; P71 Banza52; P81 Alkivar; P83 Andrew Balet; P85 PoonKaMing; P87 Cool Caesar; P89 YellowFratello; P91 Cardiff Council Flat Holm Project; P97 SnapMeUp; P105 Ed Uthman; P107 Marcin Wichary.

特别说明：若对本书中图片来源存疑，请与上海科技教育出版社联系。